Processo Coletivo

Teoria Geral, Cognição e Execução

Anteprojetos de Códigos de Processos Coletivos;
PL n. 5.139/2009; Lei n. 12.016/2009
Mandado de Segurança Coletivo

MARCELO PEREIRA DE ALMEIDA

Advogado no Rio de Janeiro. Mestre em Direito Processual pela UNESA. Doutorando em Sociologia e Direito — UFF. Membro do Instituto Brasileiro de Direito Processual — IBDP. Professor de Direito Processual Civil da UNESA. Professor de Direito Processual Civil e Direito Constitucional da Escola da Magistratura do Estado do Rio de Janeiro — EMERJ. Professor do curso de Pós-graduação de Direito Processual Civil da UNESA. Professor do curso de Pós-graduação de Direito do Consumidor da UNESA. Professor do curso de Pós-graduação de Direito Público da UNESA. Professor do curso de Pós-graduação de Direito Processual Civil da UFF. Professor da Escola Superior de Advocacia — ESA. Professor do Metta Cursos. Professor do CEJ.

PROCESSO COLETIVO

TEORIA GERAL, COGNIÇÃO E EXECUÇÃO

ANTEPROJETOS DE CÓDIGOS DE PROCESSOS COLETIVOS;
PL N. 5.139/2009; LEI N. 12.016/2009
MANDADO DE SEGURANÇA COLETIVO

Editora LTr
SÃO PAULO

LTr EDITORA LTDA.
© Todos os direitos reservados

Rua Jaguaribe, 571
CEP 01224-001
São Paulo, SP — Brasil
Fone (11) 2167-1101

Produção Gráfica e Editoração Eletrônica: R. P. TIEZZI
Projeto de Capa: FÁBIO GIGLIO
Impressão: PROL GRÁFICA E EDITORA
LTr 4508.4
Janeiro, 2012

Visite nosso *site*:
www.ltr.com.br

Dados Internacionais de Catalogação na Publicação (CIP)
(Câmara Brasileira do Livro, SP, Brasil)

Almeida, Marcelo Pereira de

Processo coletivo : teoria geral, cognição e execução... / Marcelo Pereira de Almeida. — São Paulo : LTr, 2012.

Bibliografia

ISBN 978-85-365-1984-7

1. Direitos coletivos — Brasil 2. Processo civil — Brasil 3. Processo coletivo — Brasil 4. Tutela jurisdicional — Brasil I. Título.

11-09854   CDU-347.91(81)

Índice para catálogo sistemático:

1. Brasil : Processo coletivo : Direito processual   347.91(81)

*À minha família por toda a dedicação, carinho e amor,
à minha esposa Cris e aos meus filhos, meu suporte.*

Agradeço aos meus professores Humberto Dalla e Aluisio Mendes por terem me ensinado os caminhos do processo civil moderno.

Aos meus amigos de sempre, Bira, Adriano e João, lado a lado nesse caminho.

Ao professor Luis Carlos Araújo, um incentivador de todos os meus projetos.

SUMÁRIO

APRESENTAÇÃO 13

PREFÁCIO 17

CAPÍTULO 1 — HISTÓRICO DAS AÇÕES COLETIVAS E BREVE NOTÍCIA NO DIREITO COMPARADO 19

CAPÍTULO 2 — PRINCÍPIOS NORTEADORES DA EFETIVA PRESTAÇÃO JURISDICIONAL NO SISTEMA PROCESSUAL COLETIVO 29

2.1. Devido processo legal no âmbito do processo coletivo 31

2.2. Acesso à justiça e a tutela coletiva 34

2.3. Princípios específicos da tutela coletiva 37

    2.3.1. Princípios da dimensão coletiva da tutela jurisdicional 37

    2.3.2. Princípio da adequação da tutela jurisdicional (ou princípio do devido processo coletivo) 39

    2.3.3. Princípio da adaptabilidade do procedimento às necessidades da causa 40

    2.3.4. Princípio da ampla divulgação da demanda e da informação aos órgãos competentes 41

    2.3.5. Princípio da obrigatoriedade da demanda coletiva executiva 42

2.4. Razoável duração do processo 42

    2.4.1. A tutela jurisdicional tempestiva como direito fundamental 44

    2.4.2. A proposta da razoável duração do processo 48

    2.4.3. Mecanismos para garantir a razoável duração do processo — uma proposta de tutela molecular 50

Capítulo 3 — A Tutela Jurisdicional Coletiva 52
3.1. O sistema processual coletivo no Brasil 52
    3.1.1. Mandado de segurança coletivo 53
    3.1.2. Ação civil pública 57
    3.1.3. Ação popular 60
    3.1.4. Ações coletivas e o Código de Defesa do Consumidor 62
3.2. Os bens jurídicos tutelados 63
    3.2.1. Interesses difusos 65
    3.2.2. Interesses coletivos 66
    3.2.3. Interesses individuais homogêneos 67
    3.2.4. Novas perspectivas para a tutela dos interesses transindividuais ... 68
3.3. Legitimação para as ações coletivas 70
3.4. Competência para as ações coletivas 74

Capítulo 4 — A Prova no Processo Coletivo 80

Capítulo 5 — A Coisa Julgada em Tutela Coletiva 86
5.1. O sistema da coisa julgada no processo civil 86
    5.1.1. Limites objetivos da coisa julgada 90
    5.1.2. Limites subjetivos da coisa julgada 91
    5.1.3. Limites subjetivos da coisa julgada nas ações coletivas 94
        5.1.3.1. A coisa julgada e os interesses difusos, coletivos e individuais homogêneos 95
        5.1.3.2. Questões processuais pertinentes 99
            5.1.3.2.1. Coisa julgada *secundum eventum litis* 99
            5.1.3.2.2. Coisa julgada *in utilibus* 103
            5.1.3.2.3. Litispendência: verificação necessária 104
            5.1.3.2.4. A limitação territorial trazida pela Lei n. 9.494/1997 108
            5.1.3.2.5. Análise crítica à inserção do art. 2º-A pela Lei n. 9.494/1997 113
            5.1.3.2.6. Relativização da coisa julgada na tutela molecular 114

Capítulo 6 — A Execução e a Efetividade das Decisões Judiciais no Processo Coletivo 118

6.1. A tutela inibitória coletiva 118

6.2. Os provimentos antecipatórios no sistema processual coletivo 123

6.3. A efetividade dos provimentos finais no sistema molecular 127

    6.3.1. A execução nas ações coletivas para tutelar interesses difusos e coletivos . 134

    6.3.2. As pretensões condenatórias patrimoniais e não patrimoniais e sua executoriedade 135

    6.3.3. O procedimento de liquidação de sentença 136

        6.3.3.1. A legitimação ativa para a liquidação 137

        6.3.3.2. Espécies de liquidação 137

    6.3.4. A execução da sentença coletiva 139

        6.3.4.1. A legitimação ativa para a execução 139

        6.3.4.2. Prazo para a execução do título 143

        6.3.4.3. Execução definitiva e provisória 145

        6.3.4.4. A satisfação dos créditos constituídos a partir de ajustamentos de condutas 146

        6.3.4.5. A extinção do processo de execução 150

        6.3.4.6. A destinação e aplicação do montante da condenação pelos fundos de reconstituição 150

    6.3.5. A execução nas ações coletivas para tutelar interesses individuais homogêneos 153

        6.3.5.1. A condenação genérica do art. 95 do CDC 155

        6.3.5.2. A liquidação de sentença condenatória genérica 155

            6.3.5.2.1. A legitimação ativa 156

            6.3.5.2.2. Competência 157

            6.3.5.2.3. A habilitação dos legitimados 158

            6.3.5.2.4. O procedimento da liquidação 159

        6.3.5.3. O processo de execução da sentença condenatória genérica 161

            6.3.5.3.1. A legitimação ativa para a execução 161

            6.3.5.3.2. Prazo para a execução 162

6.3.5.3.3. Execução definitiva e provisória 162
6.3.5.3.4. A competência 163
6.3.5.3.5. A reparação fluida nas ações de classe 164
6.3.5.3.6. Liquidação e execução da reparação fluida 165
6.3.5.3.7. Concurso de créditos coletivos e individuais 166
6.3.6. A defesa do executado 167

Capítulo 7 — As Ações Coletivas Passivas — Aspecto Necessário para Garantir a Efetividade do Processo Coletivo 170

7.1. As ações coletivas passivas 170

7.1.1. As ações coletivas passivas no Brasil 173

7.1.2. Legitimação passiva da classe e representatividade adequada — verificação necessária 178

7.1.3. A extensão do julgado nas ações coletivas passivas 179

7.1.4. O Anteprojeto do Código Brasileiro de Processo Coletivo e as ações coletivas passivas 180

Capítulo 8 — Os Sistemas de Vinculação 183

8.1. Presença compulsória 183

8.2. O *opt in* 184

8.3. O *opt out* 185

Sínteses Conclusivas 189

Referências 199

Apresentação

Esta obra originou-se da dissertação de mestrado apresentada no Programa de Pós-graduação *stricto sensu* da Universidade Estácio de Sá, e teve como principal escopo investigar a efetividade das decisões judiciais no processo civil coletivo como forma de alcançar o acesso ao que se tem chamado, como mais adiante será apontado, de ordem jurídica justa. Para isso, foram analisados os principais institutos de que o ordenamento jurídico brasileiro dispõe sobre o tema, a fim de identificar os pontos de estrangulamento que impedem essa efetividade, apontando, ainda, as propostas legislativas que estão sendo apresentadas para aprimorar os instrumentos de satisfação dos interesses transindividuais, contribuindo para a reflexão e o debate acerca desta temática, e influenciar as técnicas legislativas de sorte a aprimorar o sistema processual molecular.

O trabalho foi desenvolvido com base nos principais aspectos da tutela jurisdicional coletiva, abordando suas origens no direito comparado, seu desenvolvimento no ordenamento jurídico brasileiro, a efetivação das decisões proferidas no âmbito das ações coletivas, o regime da coisa julgada, a liquidação da sentença, a execução dos julgados, observando os reflexos das reformas do Código de Processo Civil no sistema molecular, e as propostas legislativas.

O estudo justifica-se em razão da necessidade de a sociedade alcançar um verdadeiro acesso à ordem jurídica justa, de modo a obter a satisfação dos seus interesses, pois se constatou que, apesar da possibilidade de todos poderem levar suas demandas ao Poder Judiciário, independentemente da sua situação econômica, nem todos os interesses e posições jurídicas de vantagem eram passíveis de proteção por meio da prestação jurisdicional, especialmente em virtude de o Direito Processual ter sido construído com base em um sistema filosófico e político dominante na Europa continental dos séculos passados, no qual se instituiu um culto ao individualismo, e, assim, só se permitia que alguém fosse a juízo na defesa de seus próprios interesses.

Inicialmente, pareceria que, pelo fato de todos terem acesso ao Poder Judiciário, independentemente da sua situação econômica, o objetivo alcançado pela primeira onda do acesso à justiça poderia ter resolvido este problema. Mas não foi bem assim, pois persistia o problema com referência a interesses que pudessem ser considerados supraindividuais, os quais, por estarem acima dos indivíduos, não são próprios de ninguém, o que impedia que qualquer pessoa levasse a juízo demanda em que manifestasse a pretensão de defendê-los.

Assim sendo, permaneciam desprotegidos os denominados interesses coletivos e difusos, que não podiam ser adequadamente tutelados por intermédio dos mesmos instrumentos de tutela dos interesses individuais. Desta sorte, a proteção dos interesses transindividuais foi o escopo da segunda onda do acesso à justiça, com a tentativa de descobrir mecanismos de proteção dos interesses difusos e coletivos.

Esta proteção dos interesses transindividuais torna-se fundamental para a adequada garantia de acesso à ordem jurídica justa, numa época em que surgem novos direitos, sem caráter patrimonial. Nesta perspectiva, podem ser citados, como exemplos, a preservação do meio ambiente, do patrimônio cultural, histórico e artístico, a garantia da moralidade administrativa e muitos outros.

Este, pois, é o que o estudo se propôs a fazer, abordando pontos de estrangulamento inevitavelmente interligados, com vistas a contribuir com sugestões para ampliar o sonhado acesso à justiça.

Quanto à metodologia utilizada na pesquisa, ela possui caráter parcialmente investigativo-teórico e dissertativo-exploratório, tendo como principal recurso o levantamento bibliográfico em fontes primárias e secundárias, seja no direito pátrio, seja no direito alienígena. A partir do levantamento comparativo entre as principais obras sobre o tema, foi possível elaborar o referencial teórico do trabalho, que tem o estudo de Mauro Cappelletti e Bryant Garth a respeito da evolução do acesso à justiça no direito comparado, a compilação da reflexão de vários autores sobre os efeitos e os desafios da Ação Civil Pública após 20 anos, comentários de parte dos autores do anteprojeto da Lei n. 8.078/1990 acerca das contribuições introduzidas pelo Código de Defesa do Consumidor no ordenamento jurídico nacional e algumas de suas consequências, além de análises do Anteprojeto do Código Brasileiro de Processo Coletivo por estudiosos como Aluísio Gonçalves de Castro Mendes, Diogo Campos Medina Maia, Freddie Didier Jr., Hermes Zaneti Jr. e Marcelo Abelha Rodrigues.

Para atingir o objetivo proposto, a presente obra foi desenvolvida em oito capítulos. Inicia-se com a análise da evolução histórica da tutela jurídica dos interesses transindividuais no direito nacional e comparado, seus escopos principais, resultado de um estudo atento das modificações estruturais experimentadas pela sociedade de massa, até que lograssem afirmação nos ordenamentos jurídicos.

O segundo capítulo aborda os princípios norteadores da efetiva prestação jurisdicional, com enfoque nas tendências do sistema processual moderno, apontando os princípios específicos que devem ser observados para possibilitar uma tutela molecular adequada.

No terceiro capítulo é apresentado o modelo processual coletivo vigente no Brasil e seus principais instrumentos processuais, enfocando os bens jurídicos tutelados, o regime da legitimação e a competência do órgão jurisdicional, apresentando as novas tendências, dispostas nos Anteprojetos de Códigos de Processos Coletivos, e ainda uma abordagem do mandado de segurança coletivo, regulado, recentemente, pela Lei n. 12.016/2009.

No quarto capítulo são indicadas as principais características do regime da prova nas demandas coletivas, com destaque à distribuição do ônus da prova.

No quinto capítulo atém-se ao sistema da coisa julgada, genericamente tratada e, de forma específica, no processo coletivo, por representar um tema de extrema relevância para a efetividade do processo coletivo, haja vista a existência de várias interpretações divergentes dadas pela doutrina e pelos tribunais em relação aos dispositivos que regulam o instituto previstos na Lei n. 7.347/1985 e no CDC, além da tentativa do Poder Executivo de restringir sua abrangência.

No sexto capítulo são avaliados os aspectos mais relevantes da tutela executiva e os meios pelos quais se potencializam na atuação concreta dos interesses transindividuais. Abordam-se, também, as principais características do processo de execução nas ações coletivas de tutela dos direitos difusos e coletivos, em que se busca a satisfação de um interesse de cunho essencialmente coletivo, que serão verificados em contraposição aos denominados interesses acidentalmente coletivos, ou seja, os direitos individuais homogêneos, que visam à satisfação dos prejuízos auferidos na seara individual de cada uma das vítimas de determinado evento danoso, sem detrimento da fixação de uma reparação global com finalidade educativa.

No sétimo capítulo são abordadas as principais características da ação coletiva passiva para demonstrar a necessidade de proporcionar segurança e equilíbrio nas relações jurídicas por meio deste instrumento.

E, por fim, no oitavo capítulo se faz uma leitura dos sistemas de vinculação existentes que visam promover a aderência ao julgado coletivo de sorte a evitar multiplicidades de processos e assim tornar a tutela molecular mais efetiva.

Nesta abordagem, procura-se apontar a deficiência das regras existentes no sistema processual, os reflexos das reformas do Código de Processo Civil nos últimos movimentos e as propostas legislativas que estão sendo apresentadas para aprimorar o sistema.

Enfim, o objetivo proposto foi investigar a tutela jurisdicional dos direitos transindividuais com um enfoque voltado à sua efetividade, essencialmente com o que se tem de verdadeira proteção jurisdicional dos direitos, aliando uma interpretação adequada do sistema processual atual com a proposta de inovações, visando a um real acesso à ordem jurídica justa.

Prefácio

Honra-me o Professor Marcelo Pereira de Almeida com este convite para elaborar o prefácio de sua obra *Processo Coletivo — Teoria Geral, Cognição e Execução*, fruto de sua dissertação de mestrado apresentada ao Programa de Mestrado e Doutorado em Direito da Universidade Estácio de Sá.

Como se não bastassem os predicados acadêmicos e profissionais do autor, que leciona em diversas instituições no Rio de Janeiro, em nível de graduação e pós-graduação, já possui algumas obras publicadas, e sempre se notabilizou por uma profícua atividade profissional, este título que agora vem a público revela um pesquisador inquieto, corajoso e destemido.

Enfrentar uma banca de mestrado, sustentando dissertação sobre a temática da teoria geral do processo coletivo, quando o mundo acadêmico brasileiro estava em verdadeira ebulição, fruto do então Projeto de Lei da Ação Civil Pública e de todas as muitas discussões pretéritas oriundas dos Anteprojetos de Código de Processos Coletivos, é tarefa para poucos.

E, como se isso não fosse suficiente, o autor ainda atingiu um nível a mais de sofisticação, tocando questões sensíveis, propondo formas de sistematizar e racionalizar o caótico sistema coletivo brasileiro, que, não obstante a enorme quantidade de leis específicas, ainda mostra claros sinais de carência de instrumentalidade, efetividade e adequação, justamente os valores mais perseguidos na atualidade em se tratando de tutela jurisdicional.

Nesse passo, nos dois primeiros capítulos, são tratadas as origens e o histórico da tutela coletiva, bem como o caminho percorrido em outros países, a fim de fornecer os parâmetros mínimos para a futura atividade comparativa que se faria necessária.

O capítulo 2 traz a carga principiológica do trabalho, o que fornece ainda o referencial teórico do texto, na medida que insere o tema num ambiente constitucionalizado e propõe uma releitura de institutos fundamentais da tutela coletiva, de modo a adequá-los ao Ordenamento Maior. Merecem destaque, aqui, os chamados princípios específicos do processo coletivo, a saber: dimensão coletiva, adequação, adaptabilidade, informação e execução obrigatória.

Em seguida, é tratado o sistema processual coletivo brasileiro, que o autor sistematiza da seguinte forma: (1) ação civil pública; (2) ação popular; (3) mandado de segurança coletivo; e (4) ações coletivas no CDC. Esta sistematização é de extrema relevância para que se possa compreender o conjunto de leis sobre o tema, na medida em que cada um dos Diplomas foi editado em uma época específica, com finalidades próprias e subordinado a determinados requisitos.

Neste aspecto, é forçoso reconhecer que a doutrina tem desempenhado o papel que originalmente deveria caber ao legislador, ou seja, dar forma, consistência e equilíbrio a um sistema tão heterogêneo. Ao fim deste capítulo 3 são tratados dois temas dos mais sensíveis dentro da temática proposta: legitimidade e competência. Não me parece exagerada a afirmação de que a cada 10 recursos interpostos em matéria de tutela coletiva, 9 vão tratar de uma ou de ambas as questões.

Nos dois capítulos seguintes, o autor vai tratar da prova, da coisa julgada e da execução. Questões aparentemente teóricas, mas que revelam extrema complexidade prática, diante da falta de afinidade entre o CPC, que tem clara índole individual, e as leis básicas que regulam a tutela coletiva (Leis ns. 7.347 e 8.078), da falta de instrumentos mais efetivos previstos no ordenamento e, principalmente, em razão de uma mentalidade ainda retrógrada de certos setores da sociedade.

O capítulo 7 trata da ação coletiva passiva, tema bastante controvertido, aceito na legislação norte-americana e objeto de grande discussão durante o processo legislativo do Projeto n. 5.139, que, lamentavelmente, acabou arquivado pela Comissão de Constituição e Justiça da Câmara dos Deputados. De toda sorte, a ausência de previsão legal torna o problema ainda mais grave, na medida em que, diante do avanço e da evolução de nosso sistema jurídico, a hipótese da formação de uma classe ou coletividade no polo passivo da demanda já é mais do que factível.

Finalmente, no capítulo 8 são apresentados os sistemas de vinculação (tradicionalmente denominados *opt in* e *opt out*), que possibilitam a oxigenação do sistema coletivo, mas que, paradoxalmente, representam também gargalos neste mesmo sistema, na medida em que se exige que todos os interessados sejam cientificados da prática de determinados atos, a fim de que possam deliberar, livremente, sobre a conveniência ou não de sua permanência naquela demanda, facultando-se, dessa forma, o desligamento daqueles que prefiram seguir o caminho da demanda individual.

Como se percebe facilmente, o autor não se acovardou diante do tema. Ao contrário, fez questão de enfrentar todos e cada um dos aspectos mais controvertidos de cada assunto, para, ao final, apresentar suas propostas de consolidação e sugestões ao aperfeiçoamento de nosso sistema legal.

Deste modo, é com grande prazer que parabenizo o autor e a editora, na certeza de que esta obra ingressará, rapidamente, no rol de títulos indispensáveis ao estudioso da tutela coletiva brasileira.

Rio de Janeiro, abril de 2011.

Humberto Dalla Bernardina de Pinho
http://www.humbertodalla.pro.br

Capítulo 1

Histórico das Ações Coletivas e Breve Notícia no Direito Comparado

O regime de tutela dos direitos, no modelo *civil law*, sempre foi visto sob um enfoque estritamente individualista. A regra da legitimidade individual, segundo a qual cada um defenderia em juízo seus próprios interesses, não permitia muitas exceções, sendo raros os casos de substituição processual ou de alguma forma a defesa em nome próprio de interesse alheio.

Por este motivo, os direitos afetos à comunidade não podiam ser defendidos em juízo porque não se identificava uma pessoa legitimada para tanto, na medida em que não havia uma determinada pessoa prejudicada. Na verdade, todos eram prejudicados, e com isso ninguém detinha legitimidade, o que representava um grande contrassenso, uma verdadeira negativa ao acesso à justiça.

Nas últimas décadas, principalmente no segundo pós-guerra, identificou-se uma mudança de paradigmas com o surgimento de novos anseios sociais. Nesta realidade, além de emergirem novos problemas antes inexistentes, a informação e o apelo ao consumo infiltram-se democraticamente nas casas ricas e pobres. O cidadão passa a ter plena consciência de seu direito ao trabalho, ao lazer, à saúde, à educação, à proteção do meio ambiente e do patrimônio histórico e cultural. Este maior número de informações instigou o desejo humano de buscar a satisfação de seus novos e antigos interesses.

Estes fatos geraram anseios coletivos e surgiram os conflitos de massa. A nova realidade impunha a criação de mecanismos eficientes de proteção, tanto no plano do direito material como no do processual.

O direito está a serviço da sociedade, e dessa relação instrumental decorre a obrigação de se adaptar ao novo contexto social. Constitui o objetivo de boa política legislativa, como expressão do poder, canalizar no ordenamento jurídico as modificações necessárias, como meio de evitar que o sistema de interação social termine em conflitos.

A preocupação com a tutela coletiva acentuou-se basicamente no terceiro momento metodológico do direito processual, caracterizado pela procura da instrumentalidade como mentalidade a ser adotada pelo operador do sistema. Esse movimento visa ao aprimoramento do sistema processual, tendo adotado como verdadeira a máxima de Chiovenda: "Na medida do que for praticamente possível, o processo deve proporcionar a quem tem um direito tudo aquilo e precisamente aquilo que ele tem o direito de obter".[1]

A defesa adequada dos interesses metaindividuais é considerada como ponto sensível para se alcançar o pleno acesso à justiça por Cappelletti e Garth.[2]

Pode-se dizer que vem se desenvolvendo uma verdadeira revolução no direito processual civil em razão desse movimento. Essa revolução é causa e consequência de outra revolução mais importante ainda, a revolução da sociedade, que passou a ter consciência de novos direitos sociais, que devem ser tutelados coletivamente. Assim, vem-se criando uma nova mentalidade da sociedade em geral, ciente de que existe um sistema processual que efetivamente poderá ser utilizado com eficácia para a proteção destes direitos.

Segundo a doutrina, o desenvolvimento do direito processual civil coletivo encontra três marcos históricos, que são considerados de extrema relevância no cenário internacional, quais sejam: as origens das ações coletivas na Inglaterra, as ações de classe norte-americanas e a doutrina italiana.[3] Posteriormente, outros países foram inserindo em suas legislações processuais dispositivos que tratam da tutela coletiva. Devendo ser ressaltado que o Brasil conta com o maior número de instrumentos aptos a proteger estes interesses, como a ação civil pública, ação popular, a ação civil coletiva prevista no Código de Defesa do Consumidor e o mandado de segurança coletivo, de que se tratará mais adiante.

A Inglaterra é apontada como o berço dos litígios coletivos. Pode-se citar como passagem importante da origem das ações coletivas inglesas o *bill of peace*, no

---

(1) MAZZILLI, Hugo Nigro. *A defesa dos interesses difusos em juízo*. São Paulo: Saraiva, 2007. p. 230.
(2) CAPPELLETTI, Mauro; GARTH, Bryant. *Acesso à justiça*. Trad. Ellen Gracie Northfleet. Porto Alegre: Sergio Antonio Fabris, 1988. p. 12-13.
(3) MENDES, Aluisio Gonçalves de Castro. *Ações coletivas no direito comparado e nacional*. São Paulo: Revista dos Tribunais, 2002. p. 42.

século XVII, que era uma autorização para o processamento de uma ação como coletiva. O *bill* desenvolveu-se em torno da ideia de interesse comum, em que o provimento jurisdicional atingiria o direito de todos os membros da classe de maneira uniforme, e ainda, quando o número de pessoas era muito grande para a formação de um litisconsórcio.

Entre 1873 e 1875 foram promulgados os *Supreme Court of Judicature Acts* e legislação subsequente, unificando não só as jurisdições da *equity* à *common law*, como também incorporando regras processuais da antiga *Chancery*. Dentre elas, a *Rule 10* das *Rules of Procedure*, que previa as ações por representação. Por esta regra, positivou-se a possibilidade de representação do grupo quando houvesse a concorrência de interesse comum entre representante e representado.

Existem, hoje, na Inglaterra, dois tipos básicos de ações coletivas: a *representative action* e a *relator action*. A primeira é a tradicional ação coletiva inglesa, em que um ou mais indivíduos representam um grupo e dele fazem parte, grupo este identificável pela comunhão de interesses no litígio. A coisa julgada, como sempre ocorreu, vincula a todos.

A outra ação coletiva inglesa é a *relator action*, que consiste no fato de um indivíduo, que não possui legitimidade para propor uma ação de interesse público, requerer ao procurador-geral autorização para ajuizar a ação em nome deste.

Na hipótese de concedida a autorização, esta ação envolve uma espécie de delegação do procurador-geral, originariamente legitimado para agir, permitindo ao particular promovê-la. O procurador pode conceder ou não a autorização, e, além deste poder, supervisiona a ação em seu curso, embora seja o particular quem praticamente esteja à frente de todas as iniciativas processuais.[4]

Nas duas espécies de ações coletivas não se admitem pedidos de ressarcimento de danos, limitando-se os provimentos jurisdicionais a declarações, injunções e condenações de fazer e/ou não fazer.

Nos Estados Unidos, destacam-se as *class actions* com origem na *equity*, que foram sendo ampliadas de modo a adquirir aos poucos papel central no ordenamento. As *Federal Rules of Civil Procedure* de 1938 fixaram, no art. 23, as seguintes regras fundamentais: a *class action* seria admissível quando fosse impossível reunir todos os integrantes da classe; caberia ao juiz o controle sobre a representatividade adequada; ao juiz também competiria a aferição da existência da comunhão de interesses entre os membros da *class*. Faz parte, ainda, das regras processuais de 1938 a sistematização do grau de comunhão de interesses, da qual resulta uma classificação das *class actions* em *true, hybrid* e *spurius*, conforme a natureza dos interesses em conflito, com diversas consequências processuais.[5]

---

(4) MENDES. *Op. cit.*, p. 75.
(5) GRINOVER, Ada Pellegrini. Da *class action for damages* à ação de classe brasileira: os requisitos de admissibilidade. *Revista de Processo*, São Paulo, v. 101, p. 11-27, 2001.

Existe, na prática, uma dificuldade quanto à exata configuração de uma ou de outra categoria de *class action*, com tratamento processual próprio, o que induziu os especialistas norte-americanos a modificar a disciplina da matéria nas *Federal Rules* de 1966, dando novos contornos à antiga *spurious class action,* justamente aquela destinada aos casos em que os membros da *class* são titulares de diversos e distintos interesses, mas dependentes de uma questão comum de fato ou de direito, pelo que se possibilita para todos um provimento jurisdicional de conteúdo único.

Esta regra da *Federal Rules* de 1966, que tem caráter pragmático e funcional, contém quatro considerações prévias e estabelece três categorias de *class actions*, sendo duas obrigatórias e uma não obrigatória, cada uma com seus próprios requisitos.

A fixação dos pré-requisitos para qualquer ação de classe procede-se da seguinte forma: um ou mais membros de uma classe podem processar ou ser processados como partes, representando a todos, apenas se a classe for numerosa a ponto de ser inviável a reunião de todos os membros; que haja questões de direito ou de fato comuns à classe; que as demandas ou exceções das partes representativas sejam típicas das demandas ou exceções da classe e as partes representativas protegerão justa e adequadamente os interesses da classe. Esses requisitos são analisados previamente.[6]

Há clara previsão dos requisitos para o prosseguimento da ação de classe que criam três categorias de ações.

Uma ação pode prosseguir como ação de classe quando forem satisfeitos os pré-requisitos da subdivisão e, ainda, se o prosseguimento das ações separadas pudesse criar risco de julgamentos inconsistentes ou contraditórios em relação a membros individuais da classe que estabeleceriam padrões incompatíveis para a parte que se opõe à classe; julgamentos em relação aos membros individuais da classe que seriam dispositivos, do ponto de vista prático, dos interesses de outros membros que não são parte no julgamento ou que impediriam ou prejudicariam sua capacidade de defender seus interesses, ou então a parte que se opõe à classe agiu ou recusou-se a agir em parâmetros aplicáveis à classe em geral, sendo adequada, desta forma, a condenação na obrigação de fazer ou não fazer ou a correspondente sentença declaratória com relação à classe como um todo.

O juiz decide se os aspectos de direito ou de fato comuns aos membros da classe prevalecem sobre quaisquer questões que afetam apenas membros individuais, e se a ação de classe é superior a outros métodos disponíveis para o justo e eficaz julgamento da controvérsia.

Os assuntos pertinentes aos fundamentos de fato da sentença incluem o interesse dos membros da classe em controlar individualmente a demanda ou a

---

(6) MENDES. *Op. cit.*, p. 70.

exceção em ações separadas, também a amplitude e a natureza de qualquer litígio relativo à controvérsia já iniciada, por ou contra membros da classe; a vantagem ou desvantagem de concentrar as causas num determinado tribunal e as dificuldades que provavelmente serão encontradas na gestão de uma ação de classe.

Cumpre esclarecer que tanto o inciso b1 (a) e (b) quanto o inciso b2 tratam da ação de classe obrigatória, que na ordem brasileira corresponde às ações para defesa dos interesses difusos e coletivos. Por outro lado, o inciso 2 também contempla em ação coletiva obrigatória os casos de obrigações de fazer e não fazer, ou de sentenças declaratórias, ainda na categoria que corresponde no Brasil às ações em defesa de interesses difusos e coletivos.

Já o inciso b3 trata das *class actions for damages*, que não são obrigatórias; sendo assim, se admite *opt out*, correspondendo à ação brasileira em defesa de interesses individuais homogêneos exatamente na espécie reparatória dos danos individuais sofridos.

Este dispositivo é aplicável às *damage class actions*, e não havia previsão nas regras de 1938, podendo ser considerada uma inovação das *Federal Rules* de 1966.

Além dos requisitos genéricos para a admissibilidade das *class actions*, essa regra prevê dois requisitos adicionais, vale dizer, a prevalência das questões de direito e de fato comum sobre as questões de direito ou de fatos individuais e a superioridade da tutela coletiva sobre a individual, em termos de justiça e eficácia da sentença.[7]

O objetivo desta regra está informado pelo princípio do acesso à justiça, que, no sistema norte-americano, desdobra-se em duas vertentes, ou seja, a de facilitar o tratamento processual de causas pulverizadas, que seriam individualmente muito pequenas, e a de obter a maior eficácia possível das decisões judiciais.

O requisito da prevalência dos aspectos comuns sobre os individuais indica que, sem isso, haveria desintegração dos elementos individuais, e o da superioridade leva em conta a necessidade de evitar o tratamento de ação de classe nos casos em que ela possa acarretar dificuldades insuperáveis, aferindo-se a vantagem, no caso concreto, de não se fragmentarem as decisões.

Esclarece-se, enfim, que, nas diversas fases processuais desta espécie de ação de classe, os tribunais norte-americanos, incorporando as *notes* do *Advisory Committee*, observam rigorosamente a exigência dos requisitos da prevalência e da superioridade, ligando-a à necessidade de escrupuloso respeito aos parâmetros de justiça e eficácia da decisão. Descrevem-se essas fases após o juízo prévio de admissibilidade (*certification*), seguida dos possíveis acordos, o caso vai a júri, onde se produzem as provas no processo genérico. Em seguida, o juiz de primeira instância confirma ou rejeita a decisão do júri. Na hipótese de confirmação, o processo segue

---

(7) DINAMARCO, Pedro da Silva. *Ação civil pública*. São Paulo: Saraiva, 2001. p. 201.

para a sentença final de mérito, genérica. E numa etapa posterior passa-se à liquidação dos danos, culminando na sentença final de liquidação.

Na Itália, a possibilidade de tutela dos interesses metaindividuais aparece com mais força somente nos anos 1970, com a contribuição de autores como Mauro Cappelletti, Vittorio Denti, Andrea Proto Pisani, Vincenzo Vigoriti e outros, nos congressos realizados em Paiva e Salermo, nos anos de 1974 e 1975.[8]

A propósito, em congresso em 1974, Mauro Cappelletti ressalta a grande importância da tutela dos interesses metaindividuais, que resultou em artigo reunido na coletânea das participações, publicada em 1976, pela Universidade de Pavia.

Neste trabalho, Cappelletti dispõe ideias que influenciaram vários processualistas e legisladores em todo o mundo.[9]

Ressalta, primeiramente, a inadequação para a sociedade contemporânea marcada por relações jurídicas e violações de massa, pela tradicional dicotomia entre público e privado. Cresce em quantidade e importância a atividade relacionada com grupos, e não apenas com indivíduos isolados.[10]

Nesta leitura identifica os denominados interesses difusos e coletivos, que não pertenceriam às pessoas individualmente consideradas, mas à coletividade. Nesse diapasão, surgem novas situações, como, por exemplo, a do consumidor que precisa se organizar em coletividades para se defender contra os abusos (assim como realizado pelos trabalhadores no início do século); a da proteção ao meio ambiente; a dos pequenos e médios acionistas, diante das sociedades por ações e de outros grupos de poder econômico.[11]

Em virtude da nova realidade mediante os referidos interesses, defende Cappelletti a necessidade de adequação do processo às respectivas exigências. A própria ideia de acesso à justiça assumiria igualmente uma configuração diversa. O processo civil, que em toda a sua concepção clássica estava voltado para dirimir conflitos individuais, passa a ter uma roupagem voltada para a esfera pública, em função dos interesses metaindividuais.[12]

O Canadá, assim como outros países da Comunidade Britânica, herdou as mesmas regras inglesas já examinadas sobre as *representative actions*, incluindo a limitação em se utilizar da ação de classe indenizatória.[13]

Os provimentos jurisdicionais são de dois tipos, ou seja, uma *injunction*, a fim de interromper a atividade danosa ou obrigação de fazer. Há também previsão de

---

(8) MENDES. *Op. cit.*, p. 78.
(9) CAPPELLETTI. *Op. cit.*, p. 96.
(10) *Ibidem*, p. 97.
(11) CAPPELLETTI. *Op. cit.*, p. 122.
(12) ARENHART, Sérgio Cruz. *Perfis da tutela inibitória coletiva*. São Paulo: Revista dos Tribunais, 2003. p. 180.
(13) MANCUSO, Rodolfo Camargo. *Ação civil pública*. São Paulo: Revista dos Tribunais, 1992. p. 130.

indenização em dinheiro por danos ambientais, quando o tribunal condena o poluidor a pagar uma soma a um fundo administrado pelo Ministro das Finanças para proteger ou conservar o ambiente.

Nos modelos europeus, para a propositura de ações coletivas, prevalecem as associações e os Ministérios Públicos como legitimados a ingressarem com essas demandas, devendo ficar consignado que a regra geral, nos sistemas ocidentais, é a excepcionalidade da representação em nome próprio de direito alheio.

Existe previsão para as ações coletivas para direitos difusos, de forma específica para tutelar o meio ambiente, com previsões legislativas ambientais a partir de 1975 e 1976, concedendo legitimidade às entidades ambientalistas para a propositura de ações coletivas.

Na França, há todos os tipos de ações coletivas, sendo as legitimadas entidades públicas e associações.

Na Espanha, o documento legislativo mais importantes a prever ações coletivas é a *Ley General para la Defensa de los Consumidores y Usuarios*, que disciplina a legitimação de associações para propor ações de interesses gerais dos consumidores, ou seja, incluindo membros da comunidade que não são associados.

Ressalte-se que na Espanha ainda não se concebem ações de classe como escopo indenizatório, nem de danos globais por danos difusos. Apesar de não se reconhecerem nem mesmo ações de ressarcimento por danos difusos, um caso, entretanto, merece destaque.

O Tribunal Constitucional espanhol reconheceu a legitimidade de uma autora que pleiteou indenização por danos morais perpetrados por um integrante do movimento nazista.

Em questões ambientais, a Espanha permite uma espécie de ação popular contra algumas decisões administrativas que impliquem prejuízo ao meio ambiente.

Neste país, então, existem ações coletivas para tutelar direitos difusos e individuais sem caráter indenizatório, podendo no primeiro caso ser intentada por indivíduos, e em ambos os modelos, por associações.

No direito brasileiro, inicialmente, existiam apenas algumas leis específicas, restritas a alguns setores da sociedade, que concediam legitimidade extraordinária para a defesa de determinados interesses metaindividuais. Era o caso da Lei n. 1.134/1950, segundo a qual:

> Às associações de classe existentes na data da publicação desta lei, sem nenhum caráter político, fundadas nos termos do Código Civil e enquadradas nos dispositivos constitucionais, que congreguem funcionários ou empregados de empresas industriais da União, administradas ou não por elas, dos Estados, dos Municípios e das entidades autárquicas, de modo

geral, é facultada a representação coletiva ou individual de seus associados, perante as autoridades administrativas e a justiça ordinária.[14]

A Lei n. 4.215/1963, antigo Estatuto da Ordem dos Advogados do Brasil, também de forma limitada, reconhecia que caberia à Ordem representar, em juízo e fora dele, os interesses gerais da classe dos advogados e os individuais, relacionados ao exercício da profissão.[15]

A primeira lei brasileira a tratar de forma mais ampla dos interesses difusos foi a Lei da Ação Popular (Lei n. 4.717/1965), que atribuiu legitimidade ao cidadão para defender o patrimônio público.

Em meados da década de setenta surgiu a real preocupação pela tutela dos interesses metaindividuais, com a repercussão dos trabalhos desenvolvidos na Itália. José Carlos Barbosa Moreira foi o precursor, com artigo publicado em 1977.[16] Seguindo este caminho, vieram Waldemar Mariz de Oliveira e Ada Pellegrini Grinover que passaram a divulgar estas ideias.[17]

A Lei n. 6.938/1981, da Política Nacional do Meio Ambiente, por sua vez, trouxe a legitimidade do Ministério Público para a defesa do meio ambiente, mas foi a Lei n. 7.347/1985, a denominada Lei da Ação Civil Pública, que proporcionou modificação mais sensível no ordenamento processual pátrio.

A referida lei foi elaborada por uma comissão composta por Ada Pellegrini Grinover, Cândido Rangel Dinamarco, Kazuo Watanabe e Waldemar Mariz de Oliveira Jr., que redigiram o anteprojeto formulado após o encerramento de um seminário sobre o tema. O referido anteprojeto foi aprovado pela Associação Paulista de Magistrados, em 1983, e apresentado ao público pela primeira vez durante o I Congresso Nacional de Direito Processual Civil, ocasião em que José Carlos Barbosa Moreira apresentou as primeiras sugestões de aprimoramento.[18]

Aquelas propostas foram apresentadas ao Congresso Nacional por intermédio do Projeto de Lei n. 3.034/1984. Em seguida, alguns representantes do Ministério Público fizeram alterações no projeto original e apresentaram novo projeto, que finalmente foi convertido na Lei n. 7.347/1985,[19] aprimorada posteriormente por outras normas.[20]

A Constituição de 1988 estendeu seu cabimento para a defesa de outros interesses transindividuais, atribuiu *status* constitucional à tutela coletiva e ampliou

---

(14) DINAMARCO, Pedro da Silva. *Op. cit.*, p. 120.
(15) *Ibidem*, p. 125.
(16) *Ibidem*, p. 127.
(17) GRINOVER, Ada Pellegrini. *Código Brasileiro de Defesa do Consumidor.* Rio de Janeiro: Forense Universitária, 2000. p. 800.
(18) *Ibidem*, p. 803.
(19) *Ibidem*, p. 805.
(20) *Ibidem*, p. 806.

o rol dos legitimados para a propositura da ação, além de prever, expressamente, a figura do mandado de segurança coletivo, conferindo legitimação aos partidos políticos e às entidades de classe para a sua impetração.

A Lei n. 7.853/1989 foi a primeira a tratar de matéria complementar à ação civil pública, com o fito de proteger as pessoas portadoras de deficiência, e dispôs ainda sobre aspectos processuais específicos para a defesa coletiva deste grupo social.[21]

Em seguida, foi editada a Lei n. 7.913/1989, com o objeto voltado à defesa coletiva dos investidores do mercado de valores mobiliários, por danos a eles causados, com previsão inovadora referente à possibilidade de ressarcimento de danos individuais a esses investidores. Foi a primeira notícia da defesa de interesses denominados individuais homogêneos, que, até então, só poderiam ser tutelados em conjunto pela figura do litisconsórcio, uma vez que a ação civil pública possibilitava, apenas, a proteção de interesses difusos, com a destinação da indenização para o fundo previsto no art. 13 da Lei n. 7.347/1985.

A Lei n. 8.069/1990 (Estatuto da Criança e do Adolescente) veio logo a seguir com normas específicas para a ação civil pública ajuizada na defesa da criança e do adolescente.[22]

A mais relevante alteração da Lei da Ação Civil Pública veio com o advento do Código de Defesa do Consumidor (Lei n. 8.078/1990), que modificou profundamente a sua estrutura. Todo o Título III tem aplicação em qualquer ação civil pública, conforme determina o art. 21 da Lei n. 7.347/1985.[23] Foi acrescentada, ainda, a possibilidade de litisconsórcio entre os Ministérios Públicos e a de celebração de termo de ajustamento de conduta.

Outras regras que afetam a tutela coletiva devem ser lembradas.

Em 1992, editou-se a Lei n. 8.437/1992, que condicionou a concessão de tutela de urgência à audiência prévia do representante judicial da pessoa jurídica de direito público, que deverá se pronunciar no prazo de setenta e duas horas.[24]

A Lei Antitruste (Lei n. 8.884/1994) ampliou também o campo de incidência da ação civil pública. Seu art. 88 determinou a inclusão do atual inciso V no art. 1º da Lei n. 7.347/1985. Com isso, os danos causados por infração da ordem econômica passarão a ser tuteláveis por intermédio desta ação.

A Medida Provisória n. 1.570/1997, convertida na Lei n. 9.494/1997, fez previsão de limitação territorial ao âmbito da coisa julgada ao território de compe-

---

(21) Pode ser destacado o art. 3º, § 6º que reza: "em caso de desistência ou abandono da ação, qualquer dos colegitimados pode assumir a titularidade ativa".
(22) Não havia previsão expressa de defesa dos interesses individuais homogêneos das crianças e dos adolescentes.
(23) A redação deste dispositivo foi dada pelo Código de Defesa do Consumidor.
(24) O STJ já decidiu que essa exigência não se aplica à ação popular.

tência do juízo prolator da sentença, com a alteração feita no teor do art. 16 da Lei n. 7.347/1985. Alteração muito questionada pela doutrina.[25]

A referia lei prevê, ainda, a restrição de concessão de tutela antecipada contra a Fazenda Pública, condicionando-a, no que tange às demandas coletivas, à audiência do representante judicial da pessoa jurídica de direito público, que deverá se pronunciar no prazo de setenta e duas horas. E a Medida Provisória n. 2.102/2001 alterou a redação do inciso V do art. 1º da Lei n. 7.347/1985, que passou a vigorar com a seguinte redação: "por infração da ordem econômica e da economia popular".

Nesta breve evolução histórica, deve ser consignado que foram apresentadas e discutidas propostas nas comunidades jurídicas do Rio de Janeiro e de São Paulo de elaboração de um Código de Processo Civil Coletivo. Estas propostas culminaram na elaboração de um projeto de lei para sistematizar a ação civil pública, encaminhado ao Congresso Nacional, em setembro de 2009 pela Comissão de Reforma do Judiciário do Ministério da Justiça. O referido projeto recebeu a numeração de 5.139/2009, mas infelizmente foi rejeitado pela Comissão de Constituição e Justiça da Câmara dos Deputados,[26] sendo alvo de recurso na tentativa de submetê-lo ao Plenário desta Casa Legislativa.

---

(25) Ada Pellegrini Grinover sustenta com veemência que a coisa julgada não estaria limitada a esse âmbito de competência do juízo (cf. *Código Brasileiro de Defesa do Consumidor* — comentado pelos autores do anteprojeto. Rio de Janeiro: Forense Universitária, p. 795). Em sentido semelhante, criticando a alteração legislativa, cf. VIGLIAR, José Marcelo M. *Ação civil pública*, n. 10.2, p. 105; e MANCUSO, Rodolfo Camargo. *Manual do consumidor em juízo*. São Paulo: Saraiva, 1994. p. 130.

(26) CCJ da Câmara rejeita projeto de lei que disciplina a ação civil pública. O Projeto de Lei (PL) n. 5.139/2009, que disciplina a ação civil pública para a tutela de interesses difusos, coletivos ou individuais homogêneos. A Comissão rejeitou o parecer pela aprovação, em forma de um substitutivo apresentado pelo deputado federal Antônio Carlos Biscaia (PT-RJ). Em seu lugar, foi acatado o voto em separado do deputado José Carlos Aleluia (DEM-BA), pela rejeição. Como o projeto foi rejeitado em caráter conclusivo, não precisa ser votado pelo Plenário.

Capítulo 2

Princípios Norteadores da Efetiva Prestação Jurisdicional no Sistema Processual Coletivo

O sistema processual é regido por normas que se encontram na Constituição e na legislação infraconstitucional. Podem-se apontar, ainda, institutos processuais em que o âmbito de incidência e o procedimento se encontram na própria Constituição.

Costuma-se afirmar que um ordenamento é completo quando jamais existe uma situação não regulamentada pelo sistema, quer por norma proibitiva, quer por norma permissiva. Significa dizer que para cada caso concreto o legislador é capaz de conferir ao julgador uma solução.

Porém, o dinamismo social impede que o legislador acompanhe as exigências do corpo coletivo e dos valores culturais. Daí surge a necessidade de se estabelecer uma ideia de unidade, eliminando as contradições e preenchendo as lacunas.[27]

Assim, afastado o dogma da completude do ordenamento jurídico, fez-se necessário voltar a atenção dos juristas para um universo de fontes diversas. A proposta de um direito principal tomou vulto após a superação da fase positivista, quando o pensamento hermético deu lugar ao estudo transdisciplinar, encontrando a ética, a equidade etc. suporte na pesquisa jurídica.

---

(27) BOBBIO, Norberto. *Teoria do ordenamento jurídico*. Brasília: Universidade de Brasília, 1999. p. 115.

A crise que as lacunas e contradições do ordenamento jurídico positivado apresentam tem sido amenizada pelo manejo dos princípios.

A palavra princípio, na sua concepção semântica, traduz a ideia de fonte, de causa primária, de algo que está no começo. Em sentido jurídico, este conceito adquire conteúdo próprio, conforme apontado por Bandeira de Mello, assim disposto:

> Princípio é, por definição, mandamento nuclear de um sistema, verdadeiro alicerce dele, disposição fundamental que se irradia sobre diferentes normas compondo-lhes o espírito e servindo de critério para a sua exata compreensão e inteligência exatamente por definir a lógica e a racionalidade do sistema normativo, no que lhe confere a tônica e lhe dá sentido harmônico. É o conhecimento dos princípios que preside a intelecção das diferentes partes componentes do todo unitário que há por nome sistema jurídico positivo.[28]

Os princípios, além de função interpretativa, cumprem outras funções na ordem jurídica, como elementos fundantes, integrativos, normogenéticos etc.[29]

Conforme foi indicado, o legislador, por mais atento que seja, não consegue acompanhar a evolução das demandas socais, o que faz surgir a eterna defasagem das regras em relação às ocorrências do mundo fenomênico, que provocam os anseios da coletividade.

Sob a concepção de uma segunda fase de dimensionamento, os princípios e as regras são dotados de imperatividade, pois obrigam seus destinatários. Essa normatividade alcança não apenas aqueles princípios explícitos, como também os implícitos, ou seja, os que decorrem do sistema.

Conforme assevera Bobbio:

> A Constituição é norma jurídica, tudo que nela se contém desfruta dessa natureza, reforçada ainda pelo fato de sua superioridade hierárquica sobre o sistema. A segunda razão diz com a própria natureza do princípio. O princípio constitucional veicula normalmente uma decisão fundamental do poder constituinte originário. Não haveria sentido que o princípio, axiológica e logicamente mais relevante que a regra, não fosse considerado norma jurídica e esta sim (...) Por hora, o importante é deixar registrado que, a rigor, afirmar que princípio constitucional é norma jurídica imperativa significa que o efeito por ele pretendido deverá ser

---

(28) MELLO, Celso Antonio Bandeira de. *Compostura jurídica do princípio da igualdade*. São Paulo: Jurídica Administração Municipal, 2001. v. 3, p. 37.
(29) CANOTILHO, José Joaquim Gomes. *Direito constitucional e teoria da Constituição*. Coimbra: Almedina, 2002. p. 1.145.

imposto coativamente pela ordem jurídica caso não se realize espontaneamente, como se passa com as demais normas jurídicas.[30]

Porém, o fato de ser o princípio dotado de normatividade não o iguala às regras, apesar de esses conceitos inserirem-se no gênero norma jurídica.

Por este motivo, costuma-se citar como primeira distinção destes conceitos a generalidade, já que os princípios seriam dotados de maior grau de generalidade, enquanto as regras teriam grau relativamente mais baixo.

Robert Alexy sustenta que o ponto decisivo para a distinção entre regras e princípios é que os princípios são normas que ordenam a realização de algo na maior medida possível em relação às possibilidades jurídicas e fáticas. É o que justifica a nomenclatura por ele utilizada, chamando os princípios de mandados de otimização, que se caracterizam por poderem ser cumpridos em diversos graus.[31]

Por outro lado, as regras seguem um vetor rígido, ou seja, um cumprimento pleno, ou se aplicam ou não se aplicam, constituindo verdadeiro mandado de definição.

Verifica-se, assim, que os princípios, além de integrar as lacunas do ordenamento jurídico e resolver os eventuais conflitos de regras positivadas, apresentam a função de desenvolver o direito, permitindo sua constante evolução, pois são constituídos por uma estrutura aberta e de normatividade capaz de afastar até mesmo a incidência de regras positivas.

Assim, as bases principiológicas nortearão o sistema jurídico de modo a alcançar uniformidade e homogeneidade, justamente para facilitar a compreensão e aplicação e atingir seu escopo de solucionar as controvérsias e possibilitar a satisfação dos direitos.[32]

Esta unidade encontra os seus pilares na Constituição de 1988, nos vários princípios que norteiam a atividade jurisdicional e oferecem sustentáculo para que se possa proporcionar uma ordem jurisdicional justa.

A proposta de satisfação dos interesses transindividuais passa, necessariamente, pela observância destes princípios, diante das lacunas que as legislações processuais infraconstitucionais apresentam.[33]

2.1. DEVIDO PROCESSO LEGAL NO ÂMBITO DO PROCESSO COLETIVO

A doutrina é unívoca ao apontar o princípio do devido processo legal como a base sobre a qual todos os outros se sustentam.[34] A expressão "devido processo

---

(30) BOBBIO, Norberto. *Op. cit.*, p. 115.
(31) ALEXY, Robert. Sistema jurídico, princípios jurídicos y razón prática. In: *Doxa: Cuadernos de Filosofia del Derecho*, Madrid: Universidad de Alicante, n. 5, p. 139, 1998.
(32) NERY JUNIOR, Nelson. *Princípios do processo civil na Constituição federal*. São Paulo: Revista dos Tribunais, 2004. p. 63.
(33) *Ibidem*, p. 65.
(34) *Ibidem*, p. 67.

legal" é oriunda da inglesa *due process of law*. A Constituição Federal brasileira de 1988 dispõe expressamente que "ninguém será privado da liberdade ou de seus bens sem o devido processo legal" (art. 5º, LIV).

Conforme sustenta Nery Junior,[35] seria suficiente que a norma constitucional tivesse adotado o princípio do devido processo legal para que daí decorressem todas as consequências processuais que garantiriam aos litigantes o direito a um processo e a uma sentença justa. Assim, sustenta que todos os demais princípios constitucionais seriam espécies deste gênero.[36]

Neste mesmo sentido, a doutrina defende que, por exemplo, o princípio da publicidade dos atos processuais, a impossibilidade de se utilizar em juízo prova obtida por meios ilícitos, assim como o postulado do juiz natural, do contraditório, da ampla defesa e da razoável duração do processo são corolários do devido processo legal.[37]

O primeiro ordenamento que teria feito menção a este princípio foi a Magna Carta de João Sem Terra, do ano de 1215, quando se referiu à *Law of de land* (art. 39), sem ainda ter mencionado a expressão *devido processo legal*.

O termo hoje consagrado, *due process of law*, foi utilizado somente na lei inglesa de 1354, baixada no Reino de Eduardo III, por meio de um legislador desconhecido.

Apesar de a Magna Carta representar um instrumento de acentuado reacionarismo, criado como espécie de garantia dos nobres contra os abusos da coroa inglesa, continha exemplos de institutos originais e eficazes do ponto de vista jurídico, que até hoje têm provocado a admiração dos estudiosos da história do Direito.

Antes mesmo da Constituição Federal americana, de 1787, algumas constituições estaduais daquele país já consagravam a garantia do devido processo, como, por exemplo, as de Maryland, Pensilvânia e Massachusetts, repetindo a regra da Magna Carta e da Lei de Eduardo III.[38]

A "Declaração dos Direitos" da Virgínia, de 1776, tratava, na Secção 8ª, deste princípio. Dias depois, a "Declaração de Delaware" o ampliava e explicava melhor.

Mas foi a "Declaração dos Direitos" de Maryland, de 1776, que fez pela primeira vez expressa referência ao trinômio, hoje insculpido na Constituição norte-americana, vida-liberdade-propriedade. Após esta carta, foi editada a "Declaração dos Direitos" da Carolina do Norte, que também fez referência a este como valor fundamental protegido pela lei da terra. Posteriormente, as Constituições das

---

(35) *Ibidem*, p. 68.
(36) *Ibidem*, p. 70.
(37) GRINOVER, Ada Pellegrini. *Os princípios constitucionais e o código de processo civil*. São Paulo: Revista dos Tribunais, 1975. p. 133.
(38) *Ibidem*, p. 135.

colônias de Vermont, Massachusetts e New Hampshire, transformadas depois em estados, adotaram este mesmo princípio. E em seguida ele foi também incorporado à Constituição da Filadélfia.

Este princípio, genericamente considerado, caracteriza-se pelo trinômio vida-liberdade-propriedade, ou seja, tem-se o direito de tutela àqueles bens da vida em seu sentido mais amplo e genérico. Tudo o que diz respeito à tutela da vida, liberdade ou propriedade está sob a proteção do princípio do devido processo.[39]

O direito constitucional norte-americano ganhou maior prestígio diante da interpretação da cláusula *due process* pela Suprema Corte. Este tribunal não só vem interpretando o princípio de modo a fazer valer o que o constituinte pretendeu quando adotou a regra, como também o faz de forma analítica, declarando que a corte decidiria daquela forma se o problema fosse resolvido de outro modo.

Significa que a corte, ordinariamente, vem interpretando este princípio para solucionar o caso concreto que lhe foi submetido a julgamento, ao mesmo tempo que consolida os precedentes para casos futuros.

É possível que a ineficácia das normas constitucionais nos países que adotam o sistema romano-germânico esteja na dogmatização da doutrina da norma constitucional, principalmente no que concerne à caracterização das normas programáticas e de eficácia limitada, que necessitam de regulamentação.

A garantia do devido processo surgiu como sendo de índole exclusivamente processual, mas em seguida passou a ter também um aspecto de direito material, o que conduziu a doutrina a considerar a existência de um *substantive due process of law* ao lado de um *procedural due process of law*. Assim é que o devido processo legal substancial deve ser entendido, como a garantia ao trinômio acima mencionado, por meio da qual se assegura que a sociedade só seja submetida a leis razoáveis, as quais devem atender aos seus anseios, demonstrando assim sua finalidade social.[40]

Esta garantia substancial do devido processo pode ser considerada como o próprio princípio da razoabilidade das leis.

A investigação proposta se atem aos aspectos processuais deste princípio, que dará suporte para indicar os pontos de estrangulamento referentes à efetividade do sistema processual coletivo.

A cláusula do devido processo deve ser entendida hoje como a garantia do pleno acesso à justiça, que se encontra consagrada no art. 5º, inciso LIV, da Constituição Federal, e será abordado no tópico a seguir.

---

(39) *Ibidem*, p. 136.
(40) NERY JUNIOR, Nelson. *Op. cit.*, p. 67.

2.2. Acesso à justiça e a tutela coletiva

O estudo da atividade jurisdicional ganhou novos contornos a partir do final do século passado, quando o Direito Processual Civil começou a ser visto como um ramo autônomo do Direito.

Em 1868, o jurista alemão Oskar Von Bülow publicou uma obra intitulada *A Teoria das Exceções Processuais e os Pressupostos Processuais*. Foi neste momento que o desenvolvimento do processo como relação jurídica passou a ser considerado ramo autônomo do Direito. Assim, inicia-se a chamada fase científica do Direito Processual, denominada desta forma pelo predomínio dos estudos voltados à fixação dos conceitos essenciais que compõem a ciência processual.

A partir daí, os alicerces de uma nova ciência foram sendo construídos, tais como o estudo da autonomia do direito de ação e os conceitos de processo e coisa julgada.

Esse estudo da atividade jurisdicional tornou-se de extrema relevância: foram traçadas as principais diretrizes do Direito Processual e se formou a estrutura do Processo. É nessa fase que surgem os maiores nomes do Direito Processual Civil de todos os tempos, como Giuseppe Chiovenda, Francesco Carnelutti, Piero Calamandrei, Enrico Tullio Liebman, Adof Wach, James Goldschimidt, Alfredo Buzaid, Lopes da Costa e Moacyr Amaral Santos, que desenvolveram teorias essenciais para a afirmação da autonomia científica deste ramo do Direito.

No momento em que não se pôde mais negar a autonomia científica do Direito Processual, passou-se à fase em que vive hoje o Direito Processual, pois se constatou que a atividade jurisdicional não estava alcançando o seu fim, ou seja, entregar ao cidadão de forma satisfatória o que ele foi buscar desta atividade estatal.

Neste momento, inaugurou-se a fase denominada instrumentalista do Direito Processual, cujos estudiosos dedicam seus esforços para descobrir mecanismos de melhora da prestação jurisdicional, tornando-a mais segura, o mais célere e justa possível. O processo deixa de ser visto como mero instrumento de atuação do direto material, e passa a ser encarado como um instrumento de que se vale o Estado a fim de alcançar seus escopos sociais, jurídicos e políticos,[41] passando a se privilegiar o consumidor desta atividade estatal, buscando-se meios de administração da justiça que sejam capazes de assegurar ao titular de uma posição jurídica de vantagem uma tutela adequada e efetiva.[42]

Neste passo, os pensadores do Direito Processual canalizaram energias para o problema do acesso à justiça. Esclarece-se que este acesso não pode ser visto como

---

(41) DINAMARCO, Cândido Rangel. *A instrumentalidade do processo*. São Paulo: Malheiros, 2003. p. 123.
(42) CÂMARA, Alexandre Freitas. *Lições de direito processual civil*. Rio de Janeiro: Lumen Juris, 2005. v. 1, p. 33.

mero acesso formal, em que as pessoas podem chegar ao Judiciário pelo exercício do direito de ação, bastando para isso a contratação de um advogado. Esta garantia deve ser vista como uma garantia de acesso a uma ordem jurídica justa, que significa a própria consagração do devido processo.

A referida denominação foi proposta por Kazuo Watanabe, e retrata, com mais propriedade, o que se pretende da prestação jurisdicional.[43] Trata-se da garantia de acesso à justiça no sentido substancial, assegurando-se a todos aqueles que se encontrem como titulares de uma posição jurídica de vantagem a possibilidade de obter uma verdadeira e efetiva tutela jurídica a ser prestada pelo Poder Judiciário.

Com o desiderato de buscar um verdadeiro acesso à ordem jurídica justa, a doutrina influenciada pelo jurista italiano Mauro Cappelletti reconhece três grandes fases de desenvolvimento deste tema, que foram denominadas de "as três ondas renovatórias do acesso à justiça".[44]

Inicialmente, os esforços se voltaram à assistência judiciária gratuita, pois, como se sabe, a prestação desta atividade é dispendiosa, o que torna difícil o acesso dos economicamente necessitados a este serviço. Este obstáculo sempre dificultou a maioria da população a buscar a prestação jurisdicional, retirando-lhe qualquer expectativa de acesso a uma ordem jurídica. Então, o primeiro obstáculo a ser ultrapassado na busca do pleno acesso à justiça era justamente permitir que todos, com ou sem condições econômicas, pudessem demandar perante os órgãos do Poder Judiciário.

No segundo momento constatou-se que, apesar da possibilidade de todos poderem levar suas demandas ao Poder Judiciário, independentemente de sua situação econômica, nem todos os interesses e posições jurídicas de vantagem eram ainda passíveis de proteção jurisdicional, em virtude de o Direito Processual ter sido construído com base em um sistema filosófico e político dominante na Europa continental dos séculos passados, no qual se instituiu um culto ao individualismo. Por este motivo, diante da estrutura tradicional do Direito Processual europeu, só se permitia que alguém fosse a juízo na defesa de seus próprios interesses.

Pareceria, de imediato, que, pelo fato de todos terem acesso ao Poder Judiciário independentemente da sua situação econômica, o objetivo alcançado pela primeira onda do acesso à justiça poderia ter resolvido este problema. Mas não foi bem assim, pois persistia o problema com referência a interesses considerados supraindividuais, já que estes, por estarem acima dos indivíduos, não são próprios de ninguém, o que impedia que qualquer pessoa levasse a juízo demanda em que manifestasse a pretensão de defendê-los.

Assim, permaneciam desprotegidos os denominados interesses coletivos e difusos, os quais não podem ser adequadamente tutelados pelos mesmos instru-

---

(43) WATANABE, Kazuo. *Da cognição no processo civil*. Campinas: Bookseller, 2000. p. 58.
(44) CAPPELLETTI, Mauro; GARTH, Bryant. *Op. cit.*, p. 75.

mentos de tutela dos interesses individuais. Desta sorte, a proteção dos interesses transindividuais foi o escopo da segunda onda do acesso à justiça, com a tentativa de descobrir mecanismos de proteção dos interesses difusos e coletivos.

Esta proteção dos interesses transindividuais torna-se fundamental para a adequada garantia de acesso à ordem jurídica justa numa época em que surgem novos direitos, sem caráter patrimonial. Pode-se citar como exemplo destes a preservação do meio ambiente, do patrimônio cultural, histórico e artístico, a garantia da moralidade administrativa e muitos outros.[45]

A legitimação, os limites subjetivos da coisa julgada e os sistemas de vinculação são alguns dos pontos que os ordenamentos processuais individuais deveriam adaptar para alcançar a proteção adequada dos interesses transindividuais. Pontos estes que serão abordados com mais propriedade nos capítulos seguintes.

Ultrapassados estes pontos, foi indagado pelos estudiosos do Direito Processual se o consumidor da atividade jurisdicional estava satisfeito com a prestação deste serviço. A indagação obriga o jurista a examinar a questão do acesso à justiça sob um novo ângulo, não mais o do Estado, mas o do jurisdicionado, o que fez surgir a "Terceira Onda", com os novos enfoques do processo.

Sob este aspecto, o processualista deve se ater a encontrar mecanismos capazes de assegurar uma prestação jurisdicional satisfatória à coletividade, o que requer um longo caminho a ser percorrido.

A reforma do Poder Judiciário pode ser colocada como um primeiro ponto a ser abordado. Aspectos controvertidos, como o controle externo da magistratura e a criação das súmulas vinculantes, são temas bastante debatidos, e são amadurecidos para que se possa atingir um modelo de estrutura daquele Poder, mais democrático e mais justo.

É relevante, também, buscar maior informalidade nos procedimentos em juízo, uma vez que o exagero formalista impede uma prestação jurisdicional tempestiva. Deve ficar consignado que a forma não deve ser abolida totalmente, diante das garantias por que são responsáveis. O que deve ser abolido é o formalismo exacerbado que frustra uma prestação jurisdicional efetiva.[46]

O bom exemplo no ordenamento brasileiro da busca de procedimentos mais simples e céleres é a criação dos Juizados Especiais Cíveis pela Lei n. 9.099/1995. Não se pode esquecer também do esforço do legislador processual, nas constantes reformas do Código de Processo Civil, instituídas a partir de 1994, com o escopo de proporcionar maior efetividade ao processo e que hoje vem culminando na elaboração de um novo Código, cujo projeto tramita no Congresso Nacional.[47]

---

(45) *Ibidem*, p. 76.
(46) *Ibidem*, p. 80.
(47) Projeto de Lei do Senado n. 166/2010.

Questão de grande relevância a ser abordada neste novo enfoque do acesso à justiça é o prestígio dos mecanismos alternativos de solução de conflitos, como a arbitragem, a mediação e a conciliação, que são de extrema importância para que se torne possível a completa satisfação do jurisdicionado.

Verifica-se, assim, que os processualistas de todo o mundo têm se preocupado em encontrar soluções para possibilitar a maior satisfação do destinatário da prestação jurisdicional, a qual deve ser efetiva e adequada para garantir verdadeira proteção às posições jurídicas de vantagem lesadas ou ameaçadas de lesão.

2.3. Princípios específicos da tutela coletiva

Na doutrina nacional, já se delineou a ideia de que o tema acesso à justiça invoca princípios próprios.[48] No entanto, quando se trata de direitos/interesses que transcendem a barreira da individualidade, e que ainda não são corretamente regulamentados pelas legislações, encontra-se um "vazio" principiológico.

Daí a proposta, dentro da técnica da tutela molecular, de traçar um núcleo mínimo de princípios que norteiem a atuação processual dentro de uma dimensão coletiva.

Reconhece-se a existência de um *sistema do processo coletivo*,[49] composto por diversos diplomas processuais, antagonistas do Código de Processo Civil de matiz nitidamente individualista (vale dizer, que visa tão somente à composição dos conflitos intersubjetivos). Para que o referido *sistema* ganhe corpo, imprescindível se faz a sua densificação e legitimação por meio de princípios próprios.

2.3.1. Princípios da dimensão coletiva da tutela jurisdicional

A preexistência e o atual reconhecimento da existência de interesses/direitos que ultrapassam a esfera de um indivíduo, caracterizando verdadeira dimensão coletiva do direito material, impõe uma nova filosofia na seara processual.

Ultrapassada que foi a arcaica visão individualista do Direito e do processo, surgiu a necessidade de amparar as pretensões metaindividuais, consubstanciadas, no ordenamento pátrio, pelos direitos difusos, coletivos e individuais homogêneos (art. 81, parágrafo único, Lei n. 8.078/1990). Dentro de uma concepção de *efetividade dos direitos fundamentais*,[50] entendia-se não apenas como a simples

---

(48) CARNEIRO, Paulo César Pinheiro. *Acesso à justiça*. Rio de Janeiro: Forense, 2000. p. 95.
(49) LENZA, Pedro. *Teoria geral da ação civil pública*. São Paulo: Revista dos Tribunais, 2005. p. 63.
(50) CANOTILHO, José Joaquim Gomes. *Direito constitucional e teoria da Constituição*. Coimbra: Almedina, 2002. p. 1147.

enunciação de direitos, mas como o modo mais seguro de garanti-los (pondo-os a salvo de violações), entende-se por inafastável a noção de que os referidos interesses/direitos transindividuais suscitam tutela (jurisdicional) própria.

O cidadão (e aqui ainda não se indaga quanto à temática da legitimação) tem assegurado uma posição jurídica. Para tanto, imperativa se mostra a inclusão, em seu espaço subjetivo, de todo o círculo de situações juridicamente protegidas.[51]

E tal ideário só pode ser concretizado com a releitura do princípio da universalidade do processo e da jurisdição,[52] considerado, para efeitos deste estudo, como subprincípio densificador do princípio da dimensão coletiva (do qual a molecularização é técnica), permitindo-se que a totalidade dos integrantes da comunidade tenha acesso à justiça, não meramente formal (entendido como sua possibilidade de ingresso em juízo), mas material, com reais chances de litigar e a certeza da obtenção de um provimento justo.

A acepção de uma dimensão coletiva dá azo à nova análise de antigos conceitos. Sempre oportuna se apresenta a colocação de Dinamarco:

> Nem a garantia do contraditório tem valor próprio, todavia, apesar de tão intimamente ligada à ideia do processo, a ponto de hoje dizer-se que é parte essencial deste. Ela e mais as garantias do ingresso em juízo, do devido processo legal, do juiz natural, da igualdade entre as partes — todas elas somadas visam a um único fim, que é a síntese de todas e dos propósitos integrados no Direito Processual Constitucional: o acesso à justiça.[53]

Vale dizer que, na seara da tutela molecular, não resta mitigado o contraditório, porém seu alcance e conteúdo se transmudam. Não se prega aqui o abandono dessa conquista constitucional de participação no processo. No entanto, entende-se que o rigorismo que informa o princípio do contraditório (e seus consectários) pode ser revisto. Só assim entender-se-ão os novos limites subjetivos da coisa julgada etc.

A garantia do contraditório continua presente no processo, nos mesmos moldes de outrora; no entanto, mitigam-se as consequências do não ingresso de todos os interessados em juízo. Não significando dizer que, nesta nova perspectiva, não seja permitida a participação de pessoas interessadas, com representatividade adequada, para a formação do convencimento do julgador, como acontece nos casos de intervenção do *amicus curiae*, que ganha cada vez mais espaço num modelo de processo participativo.

O enfoque social que a solução dos novos conflitos (coletivos) demanda gera inquestionável contraste com as garantias do devido processo legal, forjadas para acudir um processo tradicional individualista.

---

(51) *Ibidem*, p. 91.
(52) DINAMARCO, Cândido Rangel. *Op. cit.*, 2003. p. 125.
(53) *Ibidem*, p. 130.

A afeição dessa dimensão coletiva, revisto ainda o conceito de legitimação para a ação (seguindo o modelo norte-americano das *class actions* com a representatividade adequada),[54] é apta a alterar o quadro do acesso à justiça, permitindo uma prestação jurisdicional mais eficiente.

2.3.2. Princípio da adequação da tutela jurisdicional (ou princípio do devido processo coletivo)

Estabelecida a ideia de uma dimensão coletiva, é preciso firmar o entendimento de que em qualquer situação se faz mister um meio de tutela jurisdicional "através do qual a consequência jurídica possa ser implementada e os efeitos inicialmente pretendidos pela norma assegurados".[55]

Seguindo o caminho trilhado por Dinamarco,[56] na busca dos escopos (jurídicos e metajurídicos do processo), o acesso à justiça passou a ser concebido como questão de justiça social, de cidadania, de efetividade da tutela jurisdicional e, por fim, de completa composição dos conflitos de interesses, levando-se em consideração as diversas posições sociais e as características do bem jurídico. A proposta da universalização da jurisdição e do processo busca possibilitar um amplo acesso das pessoas ao Poder Judiciário. Porém, é importante observar se os instrumentos disponíveis são adequados a viabilizar a tutela jurisdicional almejada. Daí o princípio da adequação da tutela jurisdicional.

É certo que a atual Constituição e as legislações posteriores conseguiram aprimorar o sistema processual coletivo. Surgiram novas opções quanto à legitimação para agir melhorando sensivelmente o sistema, tendo em vista que a legitimação é um dos pilares para a tutela adequada dos interesses transindividuais.

Nesse aspecto, deve ser ressaltado o Código de Defesa do Consumidor, pois seus dispositivos que tratam de processo incorporam as contemporâneas ideias de acesso à ordem jurídica justa.

Conforme aponta Marinoni, é "correto dizer que nós já temos um processo civil capaz de permitir a tutela jurisdicional adequada dos conflitos próprios da sociedade de massa".[57]

---

(54) BUENO, Cássio Scarpinela. As *class actions* norte-americanas e as ações coletivas brasileiras; pontos para uma reflexão conjunta. *Revista de Processo*, São Paulo: Revista dos Tribunais, ano 21, v. 82, p. 92, abr./jun. 1996.

(55) BARCELLOS, Ana Paula. Normatividade dos princípios e o princípio da dignidade da pessoa humana na Constituição de 1998. *Revista de Direito Administrativo*, Rio de Janeiro: Renovar, n. 221, p. 159, jul./set. 2000.

(56) DINAMARCO, Cândido Rangel. *Op. cit.*, p. 125.

(57) MARINONI, Luiz Guilherme. *Novas linhas do processo civil*. São Paulo: Malheiros, 1999. p. 133.

Para corroborar esse pensamento deve ser destacado o art. 83 deste Código, que consagra a possibilidade de utilização de qualquer tipo de ação para tutelar os bens jurídicos protegidos por ele.

Constata-se que as aspirações doutrinárias no sentido da necessidade de adequação da tutela jurisdicional à realidade social, no campo da efetividade do processo, foram incorporadas textualmente pelo legislador no CDC.

A harmonia entre o sistema existente de processo civil coletivo com os princípios constitucionais permite a construção de um instrumental para a tutela adequada dos interesses transindividuais. Daí a necessidade da força normativa, a transformar a molecularização numa solução de compromisso.

Inserido nesta teoria das ondas renovatórias do direito processual, ou simplesmente numa nova hermenêutica constitucional, mostra-se aconselhável uma nova leitura do mandamento constitucional positivado no art. 5º, inciso XXXV, ou seja, o princípio da inafastabilidade do controle jurisdicional.

Nessa esteira de pensamento, as lesões ou ameaças a direitos transindividuais não podem restar afastados da proteção jurisdicional consagrada na Constituição.

2.3.3. Princípio da adaptabilidade do procedimento às necessidades da causa

A realidade contemporânea mostra que a lei processual está ligada profundamente às principais alterações culturais dos povos. Assim, o Direito Processual é o retrato do momento político pelo qual atravessa determinada sociedade, ora restringindo, ora ampliando garantias.

Consequência disso é que não basta o ordenamento assegurar o ingresso em juízo, ou seja, permitir apenas à pessoa que tenha uma pretensão consiga chegar ao Judiciário.

O processo deve permitir a efetiva satisfação dos interesses, invocando-se a promessa constitucional de acesso à ordem jurídica justa. O processo voltado com os escopos a serem eficazmente produzidos, ou seja, para se transformar num instrumento de justiça material, deve romper com a dogmática antiga, permitindo a adaptabilidade dos procedimentos para proporcionar a satisfação dos interesses.

Dinamarco, em lição clássica, diz que o processo é primordialmente instrumento de realização do direito material, porém pacificando e compondo o distúrbio no seio da coletividade.[58]

Assim, surgindo a demanda social, ainda que não exista procedimento específico, deve a tutela jurisdicional ser prestada, cabendo ao juiz, dentro do seu poder

---

(58) DINAMARCO, Cândido Rangel. *Op. cit.*, p. 125.

de condução, adaptar o procedimento à realidade fática para proporcionar a solução do conflito, sempre frisando que o processo não é um fim em si mesmo.

Essa tendência foi incorporada no PL n. 5.139/2009, em trâmite no Congresso Nacional para criação de novo sistema para a ação civil pública[59] e pelo PLS n. 166/2010 que tramita no Senado, que representa a proposta do novo CPC.[60]

Ambos permitem que o magistrado, na condução do processo, adapte o procedimento às especificidades do caso concreto, de sorte a permitir uma solução mais adequada para a causa.

2.3.4. Princípio da ampla divulgação da demanda e da informação aos órgãos competentes

A tutela coletiva só será eficiente se houver ampla divulgação dos processos, pois outro aspecto da tutela coletiva é sua característica democrática, conforme apontado por Didier e Zaneti.[61]

A divulgação ampla tem suas raízes na *fair notice* do Direito norte-americano e possibilita a opção pela ação coletiva (ao invés da individual) e também a suspensão do processo individual, conforme o disposto no art. 104 do CDC, ou, até mesmo a desistência, de acordo com o § 1º do art. 22 da Lei n. 12.016/2009.

O princípio da informação aos órgãos competentes está previsto nos arts. 6º e 7º da Lei n. 7.347/1985. Neste caso, representa dever funcional de informar ao Ministério Público fatos que configurem objeto de ação civil pública.

Ressalte-se que não haverá obrigatoriedade para o Ministério Público propor a demanda coletiva, nem mesmo de instaurar inquérito civil. Terá que avaliar as circunstâncias de acordo com a conveniência e oportunidade para essas condutas.

A ampla divulgação, como princípio das demandas coletivas, é de extrema relevância, principalmente quando se tratam de interesses individuais homogêneos, possibilitando assim a aderência ou não do interessado ao processo coletivo, conduzindo a efetivação dos julgados.

---

(59) Art. 10. A ação coletiva de conhecimento seguirá o rito ordinário estabelecido na Lei n. 5.869, de 11 de janeiro de 1973 do Código de Processo Civil, obedecidas as modificações previstas nesta Lei.
§ 1º Até o momento da prolação da sentença, o juiz poderá adequar as fases e atos processuais às especificidades do conflito, de modo a conferir maior efetividade à tutela do bem jurídico coletivo, garantido o contraditório e a ampla defesa.
(60) Art. 151. Os atos e os termos processuais não dependem de forma determinada, senão quando a lei expressamente a exigir, considerando-se válidos os que, realizados de outro modo, lhe preencham a finalidade essencial.
§ 1º Quando o procedimento ou os atos a serem realizados se revelarem inadequados às peculiaridades da causa, deverá o juiz, ouvidas as partes e observados o contraditório e a ampla defesa, promover o necessário ajuste.
(61) DIDIER JR., Fredie; ZANETI JR., Hermes. *Curso de direito processual civil — processo coletivo.* Salvador: JusPodivm, 2007. v. 4, p. 200.

Já se tem verificado esta tendência com iniciativas do CNJ e de alguns tribunais que vêm criando cadastros de demandas coletivas em suas páginas na internet. Porém esta medida ainda é tímida, pois, apesar dos avanços tecnológicos, ainda convimos com uma exclusão digital acentuada.

2.3.5. Princípio da obrigatoriedade da demanda coletiva executiva

O princípio em tela pode ser considerado uma mitigação necessária ao caráter dispositivo da ação.

Se por um lado o interesse público presente nas ações coletivas conduz para uma obrigatoriedade temperada na propositura da ação e para a determinação de sua continuidade nos casos de desistência infundada ou abandono, este princípio não faz exceções. Se a ação coletiva foi proposta e julgada procedente, é dever do Estado efetivar este direito coletivo, cabendo ao Ministério Público promover a execução, sob pena das sanções previstas no art. 15 da Lei n. 7.347/1985.[62]

Apesar desta disposição legal, o que se propõe na presente pesquisa (e será abordado no capítulo que trata especificamente da efetividade das decisões judiciais no processo coletivo) é que a execução possa ser instaurada de ofício, nos termos da nova sistemática para o cumprimento de sentença prevista no Código de Processo Civil, inserida pela Lei n. 11.232/2005, pois apenas assim este princípio estaria sendo observado devidamente.[63]

2.4. Razoável duração do processo

O princípio da razoável duração do processo, também denominado por princípio da tempestividade, serve de alicerce à tutela molecular.

Antes mesmo da inserção do inciso LXXVIII ao art. 5º da CF, pela EC n. 45, de 8.12.2004, a melhor doutrina já defendia a garantia constitucional da tutela jurisdicional tempestiva decorrente do inciso XXXV do mesmo artigo.

Assim sendo, o princípio da inafastabilidade do Poder Judiciário consagrado no inciso XXXV do art. 5º já vinha sendo interpretado de forma a garantir ao jurisdicionado não apenas o acesso ao Poder Judiciário, mas também que tal acesso se desse de forma efetiva, adequada e tempestiva.[64]

---

(62) *Ibidem*, p. 202.
(63) *Ibidem*, p. 205.
(64) LXXVIII — a todos, no âmbito judicial ou administrativo, são assegurados a razoável duração do processo e os meios que garantam a celeridade de sua tramitação. LXXXV — a lei não excluirá da apreciação do Poder Judiciário lesão ou ameaça a direito.

Para Bedaque, a tutela jurisdicional relaciona-se com o direito material, com "o significado de proteção de um direito ou de uma situação jurídica, pela via jurisdicional. Implica prestação jurisdicional em favor do titular de uma situação substancial amparada pela norma, caracterizando a atuação do Direito em casos concretos trazidos à apreciação do Poder Judiciário".[65]

Dinamarco, ao se referir ao tema, conceitua tutela jurisdicional como "o amparo que, por obra dos juízes, o Estado ministra quem tem razão num processo".[66]

Assim, a tutela jurisdicional tem como finalidade manter a paz jurídica, o que pode ser alcançado com a atribuição a cada uma das partes daquilo que é seu. Desta sorte, ela garante aos cidadãos que, em caso de violação ao direito objetivo, estes tenham a seu dispor meios de fazer valer a vontade da lei e, acima de tudo, a aplicação do respectivo preceito sancionatório.

Mas, como mencionado acima, com a inserção do referido inciso LXXVIII ao art. 5º, todos os indivíduos passam a ter constitucionalmente assegurado, de maneira expressa, que a prestação da tutela jurisdicional seja tempestiva.

Não restam dúvidas de que o dispositivo constitucional ora em análise veio apenas explicitar o que implícito já estava na Constituição, conforme a doutrina pátria já vinha há tempos defendendo, ou seja, que não basta apenas garantir o acesso ao Poder Judiciário e os meios adequados para defesa, pois para satisfazer o jurisdicionado é preciso ainda que a tutela pleiteada seja conferida dentro de um razoável prazo, sob pena de se tornar totalmente inútil.

Nesse sentido, Dinamarco aduz:

> O direito moderno não se satisfaz com a garantia da ação como tal e por isso é que procura extrair da formal garantia desta algo de substância e mais profundo. O que importa não é oferecer ingresso em juízo, ou mesmo julgamento de mérito. Indispensável é que, além de reduzir os resíduos de conflitos não jurisdicionalizáveis, possa o sistema processual oferecer aos litigantes resultados justos e efetivos, capazes de reverter situações injustas desfavoráveis, ou de estabilizar situações injustas. Esta é a ideia de efetividade da tutela jurisdicional, coincidente com a plenitude do acesso à justiça e a do processo civil de resultados.[67]

Barbosa Moreira segue a mesma direção, indicando que "toma-se consciência cada vez mais clara da função instrumental do processo e da necessidade de fazê-lo desempenhar de maneira efetiva o papel que lhe toca".[68]

---

(65) BEDAQUE, José Roberto dos Santos. *Direito e processo*. São Paulo: Malheiros, 2001. p. 26.
(66) DINAMARCO, Cândido Rangel. *Fundamentos do processo civil moderno*. São Paulo: Malheiros, 2001. p. 807.
(67) *Ibidem*, p. 798.
(68) MOREIRA, José Carlos Barbosa. *Tendências contemporâneas do direito*. Temas de direito processual. São Paulo: Saraiva, 1984. p. 3.

Com efeito, ainda que o Poder Judiciário profira uma decisão de mérito desfavorável, a parte derrotada tem a si assegurado o direito de não ter seu processo prolongado durante tempo maior do que o suficiente, sob pena de ofensa à garantia do princípio em estudo.

Ressalta-se a importância dada ao tema pelo constituinte derivado que, pela primeira vez em todo esse tempo de vigência da atual Constituição, fez inserir um inciso aos setenta e sete que originariamente integravam o art. 5º, mais importante rol de princípios que expressam os direitos fundamentais de todo brasileiro e cuja importância é incontestável.

2.4.1. A TUTELA JURISDICIONAL TEMPESTIVA COMO DIREITO FUNDAMENTAL

Antes da legislação brasileira erigir o direito à tutela jurisdicional tempestiva a um direito fundamental de forma expressa, Canotilho já defendia esta posição sob o argumento de que "não bastaria apenas garantir o acesso aos tribunais, mas sim e principalmente possibilitar aos cidadãos a defesa de direitos e interesses legalmente protegidos através de um *acto de jurisdictio*".[69]

Neste sentido, Vieira de Andrade explicita seu entendimento no que se refere à importância da defesa dos direitos fundamentais ao aduzir que "esses direitos (pelo menos, esses) devem ser considerados patrimônio espiritual comum da humanidade e não admitem, hoje, nem mais de uma leitura, nem pretextos econômicos ou políticos para a violação de seu conteúdo essencial".[70]

Constata-se que a grande importância do direito à tutela jurisdicional tempestiva ser caracterizado como direito fundamental reside na possibilidade de sua aplicação imediata. Apesar de ainda existir discussão na doutrina nacional e estrangeira sobre a aplicabilidade imediata dos direitos fundamentais, a redação do art. 5º, § 1º, da CF brasileira não deixa dúvidas ao estabelecer que "as normas definidoras dos direitos e garantias fundamentais têm aplicação imediata".

Nesse sentido, vejam-se os ensinamentos de Sarlet:

> [...] se, portanto, todas as normas constitucionais sempre são dotadas de um mínimo de eficácia, no caso dos direitos fundamentais, à luz do significado outorgado ao art. 5º, § 1º, da nossa Lei Fundamental, pode

---

[69] CANOTILHO, J. J. Gomes. *Direito constitucional*. Coimbra: Coimbra, 2000. p. 423.

[70] Veja Claus-Wilhelm Canaris: "Na verdade, em tempos menos recentes, não raro era defendida a posição segundo a qual a teoria da 'eficácia mediata em relação a terceiros' valia também para o legislador no campo do direito privado. Assim, o principal representante desta teoria, Gunther Dürig, falou mesmo de uma 'influência apenas mediata dos direitos fundamentais sobre o direito privado', e de tão só 'mediata aplicação dos direitos fundamentais sobre o direito privado'" (CANARIS, Claus-Wilhelm. *Direitos fundamentais e direito privado*. Trad. Ingo Wolfgang Sarlet e Paulo Mota Pinto. Coimbra: Almedina, 2003. p. 29).

afirmar-se que aos poderes públicos incumbe a tarefa de extrair das normas que os consagram (os direitos fundamentais) a maior eficácia possível, outorgando-lhes, neste sentido, efeitos reforçados relativamente às demais normas constitucionais já que não há como desconsiderar a circunstância de que a presunção de aplicabilidade imediata e plena eficácia que milita em favor dos direitos fundamentais constitui, em verdade, um dos esteios de sua fundamentalidade formal no âmbito da Constituição.[71]

No Direito português existe regra constitucional semelhante disciplinando que os preceitos constitucionais respeitantes aos direitos, liberdades e garantias são diretamente aplicáveis.

Analisando o referido dispositivo, Gebran Neto, citando Canotilho e Vital Moreira, diz ser desnecessária mediação legislativa para colmatação do direito fundamental, que deve ser aplicado mesmo na ausência da lei. Apesar de admitir que existem dificuldades decorrentes da expressa requisição constitucional de complemento e, principalmente, de matérias relativas a direitos a prestação. O supracitado jurista entende que é preciso reconhecer certa margem de opção e concretização ao Poder Judiciário perante a inércia dos demais Poderes.[72]

Parece que esta mesma orientação deve ser seguida em relação ao ordenamento jurídico brasileiro, que também prevê a aplicação imediata dos direitos e garantias individuais, em consonância com o princípio da máxima efetividade das regras constitucionais, conforme lição de Barroso:

> Por certo, a competência para aplicá-las, se descumpridas por seus destinatários, há de ser do Poder Judiciário. E mais, a ausência de lei integradora, quando não inviabilize integralmente a aplicação do preceito constitucional, não é empecilho à sua concretização pelo juiz, mesmo à luz do direito positivo vigente, consoante se extrai do art. 4º da LICC.[73]

Deve ser consignado que a doutrina, de forma geral, tem aceitado a ideia de que as normas de direitos fundamentais emanariam efeito não só contra o Estado, mas também perante terceiros. A esse efeito a doutrina atribuiu o nome de efeito horizontal, ou efeito contra terceiros. Outrossim, como adverte Alexy,[74] o maior problema não está em aceitar a eficácia horizontal, mas sim em fixar como e em que medida se daria esta influência sobre terceiros.

---

(71) SARLET, Ingo Wolfgang. *A eficácia dos direitos fundamentais*. Porto Alegre: Livraria do Advogado, 2003. p. 87.
(72) GEBRAN NETO, João Pedro. *A aplicação imediata dos direitos e garantias individuais na busca de uma exegese emancipatória*. São Paulo: Revista dos Tribunais, 2002. p. 159.
(73) BARROSO, Luiz Roberto apud GEBRAN NETO, João Pedro. *Op. cit.*, p. 162.
(74) ALEXY, Robert. *Teoria de los derechos fundamentales*. Madrid: Centro de Estudios Constitucionales, 1997. p. 515.

Em Portugal, a questão foi resolvida pela redação do art. 18, item I, da Constituição portuguesa, que expressamente estabelece a vinculação das entidades privadas aos direitos, garantias e liberdades ali positivadas.

Segundo Marinoni, em alguns casos, ainda que os direitos fundamentais digam respeito a exigências do particular em face do Estado, tais exigências podem repercutir perante as esferas jurídicas de outros particulares. E explica:

> Quando o Poder Público edita determinada proibição para proteger os direitos do consumidor ou o meio ambiente, a norma resulta da eficácia do direito fundamental sobre o dever de proteção do Estado. O mesmo ocorre diante de normas conformadoras de procedimentos, provimentos ou meios executivos. Estas normas incidem sobre as relações entre particulares. A sua aplicação pode exigir o confronto do direito fundamental protegido pela lei com outro direito fundamental, ou mesmo a análise da legitimação da restrição por ela eventualmente imposta. Assim, quando um particular pede a aplicação dessa lei contra outro, o problema será de confrontação, ou melhor, harmonização.[75]

Neste caso, mesmo que o litígio envolva dois particulares, o direito à utilização do procedimento mais adequado e célere, ou seja, a prestação da tutela jurisdicional efetiva e tempestiva, será sempre em face do Estado, pois, conforme lição de Marinoni, é necessário perceber que o Estado, além de obrigado a não agredir os direitos fundamentais, tem o dever de fazer com que os particulares os respeitem.[76]

Desta sorte, se há um procedimento legal estabelecendo prazos no ordenamento jurídico vigente, o Estado tem o dever de zelar pelo seu cumprimento. É importante frisar que, ainda que a lei não estabeleça especificamente um prazo certo para o procedimento a ser seguido, o Estado, ao coibir a autotutela e ao tomar para si a responsabilidade exclusiva de dirimir eventuais conflitos, sem dúvida alguma está obrigado a conferir a esses particulares em conflito uma tutela jurisdicional em um prazo razoável.

Neste contexto, em caso de omissão do legislador em estabelecer prazos, caberá ao juiz, atendendo à regra do princípio da proporcionalidade, assegurar o respeito ao princípio constitucional ora em análise.

Como já exaustivamente exposto, o Direito Processual Moderno não se contenta simplesmente com a concessão do provimento jurisdicional; mister se faz que o provimento seja capaz de legitimamente proporcionar a tutela pleiteada, e isso o jurisdicionado somente conseguirá alcançar se a tutela for tempestiva.

Para se chegar a uma decisão adequada e idônea ao caso concreto, quando estiver em jogo a prestação da tutela jurisdicional tempestiva, espera-se, no plano

---

(75) MARINONI, Luiz Guilherme. *Tutela inibitória*. São Paulo: Revista dos Tribunais, 2003. p. 232.
(76) *Ibidem*, p. 325.

prático, uma aplicação rigorosa do preceito constitucional por parte dos juízes, primeiramente nos feitos em que atuam e, com o mesmo empenho, nos procedimentos administrativos perante os demais Poderes.

Em caso de omissão do magistrado em atender ao princípio constitucional que garante o julgamento de um processo em tempo razoável, capaz de tornar a tutela intempestiva e, portanto, inconstitucional, Luís Carlos Moro manifestou-se no sentido de admitir a impetração de mandado de segurança, *in verbis*:

> Na hipótese do não atendimento ou eventual insensibilidade ao apelo formulado diretamente ao magistrado a quem incumbe o feito, fica patente a possibilidade de impetração de mandado de segurança para amparar o direito líquido, certo e exigível da razoável duração do processo. E aqui somente à advocacia é a quem incumbe orientar a clientela, peticionar com respeito, mas com altivez e, se tudo frustrado, levar o caso aos tribunais, por meio de mandado de segurança, impondo a razoável duração do processo, aplicando para isso o princípio da razoabilidade.[77]

Este fundamento parece ser plenamente defensável, mas, além da possibilidade de utilização do mandado de segurança, o próprio Código de Processo Civil prevê, em seu art. 198, ser possível representar o magistrado intempestivo perante o presidente do tribunal ao qual estiver vinculado, podendo o relator do procedimento designar outro juiz para decidir a causa.

É bem verdade que os advogados fazem pouco uso da representação de magistrados aos tribunais, muitas vezes por receio de posteriores retaliações ou pelos desgastes políticos que a atitude certamente ocasionaria. Mas, se antes do advento do inciso LXXVIII do art. 5º da Constituição já se poderia exigir o cumprimento dos prazos excedidos imotivadamente pelo Poder Judiciário, agora com muito mais razão é necessário que haja constante fiscalização das partes e de seus procuradores para dar plena aplicabilidade ao seu direito fundamental de ver a tutela jurisdicional prestada de forma tempestiva.

Conforme mencionado anteriormente, o Estado, ao coibir a autotutela, tomou para si a responsabilidade de garantir a todos os cidadãos o direito à tutela jurisdicional efetiva, o que significa também dizer tutela tempestiva.

Neste contexto, cabe também ao legislador a responsabilidade de editar leis que possam viabilizar uma adequada tutela jurisdicional, e ao magistrado, o dever de aplicá-las para garantir sua efetivação diante do caso concreto. Diante deste princípio está autorizado o magistrado a afastar a incidência de dispositivos que possam ocasionar dilações desnecessárias.

---

(77) MORO, Luiz Carlos. *Como se pode definir a "razoável duração do processo"*. Disponível em: <http://www.conjur.uol.com.br> Acesso em: 28.1.2005. p. 5.

É relevante ressaltar que, na falta de uma legislação que permita o alcance da tutela jurisdicional tempestiva, é dever do Poder Judiciário colmatar as lacunas, concretizar a norma e preencher o conteúdo das normas vagas pela via hermenêutica, já que, como se disse alhures, referido princípio tem aplicação imediata.

2.4.2. A PROPOSTA DA RAZOÁVEL DURAÇÃO DO PROCESSO

O art. 5º, inciso LXXVIII, da CF aqui analisado traz em sua redação que o processo deve ter uma "razoável duração" para que a tutela seja considerada tempestiva.

Mas qual seria o tempo razoável de um processo?

Realmente, a indagação acima não é muito fácil de ser respondida, pois há tempos os operadores de Direito, bem como os demais integrantes da sociedade, vêm se manifestando no sentido de que a duração média de um processo no Brasil extrapola o limite do razoável e gera aos jurisdicionados flagrante sensação de injustiça e descrença. Ademais, o termo razoável inegavelmente pode ser considerado um conceito indeterminado e aberto.

A preocupação com a demora na prestação jurisdicional não é exclusividade do Direito brasileiro. Outros sistemas jurídicos estrangeiros também vêm se mostrando preocupados com esse problema, introduzindo em seus ordenamentos jurídicos normas para tentar garantir que um processo tramite durante um razoável tempo.

Cruz e Tucci[78] analisou algumas legislações estrangeiras que se preocuparam com a prestação da tutela jurisdicional tempestiva, dentre as quais destacou o estudo realizado pela *American Bar Association* nos Estados Unidos. De acordo com o sobredito autor, a *American Bar Association* publicou uma tabela contendo o tempo tolerável de duração dos processos na justiça norte-americana. Segundo a tabela, 90% dos casos cíveis deveriam ser iniciados, processados e concluídos dentro de 12 meses, e os outros 10% restantes, em razão de situações excepcionais, poderiam levar até 24 meses; os casos cíveis sumários processados perante os juizados de pequenas causas deveriam levar no máximo 30 dias; e 90% das relações domésticas também 30 dias.

O Direito norte-americano prevê a prestação da tutela jurisdicional tempestiva em sua 6ª Emenda à Constituição, denominada pela doutrina americana de *speedy trial clause*, ou seja, "cláusula do julgamento rápido".

---

(78) TUCCI, José Rogério Cruz e. *Curso de direito processual*. São Paulo: Revista dos Tribunais, 2000. p. 249.

No âmbito internacional, não se pode esquecer de citar a Convenção Americana de Direitos Humanos, que ficou conhecida como Pacto de San José da Costa Rica, que tem o Brasil como um de seus signatários e estabelece, em seu art. 8º, que "toda pessoa tem direito a ser ouvida com as devidas garantias e dentro de um prazo razoável por um juiz ou tribunal competente, independente e imparcial, instituído por lei anterior (...)".

Na tentativa de responder à indagação sobre o prazo razoável de um processo, Gajardoni, em sua obra intitulada *Técnicas de aceleração do processo*, revela:

> Apesar de corrermos o risco de ser tachados de ortodoxos, a nosso ver, em sistemas processuais preclusivos e de prazos majoritariamente peremptórios como o nosso, o tempo ideal do processo é aquele resultante do somatório dos prazos fixados no Código de Processo Civil para cumprimento de todos os atos que compõem o procedimento, mais o tempo de trânsito em julgado dos autos. Eventuais razões que levem a uma duração que exceda o prazo fixado previamente pelo legislador, com base no direito a ser protegido, devem se fundar em um interesse jurídico superior, que permita justificar o quebramento da previsão contida na norma processual, no caso se inclui a alegação de excesso de demanda.[79]

No mesmo sentido, Loureiro[80] adverte que o processo não pode ter um fim em si mesmo e com isso ficar alheio a um resultado útil, muito menos, deixar que o tempo o corroa, trazendo para seu conteúdo a inutilidade e, por fim, uma tutela inadequada.

Parece ser flagrantemente razoável exigir, tanto do Poder Judiciário como dos demais Poderes, ao julgar pedidos em procedimentos administrativos, que os mesmos cumpram os prazos estabelecidos no próprio ordenamento jurídico. Mesmo tidos pela doutrina como prazos impróprios, ou seja, que não admitem preclusão, é o mínimo que se exige para que a tutela seja considerada tempestiva.

Pensando dessa forma, para conhecer o prazo razoável para a duração de um processo que tramitasse pelo rito ordinário, por exemplo, teríamos que somar os prazos de cada fase do procedimento, desde o seu ajuizamento até a prolação de sentença de primeiro grau jurisdicional.

Assim, o prazo razoável para o julgamento de um processo que tramite pelo procedimento comum ordinário seria, em princípio, de 131 dias.

Logicamente que, diante do caso concreto, inúmeras variáveis externas podem contribuir para que o prazo seja estendido, como a demora na publicação das

---

[79] GAJARDONI, Fernando da Fonseca. *Técnicas de aceleração do processo*. São Paulo: Lemos e Cruz, 2003. p. 59.
[80] LOUREIRO, Caio Márcio. *Ação civil pública e acesso à justiça*. São Paulo: Método, 2001. p. 87.

intimações pela impressa oficial, a necessidade de produção de prova pericial, oitiva de diversas testemunhas domiciliadas em comarcas distintas daquela onde tramita o feito, a arguição de incidentes processuais com efeito suspensivo, a ocorrência de outras causas suspensivas do processo, a presença de mais de um réu com procuradores distintos, a presença em um dos polos da ação da Fazenda Pública etc.

Apesar dessas situações tratadas como excepcionais e capazes de, inevitavelmente, prolongar a duração do processo até a prestação da tutela jurisdicional pelo juízo de primeira instância, numa situação normal e ordinária o processo deveria ser julgado monocraticamente em menos de um semestre, como demonstrado acima, para que fosse considerado tempestivo e, portanto, constitucional.

2.4.3. Mecanismos para garantir a razoável duração do processo — uma proposta de tutela molecular

A redação do inciso LXXVIII do art. 5º da Constituição também preceitua que são assegurados os "meios que garantam a celeridade" da tramitação de um processo.

A tentativa de facilitar o acesso à justiça e de tornar cada vez mais efetiva a prestação jurisdicional vem sendo uma preocupação unânime dos processualistas da atualidade. Prova dessa preocupação está estampada nas últimas reformas que a legislação processual civil sofreu, dando bastante relevância às tutelas de urgência e atribuindo maior poder aos magistrados para interpretar normas de conteúdo vago e aplicar sanções para garantir a pronta e rápida efetivação de suas decisões.[81]

Não há dúvida de que uma decisão prestada a destempo não pode ser considerada adequada. Basta verificar que uma decisão proferida em tempo razoável, mesmo que pautada em cognição superficial, gera ao jurisdicionado a sensação de segurança e confiança no Poder Judiciário. Talvez por isso, com bastante frequência, atualmente, as petições iniciais trazem pleitos de tutela de urgência.

O instituto da tutela antecipada ampla, incorporado, especificamente, no ordenamento pátrio por meio da Lei n. 8.952/1994, que deu nova redação ao art. 273 do CPC e que foi aperfeiçoado pela Lei n. 10.444/2002, a inserção do art. 461 e do art. 461-A do CPC, que introduziram a tutela específica nas obrigações de fazer, não fazer e de entrega de coisa, proporcionando um sincretismo entre o processo de conhecimento e de execução, são elementos evidentes de garantia da celeridade no resultado prático que se espera do processo para combater a morosidade vivenciada no longo caminho trilhado pelas ações até a final decisão jurisdicional.

---

(81) *Vide* arts. 14, parágrafo único, e 461 do CPC.

A criação dos Juizados Especiais[82] e o surgimento dos Juizados Especiais Federais,[83] além dos Juizados Especiais Estaduais Fazendários,[84] também demonstram indubitáveis tentativas de alcançar a tutela jurisdicional tempestiva. Isso sem contar com as inúmeras reformas do processo de execução levadas a efeito pelas Leis ns. 11.232/2005 e 11.382/2006.

Apesar das incansáveis tentativas do legislador ordinário, nos últimos anos, para melhorar a crise gerada pela demora na prestação jurisdicional, identificam-se, ainda, várias mazelas que afetam a celeridade dos andamentos processuais, e nem todas elas estão ligadas à eventual ineficiência dos procedimentos previstos na legislação, mas sim à própria estrutura precária do sistema judiciário.

Ao tratar do tema, Cruz e Tucci indica três fatores que estariam relacionados ao tempo e ao processo: fatores institucionais; fatores de ordem técnica e subjetiva; e fatores derivados da insuficiência material.[85]

Gajordoni[86] acrescenta ainda o fator cultural, pois, segundo o jurista, os operadores de Direito teriam excelente aptidão para as lides forenses; no entanto, estariam despreparados para exercer uma advocacia preventiva e fazer uso de práticas conciliatórias, atitudes estas que por certo seriam capazes de desafogar o Poder Judiciário e, consequentemente, dar mais celeridade aos feitos em andamento.

Neste diapasão, o sistema processual coletivo contribui de forma marcante para que o Poder Judiciário dê uma resposta mais tempestiva aos anseios da sociedade, pois numa única demanda podem ser solucionados interesses de um grande número de pessoas, ocasionando a diminuição dos processos que tramitam nos foros, fazendo com que os processos que lá se encontram possam ter resoluções mais rápidas.

---

(82) Lei n. 9.099/1995.
(83) Lei n. 10.259/2001.
(84) Lei n. 12.153/2009.
(85) TUCCI, José Rogério Cruz e. *Tempo e processo*. São Paulo: Revista dos Tribunais, 1997. p. 99.
(86) GAJARDONI, Fernando da Fonseca. *Op. cit.*, p. 65.

Capítulo 3

A Tutela Jurisdicional Coletiva

3.1. O sistema processual coletivo no Brasil

A necessidade de modelos diferentes para a proteção jurisdicional dos direitos metaindividuais surgiu porque o instrumental individualista, de que é exemplo o Código de Processo Civil, não oferece condições para a solução dos conflitos dessa nova realidade, sendo necessárias algumas medidas peculiares para viabilizar a tutela desses direitos.

Apesar de a expressão "ações coletivas" não ser tecnicamente a mais correta para designar o mandado de segurança coletivo, a ação civil pública e a ação popular, na presente obra serão afastadas as divergências doutrinárias a respeito por serem destituídas de relevância prática. A referida nomenclatura será utilizada para indicar as ações que, em razão de seu objeto, destinam-se a defender os interesses coletivos *lato sensu* e os interesses individuais homogêneos, propostas por um legitimado extraordinário.

Passa-se a apresentar as características mais importantes dos instrumentos específicos de defesa dos interesses transindividuais no Direito brasileiro, visando melhor compreender sua efetivação.

3.1.1. Mandado de segurança coletivo

A primeira disciplina do mandado de segurança coletivo se deu pela Constituição de 1988, como forma de facilitar a defesa de interesses líquidos e certos pertencentes a determinada coletividade.

Como se sabe, o mandado de segurança consiste no meio constitucional posto à disposição de toda pessoa física ou jurídica, órgão com capacidade processual, ou universalidade reconhecida por lei, para a proteção de direito individual ou coletivo, líquido e certo, não amparado por *habeas corpus* ou *habeas data*, lesado ou ameaçado de lesão, por ato de autoridade, seja de que categoria for e sejam quais forem as funções que exerça.

Este instrumento não apresentava regulamentação específica por lei — a única previsão legal existente sobre o mandado de segurança coletivo estava no art. 5º, inciso LXX, da Constituição de 1988 —, por este motivo inúmeras divergências surgiram em relação à abrangência de sua aplicação, uma vez que, por causa da ausência de normas procedimentais específicas, se aplicava o estatuto do microssistema de tutela coletiva, formado, principalmente, pelas Leis ns. 7.347/1985 e 8.078/1990.

Parte da doutrina sustenta que o mandado de segurança coletivo não seria um instituto novo, pois a intenção do constituinte de 1988, ao criar a referida ação, foi possibilitar o agrupamento de determinados indivíduos e dar, a esse grupo, capacidade processual.[87]

Não faria sentido ter sido criada ação com o único intuito de evitar os inconvenientes causados pelo agrupamento de pessoas que poderiam ajuizar o *mandamus* em litisconsórcio ativo.

Constata-se que não foi somente essa a intenção do constituinte, principalmente porque indicou quais seriam as partes legítimas para figurar no polo ativo, situação que restringe as possibilidades de sua impetração.

Athos Gusmão Carneiro[88] e Cássio Scarpinella Bueno,[89] também não reconhecem o mandado de segurança coletivo com instrumento novo, mas apontam o fator diferenciador em relação ao individual, na legitimação específica.

Infere-se que realmente parece não se tratar de instituto novo, porém, o seu emprego está relacionado a fatores peculiares dos interesses coletivos, não só em relação à legitimidade, mas também ao objeto e ao modelo da coisa julgada.

---

(87) DIDIER JR., Fredie; ZANETI JR., Hermes. *Curso de direito processual civil:* processo coletivo. Salvador: Jus Podivm, 2007. v. 4, p. 87.
(88) CARNEIRO, Athos Gusmão. Anotações sobre o mandado de segurança coletivo. *Revista de Processo*, São Paulo: Revista dos Tribunais, n. 178, p. 10, 2009.
(89) BUENO, Cassio Scarpinella. *A nova lei do mandado de segurança*. Comentários sistemáticos à Lei n. 12.016/2009. São Paulo: Saraiva, 2009. p. 121.

Sobre a legitimidade, o Texto Constitucional dispõe que só podem impetrar mandado de segurança coletivo os partidos políticos com representação no Congresso Nacional, as organizações sindicais e as entidades de classe ou associações legalmente constituídas e em funcionamento há pelo menos um ano.

Os entes mencionados possuem legitimação extraordinária para a causa, sendo substitutos processuais.[90]

Na redação do art. 5º, LXX, da Constituição, a legitimidade para impetrar a segurança coletiva é direta, sem qualquer intermediação, e, por isso, nem os partidos políticos, nem as associações, nem as entidades sindicais, para defenderem os direitos de seus filiados, necessitam de qualquer autorização por parte dos substituídos, pois agem em nome próprio. Atuam como substitutos processuais, e devem ater-se à finalidade para a qual foram criados, trabalhando em defesa dos interesses de seus membros ou associados.

A Lei n. 12.016/2009 criou novas disposições sobre os requisitos e o procedimento do mandado de segurança, tanto na esfera individual quanto na coletiva, revogando principalmente as Leis ns. 1.533/1951 e 4.348/1964, principais leis de regência do instituto do mandado de segurança.[91]

O art. 21 da Lei n. 12.016/2009 dispõe que os partidos políticos, com representação no Congresso Nacional têm legitimidade para impetrar mandado de segurança na "defesa de seus interesses legítimos relativos a seus integrantes ou à finalidade partidária".

Constata-se que a legislação não inovou em relação às disposições constitucionais, pelo contrário, apresentou restrições para a aplicabilidade do mandado de segurança coletivo, definindo pertinência temática para os partidos políticos se valerem do instrumento, direcionando-o apenas aos interesses dos seus integrantes ou finalidade partidária.

Essa restrição não se coaduna com a intenção do constituinte, tendo em vista que ao fazer a previsão da legitimidade para a organização sindical, entidade de classe ou associação, apontou que os interesses defendidos por essas entidades seriam dos seus membros ou associados, não fazendo qualquer restrição em relação ao partido político.

Antes da regulamentação já havia dúvida acentuada sobre a abrangência da legitimidade e do interesse de agir do partido político em mandado de segurança,

---

(90) ALVIM, Arruda. *Código de processo civil comentado*. São Paulo: Revista dos Tribunais. 1975. v. 1, p. 427. A questão referente à legitimidade para o mandado de segurança coletivo não é pacífica. Ada Pelegrini sustenta que seria uma legitimação ordinária das entidades que defendem interesses institucionais. GRINOVER, Ada Pellegrini. *Mandado de segurança coletivo*: legitimação, objeto e coisa julgada. Coordenador Min. Sálvio de Figueiredo Teixeira. São Paulo: Saraiva, 1981. p. 286.

(91) A Lei n. 12.016/2009 foi publicada no dia 7 de agosto de 2009, fruto do PLC n. 125/2006.

havendo forte tendência em se conceber restrições semelhantes às que existem para as outras entidades. Essa orientação foi acolhida em precedentes do Superior Tribunal de Justiça.[92]

A referida lei, neste particular, procura destacar que os partidos políticos, associações, entidades e sindicatos devem ater-se à finalidade para a qual foram criados, agindo em defesa dos interesses de seus membros ou associados.

Por este motivo os referidos legitimados, ao impetrarem mandado de segurança coletivo, irão fazê-lo na defesa de direito líquido e certo de seus membros. E assim segue também a orientação do legislador em relação aos bens jurídicos tutelados.

Neste contexto, verifica-se que só seria possível esta via para tutelar direito coletivo em sentido estrito, uma vez que as associações, entidades e sindicatos atuam na defesa de uma coletividade determinada ou, pelo menos, determinável.

Em relação aos partidos políticos, a melhor interpretação seria a ampliativa, permitindo que impetrem mandado de segurança para defender qualquer interesse transindividual que comporte a utilização desta via.

A noção de partidos políticos é trazida de forma exemplar por José Afonso da Silva, que assevera: "O partido político é uma forma de agremiação de um grupo social que se propõe a organizar, coordenar e instrumentar a vontade popular com o fim de assumir o poder para realizar seu programa de governo".[93]

De acordo com o conceito apresentado pelo autor, os partidos políticos se propõem a organizar, coordenar e instrumentar a vontade popular. Destinam-se, desse modo, ao povo, não sendo correto impedir que tais agremiações impetrem o *mandamus* na defesa da coletividade.

Sobre a legitimidade dos partidos políticos, afirma, ainda, que se todo poder emana do povo, que o exerce por meio de seus representantes eleitos diretamente, nos termos da Constituição, sendo indispensável, para o exercício da capacidade eleitoral passiva (elegibilidade), o alistamento eleitoral, a razão de existência dos partidos políticos é a própria subsistência do Estado Democrático de Direito e da preservação dos direitos e garantias fundamentais. Logo, com este raciocínio, o constituinte pretende fortalecê-los concedendo-lhes legitimação para o mandado de segurança coletivo, para a defesa da própria sociedade contra atos ilegais ou abusivos por parte da autoridade pública.[94]

Verifica-se que a Lei n. 12.016/2009 se mostra manifestamente contrária à previsão constitucional do mandado de segurança coletivo, que prevê a legitimação do partido político sem definição de pertinência temática. Assim, ao avaliar a casuística, deve o intérprete fazer a leitura constitucional adequada e permitir a

---

(92) STJ 6ª T. — RMS 2423-4 — rel. Min. Luiz Vicente Cernicchiaro — DJ 22.11.1993, p. 24974.
(93) SILVA, José Afonso da. *Curso de direito constitucional positivo*. São Paulo: Malheiros, 1998. p. 123.
(94) SILVA, José Afonso da. *Op. cit.*, p. 124.

legitimação mais ampla possível ao partido político para o mandado de segurança coletivo proporcionando a máxima efetividade deste instrumento.[95]

Infere-se, pois, que o mandado de segurança coletivo pode ser impetrado por partidos políticos para a defesa dos cidadãos em geral, e não apenas de seus filiados.

A legitimidade ativa das organizações sindicais, entidades de classe e associações vem definida na segunda parte do *caput* do art. 21, que trás o requisito da pré-constituição da entidade há pelo menos um ano e desde que a impetração se dê para a tutela jurisdicional dos direitos líquidos e certos da totalidade, ou de parte, de seus membros ou associados, na forma de seus estatutos e desde que pertinentes às suas finalidades, e dispensa a autorização especial para a impetração.

A ausência de autorização especial para a impetração do mandado de segurança coletivo foi superada expressamente pelo legislador, acompanhando os entendimentos que prevaleceram.[96]

Mesmo com a indicação pelo constituinte de legitimados específicos para a impetração de mandado de segurança coletivo, parece que este rol seria meramente exemplificativo, ao se interpretar o instituto com o modelo constitucional de tutela dos direitos que prima pelo acesso mais amplo à ordem jurídica justa.[97]

O mandado de segurança coletivo se caracteriza como uma ação coletiva, com procedimento específico, e assim, não seria razoável restringir a legitimidade para impetração a um grupo limitado, ao passo que para as outras ações que tutelam interesses coletivos a legitimação seja mais ampla, com uma tendência de ampliação, como se observou na inclusão da Defensoria Pública no rol dos legitimados para ação civil pública pela Lei n. 11.448/2007, e o elenco dos legitimados apresentado no PL n. 5.139/2009, que visa harmonizar o sistema da ação civil pública.

Em relação aos bens jurídicos tutelados, o art. 21, parágrafo único, da lei prevê a impetração de mandado de segurança coletivo para tutelar interesses coletivos em sentido estrito e individuais homogêneos. Essa é uma grande e discutível novidade, tendo em vista a omissão grave no que se refere aos direitos difusos, espécie do gênero dos direitos coletivos.

O direito de que trata o texto constitucional é o direito *tout court*, seja individual (de pessoa física ou jurídica), coletivo ou difuso, pois as normas sobre direitos e garantias fundamentais devem ser interpretadas *vis expansiva*, como é curial: não havendo vedação na Constituição Federal, a impetração para defesa de direito difuso é admissível.

---

(95) BUENO, Cássio Scarpinella. *Op. cit.*, p. 123.
(96) BUENO, Cássio Scarpinella. *Op. cit.*, p. 126.
(97) ZAVASCKI, Teori Albino. *Processo coletivo*. Tutela de direitos coletivos e tutela coletiva de direitos. 2. ed. São Paulo: Revista dos Tribunais, 2007. p. 214.

Conforme apontado por Cássio Srcarpinella Bueno,[98] a restrição do manuseio do mandado de segurança coletivo aos interesses indicados na Lei n. 12.016/2009, não abrangendo interesses difusos é inadequada e sustenta que a solução do problema estaria nas vantagens da tutela coletiva em relação à individual, e o desejo do constituinte em proporcionar um processo mais justo.

A coisa julgada será limitada aos membros do grupo, conforme o disposto no art. 22. Assim, evitou atribuir à decisão a imposição *erga omnes*, tão discutida no Direito coletivo, ou mesmo sua restrição territorial — aspecto ainda mais discutido. Então, nesse ponto a lei foi conservadora e aparentemente acertada.

Sobre o regime da litispendência, o art. 22, § 1º, consigna que não será identificada em relação às ações individuais. Porém, aplicando disposição análoga ao regime coletivo para ações que seguem o rito ordinário, deixando de beneficiar o impetrante com eventual decisão coletiva, caso ele não desista de sua ação individual.

Há um equívoco apenas terminológico, uma vez que a ação individual deve ser apenas suspensa. Assim o autor individual poderá retomar seu curso, caso não beneficiado no processo coletivo. Esse aparenta ser um erro da lei, mas que deve ser corrigido pela jurisprudência, conforme indicado por José Miguel Garcia Medina.[99]

No já mencionado procedimento específico do mandado de segurança coletivo (arts. 21 e 22 da nova Lei), impõe ao titular do direito individual que pretenda aproveitar-se dos efeitos da sentença a ser proferida no mandado de segurança coletivo que desista da ação de segurança ajuizada individualmente. A Lei n. 12.016/2009 dá, portanto, ao mandado de segurança coletivo tratamento mais grave, para aquele que se defende individualmente contra ato ilegal ou abusivo, que o previsto como regra geral para as outras ações coletivas (cf. art. 104 da Lei n. 8.078/1990).

Assim, a leitura mais coerente para o referido dispositivo é aquela que possibilite ao impetrante de mandado de segurança individual a opção de aguardar o resultado do mandado coletivo com a possível suspensão do processo individual, mas, para isso, bem como para a própria desistência, se faz necessário instituir um modelo que permita a ampla divulgação das demandas coletivas com uma orientação adequada para o jurisdicionado.

3.1.2. Ação civil pública

Outro instrumento apto a tutelar os interesses transindividuais previsto no ordenamento jurídico brasileiro é a ação civil pública, introduzida no sistema

---
(98) BUENO, Cássio Scarpinella. *Op. cit.*, p. 132.
(99) MEDINA, José Miguel Garcia. *Mandado de segurança individual e coletivo*. Comentários à Lei n. 12.016/2009. São Paulo: Revista dos Tribunais, 2009. p. 17.

legislativo pela Lei n. 7.347, de 24 de julho de 1985 (Lei da Ação Civil Pública), que surgiu em razão da necessidade de se criar um mecanismo mais eficiente à defesa destes interesses, em virtude da limitação objetiva da ação popular.

Assim, a ação civil pública destina-se a reger os interesses difusos da sociedade. Ocorre, porém, que o objeto da ação ora em estudo foi ampliado pela Constituição de 1988 — segundo a redação do art. 129, inciso III — e pelo Código de Defesa do Consumidor.

Este último diploma legal, inclusive, acrescentou vários dispositivos à Lei n. 7.347/1985, como o inciso IV do art. 1º, o qual estabelece que a ação civil pública, além de tutelar o meio ambiente (inciso I), o consumidor (inciso II), os bens e direitos de valor artístico, estético, histórico, turístico e paisagístico (inciso III), a ordem econômica (inciso V) e a ordem urbanística (inciso VI), destina-se à tutela de qualquer outro interesse difuso ou coletivo.

Assim, a partir dos dois diplomas acima referidos, a ação civil pública passou a tutelar não somente os interesses difusos, como também os interesses coletivos.

Quanto aos interesses individuais homogêneos, embora não tenham sido mencionados no art. 1º da referida lei, a doutrina majoritária entende pelo cabimento da utilização das normas processuais da ação pública às ações destinadas a reger os direitos individuais homogêneos, previstas no Código de Defesa do Consumidor, até mesmo em razão do art. 90 desse Código e do art. 21 da Lei da Ação Civil Pública, dispositivos que demonstram a complementaridade existente entre as duas leis.

Em relação às partes legitimadas para a propositura da ação civil pública, dispõe o art. 5º, *caput*, da Lei n. 7.347/1985, que podem propor a referida ação o Ministério Público, a Defensoria Pública,[100] a União, os Estados, os Municípios, as autarquias, as empresas públicas, as fundações, as sociedades de economia mista e as associações.

Para as associações, entretanto, a lei faz duas exigências: devem estar constituídas há pelo menos um ano e precisam incluir, entre suas finalidades institucionais, a proteção ao meio ambiente, ao consumidor, à ordem econômica, à livre concorrência ou ao patrimônio artístico, estético, histórico, turístico e paisagístico.

Todos aqueles arrolados no art. 5º da LACP têm legitimação extraordinária para a causa, atuando na ação civil pública como substitutos processuais, assim como ocorre no mandado de segurança coletivo.

Mesmo que os legitimados para a ação defendam também seus interesses próprios, ainda assim essa situação não desnatura sua condição de substitutos processuais, como bem explica Hugo Nigro Mazzilli.[101]

---

(100) A Defensoria Pública foi inserida no rol dos entes legitimados para a propositura da ação civil pública pela Lei n. 11.448/2009.
(101) MAZZILLI, Hugo Nigro. *Op. cit.*, p. 136.

Na ação civil pública ou coletiva, embora em nome próprio, os legitimados ativos, ainda que venham a agir de forma autônoma e, às vezes, também defendam interesses próprios, na verdade estão a defender em juízo interesses da coletividade. Daí porque esse fenômeno configura preponderantemente a legitimação extraordinária, ainda que, em parte, alguns legitimados ativos possam, na ação civil pública ou coletiva, também estar a defender interesse próprio.

Por se tratar, desse modo, de legitimação extraordinária, os entes legitimados para a propositura da ação civil pública não têm disponibilidade sobre o direito material do substituído, e sim apenas sobre o conteúdo processual da lide, fato que fica ainda mais evidente em se tratando de interesses transindividuais, em razão de serem direitos indisponíveis, conforme será visto mais adiante, quando se tratar especificamente da legitimação das ações coletivas.

Mesmo diante dos fatos mencionados, alguns têm entendido pela possibilidade de transação na ação civil pública, ou seja, defendem que os legitimados definidos na lei possam, por intermédio de concessões recíprocas, pôr termo ao litígio.[102]

Entretanto, não parece ser este o melhor entendimento, pois estariam sendo desvirtuadas as características próprias da legitimação extraordinária, bem como a própria natureza dos interesses metaindividuais.

Parece que a melhor solução é trazida por Teori Albino Zavascki,[103] que nega a possibilidade de transação, visto que esta implicaria concessões mútuas, mas afirma que o Ministério Público pode ajustar com o réu a melhor forma de dar cumprimento à prestação exigida.

Há, porém, grande discussão travada na doutrina quanto à admissibilidade de litisconsórcio ativo entre os Ministérios Públicos, pois a situação era permitida pelo § 2º do art. 182 do Código de Defesa do Consumidor até este ser vetado pelo Presidente da República.

Hugo Nigro Mazzilli,[104] explicando as razões do veto presidencial, afirma:

> Segundo o chefe do Executivo: a) o dispositivo do litisconsórcio de Ministérios Públicos feriria o art. 128, § 5º, da Constituição, que reserva à lei complementar a disciplina da organização, atribuições e estatuto de cada Ministério Público; b) somente poderia haver litisconsórcio se a todos e a cada um dos Ministérios Públicos tocasse qualidade que lhe autorizasse a condução autônoma do processo, o que o art. 128 da Constituição não admitia.

---

(102) *Ibidem*, p. 138.
(103) ZAVASCKI, Teori Albino. *Processo coletivo* — tutela de direitos coletivos e tutela coletiva de direitos. São Paulo: Revista dos Tribunais, 2007. p. 124.
(104) MAZZILLI, Hugo Nigro. *Op. cit.*, p. 140.

O autor, todavia, se diz contrário ao veto, argumentando sua ineficácia, tendo em vista a sanção do art. 113 do Código de Defesa do Consumidor, que repetiu a mesma norma do dispositivo vetado.[105]

Ainda segundo o autor, se o fato de órgãos autônomos de Estados diversos se litisconsorciarem constituísse violação ao princípio federativo, então, por identidade de razões e, por absurdo, também seria impossível o litisconsórcio entre os próprios Estados ou entre estes e a União.[106]

De acordo com Mazzilli,[107] há interesses estatais que podem ser compartilhados, como ocorre nas áreas tributária, patrimonial ou ambiental, ou na defesa de interesses coletivos de consumidores ou vítimas de infrações contra a ordem econômica. Assim, exemplifica o autor, questionando que, se para a defesa de consumidores ou do meio ambiente, o Estado de São Paulo pode litisconsorciar-se com o de Minas Gerais, por que não o poderiam seus Ministérios Públicos?

A doutrina de Hugo Nigro Mazzilli parece ser a mais acertada, pois, na citação acima, afirma que o veto presidencial perdeu seu efeito em razão do art. 113 do Código de Defesa do Consumidor, que acrescentou o referido parágrafo à Lei da Ação Civil Pública. Assim, entendemos perfeitamente cabível o litisconsórcio ativo entre Ministérios Públicos.

3.1.3. Ação popular

Dando continuidade à apresentação dos instrumentos destinados a tutelar os interesses transindividuais previstos no ordenamento jurídico pátrio, passa-se à análise da ação popular que representa o mecanismo constitucional posto à disposição de qualquer cidadão para obter a invalidação de atos ou contratos administrativos ou a estes equiparados — ilegais e lesivos do patrimônio federal, estadual e municipal, ou de suas autarquias, entidades paraestatais e pessoas jurídicas subvencionadas com recursos públicos.

A ação popular foi a primeira demanda existente no ordenamento jurídico brasileiro responsável pela defesa de interesses difusos, tendo percorrido várias Constituições, ao contrário das demais ações coletivas analisadas nesse trabalho.

Mas, não obstante sua existência tenha marcado praticamente todas as Constituições da história do país, seu conteúdo sofreu grande ampliação a partir da Carta Magna de 1988, e passou a incluir atos lesivos à moralidade administrativa, ao meio ambiente e ao patrimônio histórico e cultural.

---

(105) *Ibidem*, p. 126.
(106) *Ibidem*, p. 127.
(107) *Ibidem*, p. 140.

Observa-se que a ampliação do objeto da ação popular trazida pela Constituição de 1988 foi significativa, pois trouxe à órbita da vigilância popular o ato lesivo à moralidade administrativa, ao meio ambiente e ao patrimônio histórico e cultural.

Constata-se que a ação popular é uma garantia constitucional posta à disposição do cidadão, para fiscalizar o desempenho do serviço público, independentemente de o mesmo causar lesividade ao patrimônio histórico, cultural ou ao meio ambiente. Desde que o ato praticado pelo Poder Público cause danos à coletividade, o meio adequado para o cidadão ingressar em juízo é a ação popular, a qual tem natureza eminentemente desconstitutiva, porquanto visa à invalidação dos atos lesivos do Poder Público.

A Constituição confere a qualquer cidadão — assim entendido como a pessoa que está em gozo de seus direitos políticos — a legitimidade para a propositura da ação popular.

Nesse sentido, Rodolfo de Camargo Mancuso[108] aponta que somente a condição de brasileiro não basta para conferir legitimidade ativa na ação popular, porque os textos legais exigem ainda o implemento da condição de eleitor.

Além do requisito subjetivo, ainda se impõem como condições para o ajuizamento da ação popular a ilegalidade do ato a invalidar e a sua lesividade ao patrimônio público.

A legalidade é um dos princípios constitucionais que norteiam a Administração Pública. De acordo com tal princípio, o Poder Público somente pode fazer aquilo que a lei lhe permite, ao contrário do particular, que pode fazer tudo o que a lei não lhe proíbe.

O segundo requisito para a propositura da ação popular é a lesividade ao patrimônio público. A redação do art. 5º, inciso LXXIII, da Constituição Federal, abrange tanto a lesão ao patrimônio material quanto ao moral, ao estético, ao espiritual e ao histórico.

Deve-se ressaltar, ainda, em relação a lesividade, a inclusão do cabimento da ação popular aos atos lesivos à moralidade administrativa.

A moralidade dos atos do Poder Público, depois do advento da Lei Maior, ganhou papel de grande importância para a Administração, visto que foi elevada à categoria de princípio constitucional norteador da Administração Pública, ao lado da legalidade, publicidade, eficiência e impessoalidade.

Neste sentido, Renato Rocha Braga[109] pronuncia-se afirmando que, pela moralidade, não basta que o administrador paute-se apenas pela estrita legalidade do ato, antes devendo obrar com ética, razoabilidade e justiça.

---

(108) MANCUSO, Rodolfo de Camargo. *Comentários ao código de defesa do consumidor*. São Paulo: Saraiva, 1991. p. 389.
(109) BRAGA, Renato Rocha. *A coisa julgada nas demandas coletivas*. Rio de Janeiro: Lumen Juris, 2000. p. 86.

Vale lembrar, no entanto, conforme apontado por Hely Lopes Meirelles,[110] que a noção de imoralidade é muito vaga e imprecisa; é necessário que o ato imoral da Administração esteja atrelado ao Direito positivo para que seja cabível a intervenção do Poder Judiciário, por meio da ação popular.

Essa ação é ainda hoje importante instrumento destinado a obstar e reprimir o abuso praticado pelo Poder Público contra os direitos da coletividade.

Com já mencionado, tanto a ação popular, como o mandado de segurança coletivo e a ação civil pública, são meios de tutela que visam proteger os interesses de uma coletividade, seja ela determinada ou não. Contudo, além dessas ações coletivas, atualmente o ordenamento jurídico pátrio conta com outras espécies de demandas, que também objetivam a proteção de um grande grupo de pessoas, como o mandado de injunção coletivo e os instrumentos de controle da constitucionalidade, mas que não serão abordados na presente obra por estar fora do objeto de investigação.

3.1.4. Ações coletivas e o Código de Defesa do Consumidor

Conforme já observado, até 1990, o sistema de defesa de interesses coletivos no Brasil era representado pela ação popular e pela ação civil pública. A despeito das referidas leis, em 1988 foi promulgada uma Constituição símbolo do Estado Democrático de Direito, preocupada com interesses metaindividuais e prevendo a necessidade de amparo aos interesses dos consumidores.

Assim, no moderno ordenamento jurídico brasileiro surgiu a necessidade de criação de um instrumento responsável pela tutela das relações de consumo, o que foi consolidado em 11 de setembro de 1990, com a publicação do Código Brasileiro de Defesa dos Consumidores.

O referido código foi de fundamental importância para a defesa de direitos transindividuais, pois trouxe vários mecanismos que passaram a ser utilizados nas demais ações coletivas, como as noções de interesses difusos, coletivos e individuais homogêneos, previstas no art. 81.

A Lei n. 8.078/1990 traduz-se em um microssistema jurídico, por conter normas de direito penal, civil, administrativo e processual civil. Contudo, nessa passagem serão citadas, apenas, algumas das inovações processuais trazidas por este diploma legal, pois as restantes serão tratadas de forma mais específica nos demais capítulos da obra.

Verifica-se, pois, que o Código de Defesa do Consumidor se destaca na área processual por definir regras de competência para as ações de consumo, o que

---

(110) MEIRELLES, Hely Lopes. *Mandado de segurança*. São Paulo: Malheiros, 2006. p. 137.

está disposto no art. 93 deste diploma legal, por trazer regramento diferenciado ao ônus da prova, e por tratar da legitimação para essas ações.

Após esta abordagem panorâmica dos principais instrumentos de tutela coletiva no Brasil, passa-se à análise das mais relevantes características dos bens jurídicos tutelados por este sistema processual.

3.2. OS BENS JURÍDICOS TUTELADOS

Conforme exposto acima, a tutela jurisdicional coletiva começou a ganhar força no Brasil a partir da entrada em vigor da Lei n. 7.347/1985, com influência dos movimentos de acesso à justiça que dominavam a comunidade jurídica na época.[111]

Uma das características deste diploma legal era definir quais seriam os bens jurídicos a serem tutelados pela ação civil pública, conforme se constata ao analisar a redação originária do art. 1º da referida lei.

Neste dispositivo, constava um rol taxativo de bens jurídicos que podiam ser defendidos em juízo via ação civil pública, como o meio ambiente, o patrimônio público de forma geral. Esta foi a política utilizada pelo legislador na época, muito tímida, em virtude dos crescentes conflitos de massa que vinham surgindo.

Posteriormente, outras leis foram editadas, de sorte a ampliar o rol de bens que poderiam receber tratamento coletivo em juízo. Pode ser citada como exemplo a Lei n. 7.913/1989, que prevê a utilização da ACP para a defesa dos danos causados aos investidores no mercado de valores, a Lei n. 7.853/1989, que possibilita a tutela coletiva das pessoas portadoras de deficiência, e a Lei n. 8.069/1990, dispondo sobre a defesa em juízo de forma coletiva das crianças e adolescentes.

Deve ainda ser destacada a edição da Lei n. 8.429/1992, denominada Lei de Improbidade Administrativa, que tem a finalidade de reparar os danos causados por funcionários públicos no exercício de suas funções, pois cria instrumentos para combater atos ilícitos praticados por estes funcionários e possibilita a devolução do valor desviado ao erário público. A seguir foi editada a Lei n. 8.884/1994, denominada Lei Antitruste, visando proteger a ordem econômica.[112]

Posteriormente foi editada a Lei n. 10.257/2001, que regulou a defesa da ordem urbanística, e a Lei n. 10.741/2003, responsável por normas de proteção ao idoso.[113]

Conforme foi abordado no tópico anterior, avanço considerável no aprimoramento da tutela coletiva dos interesses no ordenamento brasileiro deu-se

---

(111) MANCUSO, Rodolfo de Camargo. *Op. cit.*, p. 485.
(112) PINHO, Humberto Dalla B. de. *A legitimidade da defensoria pública para a propositura de ação civil pública:* primeiras impressões e questões controvertidas. Disponível em: <http://www.humbertodalla.pro.br> Acesso em: 1º.8.2007. p. 3.
(113) *Idem.*

com a edição da Lei n. 8.078/1990, que instituiu o Código de Defesa do Consumidor, prevendo a inserção do inciso IV ao art. 1º da LACP e possibilitando a utilização deste instrumento para tutelar qualquer interesse difuso ou coletivo. A lei trouxe, ainda, uma novidade para o ordenamento jurídico pátrio, qual seja, a previsão dos interesses individuais homogêneos, com inspiração nas *classs actions* norte-americanas.

Neste momento, inaugura-se um novo modelo de tutela coletiva no Brasil, pois o CDC passou a dar tratamento diferenciado aos interesses transindividuais, prevendo três categorias de direitos que poderiam ser tutelados em juízo de forma coletiva.

O aprimoramento do sistema se fazia necessário, em virtude do crescimento da população, do surgimento de novos direitos e dos constantes conflitos de massa no âmbito da sociedade.

Assim, o CDC regulou no art. 81, parágrafo único, as categorias de interesses metaindividuais. No inciso I dispõe o que vem a ser interesse difuso; no inciso II, a definição dos interesses coletivos em sentido estrito; e no inciso III, o que vêm a ser interesses individuais homogêneos.

Portanto, a entrada em vigor do Código do Consumidor representou um marco do processo civil coletivo no Brasil, pois modernizou o modelo implementado pela LACP, ao permitir a defesa em juízo de qualquer interesse que transcenda o indivíduo.

Nas colocações de Barbosa Moreira,[114] interesses difusos e coletivos em sentido estrito seriam essencialmente coletivos, e os individuais homogêneos seriam considerados, para o ilustre processualista, como acidentalmente coletivos, justamente por serem individuais, mas diante da origem comum, se permitir à tutela coletiva em juízo.

O Código de Defesa do Consumidor estabeleceu no parágrafo único do art. 81 que a defesa coletiva será exercida quando se tratar de interesses ou direitos difusos, coletivos ou individuais homogêneos, deixando certa incerteza em torno dos conceitos.

Essas incertezas eram mais evidentes em relação aos interesses difusos e coletivos, pois durante muito tempo eles foram utilizados no Brasil praticamente como sinônimos, sem distinção nítida entre os conceitos.[115]

A legislação não dirimiu todas as dúvidas teóricas e práticas acerca do tema, mas direcionou a discussão para três categorias, definindo legalmente conforme já apontava a doutrina.[116]

---

(114) MOREIRA, José Carlos Barbosa. Ações coletivas na Constituição de 1988. *Revista de Processo*, São Paulo: Revista dos Tribunais, p. 6, 1991.
(115) *Ibidem*, p. 5.
(116) *Ibidem*, p. 7.

Outro aspecto importante é que o legislador brasileiro utilizou a expressão interesse desprovida de adjetivações, evitando, assim, que se faça distinção entre interesses legítimos e não legítimos, vinculando-se os primeiros para fins do exercício do direito de ação, a legitimação ordinária, ou ainda de interesses legalmente protegidos, contrapondo-se a outros não assegurados.

Conforme foi visto, com o surgimento do Estado Democrático de Direito, a preocupação com a coletividade tornou-se cada vez mais acirrada, fato que é demonstrado no conteúdo das Constituições de diversos países, em leis ordinárias — preocupadas com a defesa do consumidor, do patrimônio histórico e artístico da humanidade e do meio ambiente — e também fora da área jurídica, em programas de ação social, de proteção ambiental etc.

Desta forma, passaram a ser reconhecidos os direitos metaindividuais, ou seja, os direitos pertencentes não somente a um indivíduo, mas a uma coletividade.

Apesar de a legislação brasileira já se referir a interesses transindividuais, estes ganharam eco com a edição do Código de Defesa do Consumidor (Lei n. 8.078, de 11 de setembro de 1990), que os classificou em interesses individuais homogêneos, interesses coletivos e interesses difusos.

De acordo com o que foi apontado no item anterior, a tutela coletiva abrange dois tipos de interesses ou direitos: a) os essencialmente coletivos, que são os "difusos", definidos no inciso I do parágrafo único do art. 81, e os "coletivos" propriamente ditos, conceituados no inciso II do parágrafo único do art. 81; b) os de natureza coletiva apenas na forma em que são tutelados, que são os "individuais homogêneos", definidos no inciso III do parágrafo único do art. 81.[117]

Assim, tem-se duas espécies de direitos essencialmente coletivos — ou direitos coletivos *lato sensu* — que são os direitos coletivos *strictu sensu* e os direitos difusos. Os direitos individuais homogêneos possuem particularidades que os diferenciam dos interesses individuais e os excluem da classificação de interesses essencialmente coletivos.

3.2.1. INTERESSES DIFUSOS

O art. 81, parágrafo único, inciso I, do CDC dispõe que interesses difusos são os de natureza indivisível, de que sejam titulares pessoas indeterminadas e ligadas por circunstâncias de fato.

Assim como os direitos coletivos em sentido estrito, os interesses difusos são também de natureza indivisível. A grande diferença, entretanto, é que os titulares desses direitos são pessoas indeterminadas e que se encontram ligadas por uma situação de fato, e não por uma relação jurídica prévia.

---

(117) MOREIRA, José Carlos Barbosa. *Op. cit.*, p. 7.

A defesa em juízo desses direitos ocorre por meio da substituição processual. Em razão da indeterminação subjetiva que cerca os interesses difusos, há a chamada titularidade aberta, ou seja, podem ser titulares da ação organismos intermediários da sociedade civil, indivíduos isolados ou o Ministério Público.

Por fim, ressalte-se que os interesses difusos são marcados por intensa conflituosidade interna, característica que os diferencia dos demais direitos metaindividuais.

Enquanto nas ações que envolvem interesses individuais ou mesmo coletivos *stricto sensu* identifica-se situação jurídica definida, nas ações envolvendo interesses difusos isso não ocorre, por causa de sua indeterminação subjetiva e da efemeridade das situações que envolvem os titulares desses interesses (são fatos que tendem a mudanças no tempo e no espaço).

Assim, não se permite limitar a abrangência dos interesses difusos, oportunizando o alargamento *ad infinitum*, principalmente no tocante aos sujeitos envolvidos, mas também no que diz respeito à extensão dos objetos atingidos.

3.2.2. Interesses coletivos

Interesses coletivos são direitos de natureza indivisível, pertencentes a um grupo, categoria ou classe de pessoas ligadas entre si por uma relação jurídica-base, na forma do art. 81, parágrafo único, II, do CDC. São indivisíveis porque todos os titulares do direito são beneficiados ou prejudicados, mesmo que apenas um sujeito ingresse com a demanda em juízo.

Na visão de Mazzilli,[118] os interesses coletivos têm natureza indivisível, à medida que não podem ser compartilhados individualmente entre seus titulares. Atendido o interesse de um, estará atendido o de todos.

Essa espécie de interesse pertence a uma categoria determinada ou, pelo menos, determinável de pessoas. São titulares desses interesses os membros de determinada classe, categoria ou grupo.

A respeito da diferença entre interesses difusos e coletivos, afirma Arruda Alvim que "a diferença está, neste inciso II, em relação ao anterior, na possível delimitação clara dos beneficiários do interesse ou direito, tendo em vista os pressupostos, em si mesmos definidos, para identificar a titularidade do grupo, categoria ou classe".[119]

O Código de Defesa do Consumidor, ao definir os direitos coletivos, ainda dispõe como pressuposto para sua caracterização da existência de uma relação

---

(118) MAZZILLI, Hugo Nigro. *Op. cit.*, p. 52.
(119) ALVIM, Arruda. Notas sobre a coisa julgada coletiva. *Revista de Processo*, São Paulo: Revista dos Tribunais, n. 88, p. 24, 1997.

jurídica-base, o que significa que os titulares desses interesses devem estar interligados por alguma relação jurídica.

Kazuo Watanabe[120] afirma que essa relação jurídica-base é a preexistente à lesão ou ameaça de lesão do interesse ou direito do grupo, categoria ou classe de pessoas. Não a relação jurídica nascida da própria lesão ou da ameaça de lesão.

Afirma, ainda, o autor que a relação jurídica-base relevante é aquela da qual deriva o interesse que se visa tutelar, ou seja, interesse que guarda relação mais imediata e próxima com a lesão ou ameaça de lesão.

Os interesses coletivos são insuscetíveis de renúncia ou transação e sua defesa em juízo ocorre sempre por intermédio de substituição processual.[121]

Em suma, os interesses coletivos são metaindividuais de natureza indivisível, atingem a todos os seus titulares e possuem como sujeito ativo um grupo, uma classe ou categoria de pessoas, determinadas ou determináveis.

3.2.3. INTERESSES INDIVIDUAIS HOMOGÊNEOS

Os interesses individuais homogêneos previstos no art. 81, parágrafo único, III, do CDC têm origem nas *class actions* do Direito norte-americano.

Segundo Araújo Filho,[122] as *class actions* foram herdadas do sistema legal inglês e eram utilizadas quando se tinha interesse comum ou geral de muitas pessoas. Por constituírem uma classe numerosa, seria impraticável trazer todos os seus membros a juízo. Assim, um ou mais membros poderiam propor a ação ou apresentar a defesa, pela totalidade da classe.

Para o ordenamento jurídico brasileiro, os interesses individuais homogêneos são aqueles que, embora se apresentem uniformizados pela origem comum, permanecem individuais em sua essência.

Hugo Nigro Mazzilli[123] defende tese de que os interesses individuais homogêneos, em sentido lato, não deixam de ser também interesses coletivos, porquanto os interesses individuais homogêneos, assim como os difusos, originam-se de circunstâncias de fato comuns; entretanto, os titulares dos primeiros são determinados ou determináveis, enquanto os titulares dos demais são indeterminados.

---

(120) WATANABE, Kazuo. Acesso à justiça e sociedade moderna. In: *Participação e processo*, São Paulo: Revista dos Tribunais, 1993. p. 135.
(121) Conforme observado no item 3 deste capítulo foi regulado pela Lei n. 12.016/2009 o mandado de segurança coletivo, e no art. 21, parágrafo único, inciso I, está definido o interesse coletivo em sentido estrito passível de proteção pelo *mandamus*.
(122) ARAÚJO FILHO, Luiz Paulo da Silva. *Ações coletivas*: a tutela jurisdicional dos direitos individuais homogêneos. Rio de Janeiro: Forense, 2000. p. 89.
(123) MAZZILLI, Hugo Nigro. *Op. cit.*, p. 53.

Teori Albino Zavascki,[124] por sua vez, entende de modo diferente a concepção de interesses individuais homogêneos e denomina a sua defesa de "defesa coletiva de direitos", ressaltando que esta não se confunde com a defesa de direitos coletivos.

Segundo o autor, direito coletivo é direito transindividual (sem titular determinado) e indivisível. Pode ser difuso ou coletivo, *stricto sensu*. Já os direitos individuais homogêneos são, na verdade, simplesmente direitos subjetivos individuais. A qualificação de homogêneos não desvirtua essa sua natureza, mas simplesmente os relaciona a outros direitos individuais assemelhados, permitindo a defesa coletiva de todos eles.

Pode-se dizer, portanto, que interesses individuais homogêneos representam um conjunto de vontades individuais. O que os difere dos direitos coletivos é a divisibilidade desses interesses, ou seja, é possível que cada sujeito ingresse individualmente com sua demanda. E isso porque o objeto da ação é divisível.[125]

Araújo Filho,[126] ao abordar a evolução da tutela dos direitos individuais homogêneos no Direito brasileiro, remete ao VII Congresso Internacional de Direito Processual, realizado em Würzburg, 1983, em que Barbosa Moreira designou os interesses individuais homogêneos como "acidentalmente coletivos" e os interesses coletivos *stricto sensu* e difusos como "essencialmente coletivos".[127]

Os interesses individuais homogêneos são acidentalmente coletivos, mormente porque têm a mesma origem em relação aos fatos geradores desses direitos, o que recomenda a defesa de todos a um só tempo.

Esses direitos são suscetíveis de renúncia e transação, salvo em caso de direitos personalíssimos.

3.2.4. NOVAS PERSPECTIVAS PARA A TUTELA DOS INTERESSES TRANSINDIVIDUAIS

Apesar do avanço considerável na definição dos bens jurídicos tuteláveis de forma coletiva, com o advento, principalmente, do Código de Defesa do Consumidor, conforme já apontado, há uma forte tendência de sistematização mais ampla dos referidos interesses, com as propostas de criação de um Código de Processo Civil Coletivo.

---

(124) ZAVASCKI, Teori Albino. *Processo coletivo* — tutela de direitos coletivos e tutela coletiva de direitos. São Paulo: Revista dos Tribunais, 2007. p. 130.
(125) Conforme observado no Item 3 deste capítulo foi regulado pela Lei n. 12.016/2009 o mandado de segurança coletivo, e no art. 21, parágrafo único, inciso II, está definido o interesse individual homogêneo passível de proteção pelo *mandamus*.
(126) ARAÚJO FILHO, Luiz Paulo da Silva. *Op. cit.*, p. 95.
(127) *Ibidem*, p. 97.

Dois anteprojetos ganharam espaço no cenário nacional. Um originário da Escola Paulista,[128] idealizado por Ada Pellegrini Grinover e o outro oriundo do programa de pós-graduação estrito senso da Universidade do Estado do Rio de Janeiro e da Universidade Estácio de Sá.[129] Ambos com propostas avançadas sobre a tutela dos interesses transindividuais, sobretudo nos aspectos que o sistema atual apresenta deficiência.

Os bens jurídicos tutelados ganharam atenção especial, seguindo a mesma definição do CDC, mas procurando não permitir interpretações restritivas por parte dos julgadores ao avaliar a casuística, uma vez que não deixa margem a qualquer restrição.

Nos anteprojetos referidos, não se apresentou uma relação de bens jurídicos que poderiam receber a proteção coletiva, ficando a opção legislativa de fornecer as características dos referidos bens para permitir a tutela mais ampla, conforme já identificado no CDC.

Mesmo com boa aceitação na comunidade jurídica, os dois anteprojetos evoluíram para um anteprojeto de uma nova Lei de Ação Civil Pública[130] a pedido da Comissão de Reforma do Judiciário do Ministério da Justiça.

Neste novo anteprojeto, apesar de manter a identificação das características dos bens jurídicos que podem receber proteção coletiva, convencionou-se a inclusão de uma relação dos principais interesses transindividuais, sobretudo, àqueles que

---

(128) Art. 3º Objeto da tutela coletiva — A demanda coletiva será exercida para a tutela de:

I — interesses ou direitos difusos, assim entendidos os transindividuais, de natureza indivisível, de que sejam titulares pessoas indeterminadas e ligadas por circunstâncias de fato;

II — interesses ou direitos coletivos, assim entendidos os transindividuais, de natureza indivisível, de que seja titular um grupo, categoria ou classe de pessoas ligadas, entre si ou com a parte contrária, por uma relação jurídica base;

III — interesses ou direitos individuais homogêneos, assim entendidos os decorrentes de origem comum.

Parágrafo único. Não se admitirá ação coletiva que tenha como pedido a declaração de inconstitucionalidade, mas esta poderá ser objeto de questão prejudicial, pela via do controle difuso.

(129) Art. 2º Objeto da tutela coletiva — A ação coletiva será exercida para a tutela de:

I — interesses ou direitos difusos, assim entendidos os transindividuais, de natureza indivisível, de que sejam titulares pessoas indeterminadas e ligadas por circunstâncias de fato;

II — interesses ou direitos coletivos, assim entendidos os transindividuais, de natureza indivisível, de que seja titular um grupo, categoria ou classe de pessoas ligadas entre si ou com a parte contrária por uma relação jurídica base;

III — interesses ou direitos individuais homogêneos, assim entendidos os direitos subjetivos decorrentes de origem comum.

Parágrafo único. Não se admitirá ação coletiva que tenha como pedido a declaração de inconstitucionalidade, mas esta poderá ser objeto de questão prejudicial, pela via do controle difuso.

(130) PL n. 5.139/2009.

sofreram limitação na sua proteção, tais como questões tributárias e contribuições institucionais de toda a sorte.⁽¹³¹⁾

Nesta perspectiva, este anteprojeto apresentou um elenco considerável de bens jurídicos que poderiam ser tutelados de forma coletiva, sem, contudo, indicar um rol taxativo, para permitir que todo e qualquer interesse transindividual possa receber a tutela adequada.⁽¹³²⁾

O referido anteprojeto recebeu a chancela da Casa Civil e foi encaminhado à presidência para aprovação e, no mês de abril de 2009, foi enviado ao Congresso Nacional, recebendo a numeração PL n. 5.139/2009.

3.3. LEGITIMAÇÃO PARA AS AÇÕES COLETIVAS

Conforme já visto, a legitimidade era um dos pontos da dificuldade real para se proporcionar o acesso à justiça em relação aos interesses coletivos.

Porém, o processo civil do mundo ocidental vem passando por verdadeira revolução, abandonando essa visão individualista e ampliando a legitimidade para as ações coletivas.

Como dito anteriormente, Mauro Cappelletti incluía a representação jurídica dos interesses difusos, especialmente nas áreas de proteção ambiental e do

---

(131) O parágrafo único do art. 1º da Lei n. 7.347/1985 foi inserido pela Medida Provisória n. 2.180-35/2001, vedando a veiculação por ação civil pública de questões desta natureza.
(132) Art. 1º Regem-se pelas disposições desta Lei as ações civis públicas destinadas à proteção de quaisquer interesses ou direitos difusos, coletivos ou individuais homogêneos, relacionados, notadamente:
I — ao meio ambiente;
II — ao consumidor, saúde, educação, assistência social, trabalho, desporto, idoso, segurança pública, transportes coletivos, infância e juventude;
III — à ordem urbanística, aos portadores de necessidades especiais;
IV — aos bens e direitos de valor artístico, estético, histórico, turístico e paisagístico e;
V — à ordem econômica, da economia popular, da concorrência, do patrimônio público.
Art. 2º A tutela coletiva será exercida quando se tratar de:
I — interesses ou direitos difusos, assim entendidos os transindividuais, de natureza indivisível, de que sejam titulares pessoas indeterminadas, ligadas por circunstâncias de fato;
II — interesses ou direitos coletivos, assim entendidos os transindividuais, de natureza indivisível, de que seja titular grupo, categoria ou classe de pessoas ligadas entre si ou com a parte contrária por uma relação jurídica base;
III — interesses ou direitos individuais homogêneos, assim entendidos os direitos individuais decorrentes de origem comum, de fato ou de direito, que recomendem tutela conjunta a ser aferida por critérios como: a) facilitação do acesso à Justiça; b) economia processual; c) preservação da isonomia processual; d) segurança jurídica e; e) dificuldade na formação do litisconsórcio.
§ 1º A tutela dos direitos difusos, coletivos e individuais homogêneos presume-se de relevância social.
§ 2º A análise da constitucionalidade ou inconstitucionalidade de lei ou ato normativo poderá ser objeto de questão prejudicial, pela via do controle difuso.

consumidor, como a segunda das três ondas renovatórias, iniciadas em meados da década de sessenta, em busca de um acesso efetivo à justiça.[133]

No Direito Comparado existem vários modelos de sistemas processuais referentes à legitimidade das ações coletivas. Alguns Estados conferem esta legitimidade a entidades públicas, como o Canadá; outros, a entidades privadas, como na Alemanha; e ainda encontramos modelos conferindo esta legitimidade a qualquer pessoa que faça parte do grupo, como nos Estados Unidos.

Nos Estados Unidos, em particular, a legitimidade para as ações coletivas é controlada pelo juiz no caso concreto. Neste modelo, qualquer pessoa do grupo tem legitimidade para propor a ação de classe, mas o julgador verifica se esta pessoa irá representar adequadamente os interesses do grupo em juízo. É o sistema da representatividade adequada, utilizado para evitar conluios que possam prejudicar os interesses da coletividade.

O Brasil aderiu a essa tendência internacional, primeiro com a Lei n. 4.717/1965, que confere legitimidade ao cidadão para propor ação popular, mas, como visto anteriormente, o objeto desta ação é muito restrito. Com a edição da Lei n. 7.347/1985 (Lei da Ação Civil Pública) foi criada a ação civil pública e com a Lei n. 8.078/1990 (Código de Defesa do Consumidor) foi aperfeiçoado o modelo processual coletivo no sistema processual brasileiro.

Conforme disposto no art. 5º da Lei n. 7.347/1985 e no art. 82 do CDC são legitimados para propor ação civil pública: o Ministério Público; a Defensoria Pública (redação dada pela Lei n. 11.448/2007); a União; os Estados; o Distrito Federal; os Municípios; autarquias; as empresas públicas; as fundações; as sociedades de economia mista; os entes públicos, ainda que sem personalidade jurídica, especificamente destinados à defesa do consumidor; e as associações constituídas há pelo menos um ano (salvo em casos de manifesto interesse social) que incluam em seu objetivo social a proteção daquele bem que seja objeto do processo.

No sistema processual coletivo adotado pelo Brasil, fora esses sujeitos, taxativamente enumerados, nenhum outro poderá ajuizar ação civil pública, independentemente da relevância do interesse em discussão.

A opção do ordenamento processual brasileiro foi a de definir a legitimação pelo legislador. Assim, enquanto nas *class actions* norte-americanas a legitimidade é do indivíduo, para que ele exerça a representatividade adequada da coletividade, examinada pelo juiz em cada caso concreto, aqui o autor é um representante institucional, previsto em abstrato pelo legislador. Seria uma legitimação política, conforme a feliz definição de Humberto Dalla.[134] Assim, a verificação da legitimidade se dá *ope judicis* nos países anglo-americanos, e no Brasil ela se dá *ope legis*.

---

(133) CAPPELLETTI, Mauro; GARTH, Bryant. *Op. cit.*, p. 118.
(134) PINHO, Humberto Dalla B. de. *Op. cit.*, p. 8.

Parte da doutrina critica a limitação da legitimação para as ações coletivas no sistema processual brasileiro,[135] pois, diante da tendência de ampliar o acesso a uma ordem jurídica justa, deveria se ampliar ao máximo a defesa dos interesses transindividuais.

Neste passo, observa-se que tem sido uma tendência do sistema processual brasileiro buscar ampliar a legitimação para propositura de ação civil pública, sob a influência da doutrina mais especializada no tema.[136]

Como foi visto, o modelo adotado pelo Direito brasileiro em relação a esta legitimidade é *ope lege*.

Apesar disso, algumas decisões nos tribunais vinham admitindo outras entidades como legitimadas para defender os interesses coletivos, tais como as organizações não governamentais e a Defensoria Pública.

Ambas, quando eram admitidas como legitimadas, deveriam preencher certos requisitos. As organizações não governamentais seguiam as disposições das associações, ou seja, a pré-constituição de pelo menos um ano e a pertinência temática.

A Defensoria Pública só era admitida como legitimada se defendesse uma classe considerada hipossuficiente economicamente, pois esta entidade foi criada com este escopo, vale dizer, de defender aqueles que não têm condições de arcar com os custos do processo e com os honorários advocatícios.

Observa-se assim uma tendência, mesmo que tímida, de se passar a adotar o modelo de representatividade adequada, como no sistema norte-americano, o que amplia significativamente a possibilidade de tutela jurisdicional nos conflitos de massa e moderniza a sistemática processual coletiva.

Na esteira desta tendência, o Instituto Brasileiro de Direito Processual, capitaneado por Ada Pellegrini, apresentou ao Ministério da Justiça um anteprojeto de Código de Processo Civil Coletivo, com o intuito de harmonizar o sistema processual coletivo no Brasil, objetivando viabilizar a defesa dos interesses de massa, diante da precariedade do sistema atual.[137]

Neste anteprojeto, a legitimação é a mais ampla possível, conferindo legitimidade a entidades públicas e privadas, além do cidadão, adotando como controle o critério da representatividade adequada.

Conforme apontado acima, este anteprojeto de código foi direcionado para uma proposta menos ousada, e acabou sendo transformado em um anteprojeto

---

(135) DIDIER JR., Fredie; ZANETI JR., Hermes. *Op. cit.*, v. 4, p. 199. ZAVASCKI, Teori Albino. *Op. cit.*, p. 130.
(136) GIDI, Antonio. *A class action como instrumento de tutela coletiva dos direitos — as ações coletivas em uma perspectiva comparada*. São Paulo: Revista dos Tribunais, 2007. p. 128.
(137) Neste sentido Ada Pellegrini Grinover, Aluisio Gonçalves de Castro Mendes e Kasuo Watanabe (*Direito processual coletivo e o anteprojeto de código brasileiro de processos coletivos*. São Paulo: Revista dos Tribunais, 2007. p. 114).

de lei para regular a ação civil pública (PL n. 5.139/2009), e apresenta também um modelo de legitimação mais amplo que o atual.[138]

Mas antes da possível aprovação desta proposta o legislador tem percebido a necessidade de ampliar o rol dos legitimados para propor a ação civil pública.

A Lei n. 11.448/2007 inseriu no rol dos legitimados do art. 5º da Lei n. 7.347/1985 a Defensoria Pública, dando um passo importante para melhorar a defesa dos interesses coletivos no ordenamento brasileiro.

Ressalte-se que não houve previsão de preenchimento de qualquer requisito específico para a Defensoria Pública ajuizar a ação, indo de encontro com as decisões dos tribunais que admitiam que esta entidade promovesse a ação desde que fosse para defender interesse de pessoas menos abastadas.

A proposta legislativa é bem salutar, pois a ação civil pública foi criada para defender a sociedade, e, em se tratando principalmente de interesses difusos, o ideal é que o rol seja o mais amplo possível, diante da relevância do bem jurídico.

Assim, qualquer tentativa do intérprete de exigir algum requisito, não previsto pelo legislador, para admitir a legitimação da Defensoria Pública em ação civil pública, qualquer que seja o bem jurídico lesionado, deve ser reprimida por representar um retrocesso, e violar o princípio do acesso à justiça substancial.

---

(138) PL n. 5.139/2009. Art. 6º São legitimados concorrentemente para propor a ação coletiva:
    I — o Ministério Público;
    II — a Defensoria Pública;
    III — a União, os Estados, o Distrito Federal, os Municípios e respectivas autarquias, fundações públicas, empresas públicas, sociedades de economia mistas, bem como seus órgãos despersonalizados que tenham como finalidades institucionais a defesa dos interesses ou direitos difusos, coletivos ou individuais homogêneos;
    IV — a Ordem dos Advogados do Brasil, inclusive as suas seções e subseções;
    V — as entidades sindicais e de fiscalização do exercício das profissões, restritas à defesa dos interesses ou direitos difusos, coletivos e individuais homogêneos ligados à categoria;
    VI — os partidos políticos com representação no Congresso Nacional, nas Assembleias Legislativas ou nas Câmaras Municipais, conforme o âmbito do objeto da demanda, a ser verificado quando do ajuizamento da ação; e
    VII — as associações civis e as fundações de direito privado legalmente constituídas e em funcionamento há pelo menos um ano, para a defesa de interesses ou direitos relacionados com seus fins institucionais, dispensadas a autorização assemblear ou pessoal e a apresentação do rol nominal dos associados ou membros.
§ 1º O juiz poderá dispensar o requisito da pré-constituição de um ano das associações civis e das fundações de direito privado quando haja manifesto interesse social evidenciado pelas características do dano ou pela relevância do bem jurídico a ser protegido.
§ 2º O Ministério Público, se não intervier no processo como parte, atuará obrigatoriamente como fiscal da ordem jurídica.
§ 3º Admitir-se-á o litisconsórcio facultativo entre os legitimados, inclusive entre os ramos do Ministério Público e da Defensoria Pública.
§ 4º As pessoas jurídicas de direito público, cujos atos sejam objeto de impugnação, poderão abster-se de contestar o pedido, ou atuar ao lado do autor, desde que isso se afigure útil ao interesse público, a juízo do respectivo representante legal ou dirigente.

3.4. Competência para as ações coletivas

Ponto de extrema importância, e demasiadamente controverso, destinado a proporcionar a defesa adequada dos interesses coletivos refere-se à competência do órgão jurisdicional para a causa. Por ocasião dos estudos preliminares à edição da Lei da Ação Civil Pública, a Comissão de juristas organizadora do Anteprojeto entendeu por bem vincular a competência para o processamento e julgamento das ações civis públicas ao juízo da circunscrição territorial em que o dano ocorreu ou deva ocorrer. A proposta foi consolidada e refletida no art. 2º da Lei n. 7.347/1985, segundo o qual "as ações previstas nesta lei serão propostas no foro do local onde ocorrer o dano, cujo juízo terá competência funcional para processar e julgar a causa".

Percebe-se que a intenção do legislador ao estabelecer a qualificação da competência jurisdicional para as ações civis públicas como *territorial-funcional* (absoluta, portanto) foi assentar o interesse público presente na condução das demandas coletivas pelo órgão judicial mais próximo dos fatos, ou seja, aquele magistrado que, além de potencialmente ter contato direto com as partes, poderia, por si mesmo, melhor avaliar as consequências do dano difuso, coletivo ou individual homogêneo, viabilizando-se assim, teoricamente, uma maior qualidade e legitimidade da sentença judicial.

Assim, por intermédio da aparentemente singela fórmula local do dano/competência territorial absoluta estaria solucionado o problema da atribuição da competência para o processamento e julgamento das ações civis públicas.

Neste aspecto, bastava que nos limites territoriais de determinada comarca ou circunscrição judicial repercutissem, de qualquer forma, lesões a direitos considerados metaindividuais para que se firmasse nelas a competência para processamento da ação civil pública, independentemente de os danos produzidos atingirem também outras comarcas ou circunscrições judiciais, eis que tudo se resolvia pela assimilação de que tais órgãos judiciários possuíam competência concorrente para o feito, a ser definitivamente firmada por meio da regra da prevenção.

Sob a regência deste critério, nos primeiros anos de vigência da Lei da Ação Civil Pública observou-se o processamento e julgamento de diversas ações civis públicas em varas estaduais e federais de todo o país, sem que se opusesse, então, qualquer restrição quanto à eficácia dos seus provimentos, necessariamente *erga omnes* ou *ultra partes* em decorrência da própria lógica do sistema de tutela coletiva e da natureza indivisível dos direitos metaindividuais.

Com este modelo começou a se questionar o poder (competência) de qualquer juízo para proferir decisões que repercutissem não só nos limites territoriais da respectiva comarca ou circunscrição judiciária, mas em diversas delas, abrangendo, por vezes, todo o território de um ou mais Estados ou, por fim, de todo o país.

Nesta direção, o próprio STJ, ignorando totalmente os princípios regentes da tutela coletiva e a indivisibilidade ontológica dos direitos metaindividuais, passou a restringir a eficácia das decisões em ações civis públicas, tomando como parâmetro os limites territoriais do exercício da jurisdição, assentando, como lembra Arruda Alvim, "a competência jurisdicional nacional só dos Tribunais Superiores, como é o caso do STF e do citado STJ".[139]

Com isso, observou-se uma reação à potencial amplitude irrestrita da extensão da coisa julgada em ações coletivas, e sobreveio o Código de Defesa do Consumidor, disciplinando novamente a competência para ações coletivas em seu art. 93.

O referido artigo, expressamente, ressalvou a competência da Justiça Federal, derivada do art. 109 da CF. A intenção, certamente, foi a de corrigir equívoco proveniente da interpretação do art. 2º da Lei n. 7.347/1985, no que dizia respeito ao processamento das ações coletivas nas quais havia interesse da União Federal. Como a redação do referido art. 2º não fez qualquer referência à competência federal, passou-se a entender que quando no lugar do dano não houvesse sede de vara da Justiça Federal, presente o interesse federal na causa, a competência seria firmada, em primeira instância, perante o juízo estadual territorialmente competente, que agiria com uma imaginada delegação de jurisdição federal, oportunizada pelo § 3º do art. 109 da CF, sendo interponível o recurso eventualmente cabível para o TRF respectivo.[140]

Esta interpretação, que chegou a ser sumulada pelo STJ,[141] foi finalmente corrigida, admitindo-se que também os juízes federais possuem, por óbvio, competência territorial, necessariamente sempre existindo, assim, na circunscrição do

---

(139) ALVIM, José Manoel de Arruda. *Mandado de segurança, direito público e tutela coletiva*, p. 64. Cita ainda o processualista paulista dois julgados do STJ nos quais se reafirmou a restrição da eficácia da decisão aos limites territoriais do órgão julgador. No CComp n. 2.478-0-PA decidiu-se que um juízo deprecado não estaria obrigado a cumprir decisão de juízo deprecante porque "este não poderia pretender exercer jurisdição fora de sua circunscrição jurisdicional respectiva". Já, no CComp n. 17.137-PE o STJ, no âmbito de ação civil pública, assentou expressamente que "a ação civil pública ajuizada no Estado de São Paulo não atrai aquela proposta no Estado de Pernambuco, para o julgamento simultâneo, ainda que sejam conexas em razão da identidade de pedidos e de causas de pedir; são ações sujeitas a jurisdições diferentes".

(140) Conforme o art. 109, §§ 3º e 4º, da CF: § 3º Serão processadas e julgadas na Justiça Estadual, no foro do domicílio dos segurados ou beneficiários, as causas em que forem parte instituição de previdência social e segurado, sempre que a comarca não seja sede da vara do juízo federal, e, se verificada essa condição, a lei poderá permitir que outras causas sejam também processadas e julgadas pela justiça estadual.
§ 4º Na hipótese do parágrafo anterior, o recurso cabível será sempre para o Tribunal Regional Federal na área de jurisdição do juiz de primeiro grau.

(141) Enunciava a Súmula n. 183 do STJ: "Compete ao juiz estadual, nas comarcas que não sejam sede de vara da Justiça Federal, processar e julgar ação civil pública, ainda que a União figure no processo". Sua revogação deu-se somente no ano de 2000, por ocasião do julgamento, pela 1ª Seção do Tribunal, dos EDeclCComp n. 27.676-BA, rel. Min. José Delgado, *DJU* 27.11.2000, p. 195.

juízo federal pertinente, competência territorial sobre o local de qualquer dano a direitos metaindividuais.[142]

Da mesma forma anteriormente preconizada pelo art. 2º da Lei n. 7.347/1985, o art. 93 do CDC, embora não expressamente, imprimiu competência funcional ao juiz do local do dano.[143]

A grande novidade da regulamentação da competência pelo CDC, todavia, foi representada pela implementação de uma verdadeira categorização dos danos.

Verifica-se que a legislação brasileira passou a fazer expressa alusão a danos de âmbito local, regional ou nacional, buscando ajustar, então, a competência jurisdicional à seguinte lógica: na hipótese de os danos serem reputados meramente locais, a competência recairia no "foro do lugar onde ocorreu ou deva ocorrer o dano" (inciso I do art. 93), repetindo-se, aí, o mesmo critério já fixado pelo art. 2º da Lei n. 7.347/1985; na hipótese de os danos se reputarem de âmbito regional ou nacional, a competência concorreria entre o foro da capital do Estado ou do Distrito Federal, conforme dispõe o inciso II do art. 93 do CDC.[144]

Neste momento, com o renovado tratamento da competência jurisdicional nas ações coletivas operado pelo Código de Defesa do Consumidor, passou-se a indagar sobre a remanescência do art. 2º da Lei n. 7.347/1985.

Esta indagação se faz presente diante da reciprocidade da aplicação dos sistemas da Lei da Ação Civil Pública e do Código de Defesa do Consumidor, identificada pelas disposições do art. 21 da Lei n. 7.347/1985 e do art. 90 do CDC, tendo em vista, ainda, o tratamento posterior e mais completo empreendido à fixação da competência pelo Código de Defesa do Consumidor. O TRF-4ª Região já chegou a se manifestar pela revogação do art. 2º da Lei n. 7.347/1985.[145]

---

(142) Atualmente pode-se afirmar como assente, tanto no STJ como no STF, a competência dos juízos federais de primeira instância para processar e julgar ações coletivas existindo interesse da União Federal, ainda que o local do dano não seja a sede da respectiva vara federal, bastando que a pertinente circunscrição jurisdicional federal o abranja. Conforme decidiu o STF no RE 228.955-RS (rel. Min. Ilmar Galvão, *DJU* 24.3.2000).

(143) Como ensina Giuseppe Chiovenda: "Deve-se, ademais, lobrigar-se, como regra, competência funcional, e, portanto, improrrogável, em todos os casos em que a lei especificamente declara competente a autoridade de determinado lugar em vista da relação existente entre a lide e um fato ali ocorrido ou com um cargo ali situado (...)" (*Instituições de direito processual civil*, v. I, p. 231).

(144) O STJ já assentou (2ª Turma. REsp 218.492-ES, rel. Min. Francisco Peçanha Martins. *DJU* 18.2.2002, p. 287) a competência concorrente entre as Capitais e o Distrito Federal para apreciar ações coletivas que aludem a danos regionais ou nacionais: "Tratando-se de ação civil pública proposta com o objetivo de ver reparado possível prejuízo de âmbito nacional, a competência para o julgamento da lide deve observar o disposto no art. 93, II, do CDC, que possibilita o ingresso no juízo estadual da Capital ou no juízo federal do Distrito Federal, competências territoriais concorrentes, colocadas em planos iguais".

(145) TRF-4ª Região, 3ª Turma, Ag. 9604157760-RS, rel. Juiz Amir Sarti, *DJU* 9.4.1997, p. 21.921: "O art. 2º da Lei n. 7.347/1985 foi revogado pelo art. 93 da Lei n. 8.078/1990, que expressamente ressalvou a competência federal, afastando, assim, a delegação de tal competência à Justiça local — Aplicabilidade da nova regra à ação civil pública, por força do art. 21 da Lei n. 7.347/1985, combinado com o art. 117 da Lei n. 8.078/1990".

Apesar de não sustentar expressamente a revogação do art. 2º da Lei n. 7.347/1985, Ada Pellegrini Grinover defende a aplicação apenas do art. 93 do CDC, eis que "rege todo e qualquer processo coletivo, estendendo-se às ações em defesa de interesses difusos e coletivos. Não há como não utilizar, aqui, o método integrativo, destinado ao preenchimento da lacuna da lei, tanto pela interpretação extensiva (extensiva do significado da norma) como pela analogia (extensiva da intenção do legislador)".[146]

Pela mitigação da aplicação de ambos os dispositivos, Mancuso aponta que não há como fugir do necessário entrelaçamento e complementaridade entre as normas de regência sobrevindas em tempos diversos: o art. 2º da Lei n. 7.347/1985, o art. 109, 1, e parágrafos, da CF (1988) e o art. 93 e incisos da Lei n. 8.078/1990. Impende tomar tais dispositivos conjuntamente, em interpretação sistemática, sob as diretrizes da razoabilidade e da plenitude da ordem jurídica, tudo de molde a que ao final reste preservado o objetivo precípuo, que é o da efetiva tutela judicial aos interesses metaindividuais.[147]

Assim, na interpretação de regras de competência é preciso ter presente que nesse campo se está lidando com a jurisdição coletiva, de sorte que os critérios clássicos — vocacionados à tutela de posições individuais, no plano da jurisdição singular — devem aí ser recepcionados com a devida cautela e mediante as necessárias adaptações. As diretrizes da instrumentalidade do processo e da efetividade do processo precisam ser particularmente implementadas, de sorte a se priorizar o foro do local do dano, seja pela proximidade física com os fatos ocorridos ou temidos, seja pela facilitação na colheita da prova, seja pela imediação entre o juízo e os sujeitos concernentes ao interesse metaindividual de que se trata. A interpretação teleológica sinaliza que se deva dar prevalência à exegese que, no caso concreto, assegura melhor e mais efetivo acesso do conflito coletivo à apreciação do órgão jurisdicional, não nos parecendo — sob essa óptica — haver antinomia ou contrariedade, senão complementaridade e integração, entre os dispositivos que regem a competência na ação civil pública.

O Superior Tribunal de Justiça buscou harmonizar a controvérsia no julgamento do Conflito de Competência n. 26.842-DF, cujo acórdão foi publicado no mês de agosto de 2002. Definiu, assim, que os foros das capitais dos Estados-membros e o do Distrito Federal possuem competência concorrente para processar e julgar ações coletivas cujo dano é de âmbito nacional. Deve ser consignado que neste julgado a fundamentação enfrentou de forma rica a controvérsia, e no voto de divergência do Min. Sálvio de Figueiredo Teixeira sustentou que o foro do Distrito Federal seria o único competente.

---

(146) Ada Pellegrini Grinover sustenta com veemência que a coisa julgada não estaria limitada a esse âmbito de competência do juízo (cf. *Código Brasileiro de Defesa do Consumidor* — comentado pelos autores do anteprojeto. Rio de Janeiro: Forense Universitária, p. 795).

(147) MANCUSO, Rodolfo de Camargo. *Op. cit.*, p. 485.

Assim, constata-se que a questão do foro competente para as ações coletivas que envolvem danos regionais ou nacionais ainda não está definida.

Neste contexto os anteprojetos de Código de Processos Coletivos apresentam algumas soluções que podem ser destacadas.

O anteprojeto do IBDP indica o foro competente do local do dano apenas para lesão ou ameaça de lesão de âmbito local; na definição de dano regional até três comarcas o foro seria concorrente entre elas; na definição do foro em relação a dano abrangendo mais de quatro comarcas seria competente a capital do Estado. Se o dano envolver até três Estados a competência seria concorrente entre as capitais destes Estados. E no caso do dano envolver mais de quatro Estados, ou se identificar como de âmbito nacional, será competente o foro do Distrito Federal.[148]

O anteprojeto UERJ/UNESA apresenta que em caso de dano de âmbito regional ou nacional é competente o foro da capital do Estado ou do Distrito Federal, seguindo basicamente a posição do STJ, e indica que a principal finalidade da regra de competência absoluta nas ações coletivas é facilitar a proximidade com as provas e com o ambiente da lesão ou ameaça de lesão, confiando a competência ao juiz de um determinado território por ser mais fácil e eficaz a prestação jurisdicional, definindo o foro por prevenção.[149]

Esta parece ser a proposta que se coaduna com a proteção mais eficiente aos interesses coletivos, pois trata a competência mais adequada para a tutela dos direitos transindividuais, porém dispõe como critério de fixação à prevenção. Pensamos que seria mais pertinente com a intenção de proporcionar a defesa mais eficiente um critério que pudesse indicar a competência mais adequada para a causa, permitindo a fixação do foro de forma a aproximar mais o julgador das provas, mesmo que tivesse conhecido a causa em momento posterior.

O PL n. 5.139/2009, que, conforme já indicado, tramita no Congresso Nacional e define as novas disposições sobre a ação civil pública, segue a disposição da Lei n. 7.347/1985, apontando o local do dano como o elemento definidor da competência, o que é muito salutar, pois segue a orientação de aproximar o julgador das provas.[150]

---

(148) Anteprojeto de Código de Processos Coletivos (IBDP). Art. 20.
(149) Anteprojeto de Código de Processos Coletivos (UERJ/UNESA). Art. 3º.
(150) Art. 4º É competente para a causa o foro do local onde ocorreu ou deva ocorrer o dano ou o ilícito, aplicando-se as regras da prevenção e da competência absoluta.
§ 1º Se a extensão do dano atingir a área da capital do Estado, será esta a competente; se também atingir a área do Distrito Federal será este o competente, concorrentemente com os foros das capitais atingidas.
§ 2º A extensão do dano será aferida, em princípio, conforme indicado na petição inicial.
§ 3º Havendo, no foro competente, juízos especializados em razão da matéria e juízos especializados em ações coletivas, aqueles prevalecerão sobre estes.

Uma peculiaridade é identificada na regra do § 1º do art. 4º do referido projeto, que dispõe sobre a definição da competência de foro para Distrito Federal ou a Capital do Estado se por ventura o dano atingir suas áreas territoriais.

Observa-se que, neste particular, a proposta não caminha da forma mais adequada, tendo em vista que a prova pode estar mais próxima do juízo de foro diverso do da capital do Estado ou do Distrito Federal, o que dificulta, muitas vezes, sua coleta adequada e distancia-se de uma resposta mais eficiente do Poder Judiciário.

Capítulo 4

A Prova nos Processos Coletivos

O Direito probatório é de fundamental importância para o processo civil. Como se sabe, existem muitos processos em que o objeto litigioso é preponderantemente de direito, e a produção de prova não se faz necessária. Porém, em muitos processos a matéria controvertida gira em torno de fatos, e, assim, a cognição passará, necessariamente pela análise de provas.

Por este motivo, é indispensável que se analisem as provas produzidas no processo para possibilitar a demonstração da veracidade dos fatos alegados pelas partes. É por meio das atividades probatórias que o juiz terá elementos para decidir sobre a veracidade e a credibilidade das alegações.

A prova pode ser examinada sob os aspectos objetivo e subjetivo. Sob o aspecto objetivo, é o conjunto de meios produtores da certeza jurídica ou o conjunto de meios utilizados para demonstrar a existência de fatos relevantes para o processo. Nesse sentido, prova é o complexo dos motivos produtores de certeza. Sob o aspecto subjetivo, é a própria convicção que se forma no espírito do julgador a respeito da existência ou inexistência de fatos alegados no processo.

Em síntese, as provas são os meios utilizados para formar o convencimento do juiz a respeito da existência de fatos controvertidos que tenham relevância para o processo.

Há grande dúvida sobre a natureza jurídica das normas que delas tratam. Há tradicional contraposição entre correntes que lhes atribuem natureza substancial e processual. Atualmente, em nosso ordenamento jurídico, quase toda a disciplina da prova é feita no CPC, o que demonstra o acolhimento da tendência mais moderna de considerar as normas sobre prova de cunho processual.

Toda a disciplina das provas prevista no Código de Processo Civil aplica-se no sistema processual coletivo; apenas no que concerne o regramento do ônus da prova é que deve ser dado tratamento diferenciado pela relevância dos bens jurídicos tutelados.

É nesse aspecto que se analisa a moderna teoria da carga dinâmica da prova — incorporada, em 2004, ao Código Modelo de Processos Coletivos para Ibero--América[151] — que sugere a distribuição do ônus da prova não com base na regra tradicional do art. 333 do CPC (fatos constitutivos, para o demandante; demais fatos, para o demandado) nem com base na técnica adotada no art. 6º, inciso VIII, do CDC, pelo qual cabe ao juiz, após verificar a verossimilhança da alegação ou a hipossuficiência do consumidor, inverter o ônus da prova.

Sob a influência deste Código Modelo, o Anteprojeto do Código Brasileiro de Processos Coletivos[152] seguiu a mesma direção na distribuição do encargo probatório conforme prevê o art. 11, proposta que foi encampada também pelo PL n. 5.139/2009 da nova Lei de Ação Civil Pública que tramita no Congresso Nacional, conforme indicado anteriormente.[153]

---

(151) Provas — São admissíveis em juízo todos os meios de prova, desde que obtidos por meios lícitos, incluindo a prova estatística ou por amostragem.

§ 1º O ônus da prova incumbe à parte que detiver conhecimentos técnicos ou informações específicas sobre os fatos, ou maior facilidade em sua demonstração. Não obstante, se por razões de ordem econômica ou técnica, o ônus da prova não puder ser cumprido, o juiz determinará o que for necessário para suprir a deficiência e obter elementos indispensáveis para a sentença de mérito, podendo requisitar perícias à entidade pública cujo objeto estiver ligado à matéria em debate, condenando-se o demandado sucumbente ao reembolso. Se assim mesmo a prova não puder ser obtida, o juiz poderá ordenar sua realização, a cargo do Fundo de Direito Difusos e Individuais Homogêneos.

§ 2º Durante a fase instrutória, surgindo modificação de fato ou de direito relevante para o julgamento da causa, o juiz poderá rever, em decisão motivada, a distribuição do ônus da prova, concedido à parte a quem for atribuída a incumbência prazo razoável para a produção da prova, observado o contraditório em relação à parte contrária. (grifos nossos)

(152) Art. 11. Provas — São admissíveis em juízo todos os meios de prova, desde que obtidos por meios lícitos, incluindo a prova estatística ou por amostragem.

§ 1º O ônus da prova incumbe à parte que detiver conhecimentos técnicos ou informações específicas sobre os fatos, ou maior facilidade em sua demonstração, cabendo ao juiz deliberar sobre a distribuição do ônus da prova por ocasião da decisão saneadora.

§ 2º Durante a fase instrutória, surgindo modificação de fato ou de direito relevante para o julgamento da causa, o juiz poderá rever, em decisão motivada, a distribuição do ônus da prova, concedendo à parte a quem for atribuída a incumbência prazo razoável para a produção da prova, observado o contraditório em relação à parte contrária.

§ 3º o juiz poderá determinar de ofício a produção de provas, observando o contraditório.

(153) Art. 20. Não obtida a conciliação ou quando, por qualquer motivo, não for utilizado outro meio de solução do conflito, o juiz, fundamentadamente:

Essa nova leitura do Direito probatório parte da concepção de que ambos os sistemas de distribuição do *onus probandi* não tutelam adequadamente o bem jurídico coletivo. Essa distribuição estática do ônus da prova conforme a posição da parte em juízo e quanto à espécie do fato do art. 333 do CPC está muito mais preocupada com a decisão judicial — aliás, com qualquer decisão (já que se veda o *non liquet*, art. 126 do CPC) — do que com a tutela do direito. Assim, se o autor não demonstrou o fato constitutivo do direito alegado, julga-se improcedente o pedido e, ao contrário, se o demandado não conseguiu provar os fatos extintivos, impeditivos ou modificativos, julga-se integralmente procedente o pedido, sem qualquer consideração com a dificuldade ou a impossibilidade de serem demonstrados em juízo. Esta distribuição diabólica do ônus da prova, por si só, poderia inviabilizar a tutela dos direitos lesados ou ameaçados.

Rompendo esse paradigma da distribuição prévia do ônus da prova, o Código de Defesa do Consumidor conferiu poderes ao juiz para que ao considerar o caso concreto, pudesse, dentro dos critérios legais (da verossimilhança da alegação ou da hipossuficiência do consumidor), inverter o ônus da prova.

Objetivando buscar a mais efetiva tutela jurisdicional do direito lesado ou ameaçado de lesão, no Código Modelo, no anteprojeto do Código Brasileiro e no PL n. 5.139/2009 o ônus da prova incumbe à parte que detiver conhecimentos técnicos ou informações específicas sobre os fatos, ou maior facilidade na sua demonstração, não requerendo qualquer decisão judicial de inversão do ônus da prova.

Nessa linha, a facilitação da prova para a tutela do bem jurídico coletivo se dá por força da lei (*ope legis*), não exigindo a prévia apreciação do magistrado (*ope iudicis*) de critérios preestabelecidos de inversão do *onus probandi*, como se dá no art. 6º, inciso VIII, do CDC (verossimilhança da alegação ou hipossuficiência do consumidor), bem como não restringe esta técnica processual às relações de consumo.

Com efeito, não há na distribuição dinâmica do ônus da prova uma inversão, nos moldes previstos no art. 6º, inciso VIII, do CDC, porque só se poderia falar em

---

I — decidirá se o processo tem condições de prosseguir na forma coletiva;

II — poderá separar os pedidos em ações coletivas distintas, voltadas à tutela dos interesses ou direitos difusos e coletivos, de um lado, e dos individuais homogêneos, do outro, desde que a separação represente economia processual ou facilite a condução do processo;

III — fixará os pontos controvertidos, decidirá as questões processuais pendentes e determinará as provas a serem produzidas;

IV — distribuirá a responsabilidade pela produção da prova, levando em conta os conhecimentos técnicos ou informações específicas sobre os fatos detidos pelas partes ou segundo a maior facilidade em sua demonstração;

V — poderá ainda distribuir essa responsabilidade segundo os critérios previamente ajustados pelas partes, desde que esse acordo não torne excessivamente difícil a defesa do direito de uma delas;

VI — poderá, a todo momento, rever o critério de distribuição da responsabilidade da produção da prova, diante de fatos novos, observado o contraditório e a ampla defesa;

VII — esclarecerá as partes sobre a distribuição do ônus da prova; e

VIII — poderá determinar de ofício a produção de provas, observado o contraditório.

inversão caso o ônus fosse estabelecido prévia e abstratamente. Não é o que acontece com a técnica da distribuição dinâmica, quando o magistrado, avaliando as peculiaridades do caso concreto, com base em máximas de experiência (art. 335 do CPC), irá determinar quais fatos devem ser provados pelo demandante e pelo demandado.

O magistrado continua sendo o gestor da prova, agora, contudo, com poderes ainda maiores, porquanto, em vez de partir do modelo clássico (art. 333 do CPC) para inverter o *onus probandi* (art. 6º, inciso VIII, do CDC), tão somente nas relações de consumo, cabe verificar, no caso concreto, sem estar atrelado aos critérios da verossimilhança da alegação ou da hipossuficiência do consumidor, quem está em melhores condições de produzir a prova e, assim, distribuir este ônus entre as partes. Isso significa que o juiz deve verificar qual das partes está mais próxima da prova, e estabelecer o seu ônus de provar.

Nessa perspectiva, constitui dever específico do juiz assegurar o regular, leal e rápido desenvolvimento do processo, assumindo de ofício as provas, nos limites do material fático aportado à causa.

Conforme sustenta Marcelo Abelha Rodrigues[154] "dar razão a quem tem razão, é algo que o juiz deve fazer independentemente de ter tido mais ou menos participação na instrução do processo".

Desta forma, a teoria da distribuição dinâmica da prova (já contemplada expressamente no Anteprojeto do Código Brasileiro de Processos Coletivos e no PL n. 5.139/2009) revoluciona o tratamento da prova, uma vez que rompe com a prévia e abstrata distribuição do ônus de provar, possibilitando que, com os critérios abertos contidos no art. 335 do CPC, sejam tutelados adequadamente os direitos materiais, o que exige a maior participação do julgador na instrução do processo.[155]

Assim, a referida teoria reforça o senso comum e as máximas da experiência ao reconhecer que quem deve provar é aquele que está em melhores condições de demonstrar o fato controvertido, evitando que uma das partes se mantenha inerte na relação processual porque a dificuldade da prova a beneficia.[156]

Portanto, a distribuição do ônus (ou da carga) da prova se dá de forma *dinâmica*, posto que não está atrelada a pressupostos prévios e abstratos, desprezando regras estáticas, para considerar a dinâmica (fática, axiológica e normativa) presente no caso concreto, a ser explorada pelos intérpretes.[157]

---

(154) RODRIGUES, Marcelo Abelha. A distribuição do ônus da prova no anteprojeto do código brasileiro de processos coletivos In: GRINOVER, Ada Pellegrini; MENDES, Aluisio Gonçalves de Castro; WATANABE, Kazuo (coords.). *Direito processual coletivo e o anteprojeto de código brasileiro de processos coletivos.* São Paulo: Revista dos Tribunais, 2007. p. 246.
(155) *Ibidem*, p. 247.
(156) TARUFO, Michele. *Senso comune, esperienza e scienza nel racionamento dei giudice.* Bolonha: Il Mulino, 2002. p. 121-155.
(157) CAMBI, Eduardo. *A prova cível.* São Paulo: Revista dos Tribunais, 2006. p. 341.

A facilidade da demonstração da prova, em razão desses argumentos de ordem técnica, promove, adequadamente, a isonomia entre as partes (art. 125, inciso I, CPC), bem como ressalta o princípio da *solidariedade,* presente, no sistema processual, no dever de os litigantes contribuírem com a *descoberta da verdade* (arts. 14, inciso I, e 339, CPC), na própria exigência da litigância de boa-fé (p. ex., arts. 17, 129 e 273, inciso II, CPC) e no dever de prevenir ou reprimir atos contrários à dignidade da justiça (arts. 125, inciso III, e 600, CPC), e para que esses aspectos sejam observados exige-se maior atividade e preocupação do magistrado na coleta de provas.

Aliás, esta preocupação com a colaboração processual deve estar presente durante todo o processo, não devendo ser utilizada pelo magistrado somente na fase decisória (arts. 130 e 263 do CPC).[158]

Com essas providências evitam-se decisões surpresas, que contrariam as garantias constitucionais da ampla defesa e do contraditório, forçando o juiz a se preocupar com a distribuição da carga probatória a partir da defesa do demandado. Logo, a organização da atividade probatória deve ser realizada na audiência preliminar (art. 331 do CPC) ou, na sua ausência, em decisão saneadora, anterior à fase instrutória.

Seria um grande equívoco introduzir a distribuição dinâmica da carga probatória com base no princípio da solidariedade, mas, tal como faz grande parte da doutrina brasileira em relação à inversão do ônus da prova do art. 6º, inciso VIII, CDC, percebê-lo como um critério de julgamento, a ser considerado pelo juiz somente no momento de sentenciar. Neste caso, a distribuição deixaria de ser solidária na medida em que daria ensejo às decisões surpresas: a facilidade na produção da prova deve ser reconhecida antes da decisão para que a parte onerada tenha amplas condições de provar os fatos controvertidos, evitando que, a pretexto de tutelar o bem jurídico coletivo, se retirem todas as oportunidades de defesa.

Assim, a distribuição dinâmica da carga probatória não deve ser arbitrária nem servir para prejulgar a causa, repassando a dificuldade do demandante para o demandado, quando este não está em melhores condições de provar. A liberdade do magistrado deve ser atrelada sempre à responsabilidade. Logo, a decisão, que distribui a carga da prova, deve ser motivada, levando em consideração fatores culturais, sociais e econômicos, bem como princípios e valores contemporâneos.

Percebe-se, pois, que a distribuição dinâmica do *onus probandi* amplia os poderes do juiz, tornando-o um intérprete ativo e criativo.

Verifica-se que a carga da prova, assim distribuída, por consolidar uma visão amplamente solidária do *onus probandi,* supera a visão individualista e patrimonialista do processo civil clássico e permite facilitar a tutela judicial dos bens coletivos.

---

(158) GRASSI, Lúcio. Cognição processual civil: atividade dialética e cooperação intersubjetiva na busca da verdade real. *Revista Dialética de Direito Processual,* São Paulo, p. 50, 2006.

A consequência é evitar que, por ser muito difícil para o demandante demonstrar a licitude ou a não lesividade do comportamento do demandado (maior dificuldade na produção da prova), se mantenha a situação como está em prejuízo da proteção dos direitos difusos, coletivos ou individuais homogêneos, sem retirar do suposto causador da ilicitude ou dos danos as amplas oportunidades de provar o contrário.

Porém, a teoria da carga dinâmica da prova não chega a ser uma novidade no Direito brasileiro, nem uma exclusividade da tutela dos bens jurídicos coletivos. A distribuição dinâmica do ônus da prova, no Direito brasileiro, tem sido acolhida pela jurisprudência e pela doutrina, por exemplo, em matéria de responsabilidade civil do médico e com relação aos contratos bancários, apesar da inexistência de regra expressa.[159]

Assim, constata-se que aplicar a distribuição dinâmica da carga da prova pode proporcionar maior aproximação ao julgamento justo, tendo em vista que coloca as partes em condições mais isonômicas.

Nesta linha o Anteprojeto do Código Brasileiro de Processos Coletivos e o PL n. 5.139/2009 ao preverem nos seus textos expressamente a utilização da carga dinâmica da prova, indicam que a legislação brasileira caminha na melhor direção da defesa dos interesses coletivos, com instrumental mais moderno e eficiente.

---

[159] Neste sentido, vale mencionar os seguintes precedentes jurisprudenciais: STJ, 4ª T., REsp 69.309-SC, rel. Ruy Rosade de Aguiar, j. 18.6.1996, DJU 26.6.1996, p. 29.688; TJRS, 7ª Câm. Cív., AI 70011691219, rel. Des. Jorge Luís DalFagnol, j. 20.5.2005.

Capítulo 5

A Coisa Julgada em Tutela Coletiva

5.1. O SISTEMA DA COISA JULGADA NO PROCESSO CIVIL

A coisa julgada representa um tema de grande complexidade para os estudiosos do processo civil, o que originou uma diversidade considerável de trabalhos doutrinários e muitos posicionamentos conflitantes, conforme será demonstrado ao longo deste capítulo.

Ao se proferir a sentença, seja ela de mérito ou não, ou seja, definitiva ou terminativa, existe a possibilidade da interposição de recursos. Uma vez utilizados todos os recursos possíveis no ordenamento, ou no caso de não ter sido interposto o recurso admissível, a decisão judicial se torna irrecorrível. Neste momento ocorre o que se denomina de trânsito em julgado, configurando o fenômeno da coisa julgada.

A noção de coisa julgada é trazida primeiramente pela Lei de Introdução ao Código Civil, em seu art. 6º, § 3º, dispondo que "chama-se coisa julgada ou caso julgado a decisão judicial de que já não caiba recurso" e contemplada pelo art. 467 do Código de Processo Civil. Porém, esta definição é extremamente criticada pela maioria dos doutrinadores, por não tratar a coisa julgada como uma qualidade da sentença, posição defendida por Enrico Tullio Liebman.[160]

---

(160) LIEBMAN, Enrico Tullio. *Manual de direito processual civil*. Tocantins: Intelectus, 2003. v. 2, p. 120.

Para este grande jurista italiano, um dos precursores da escola processual brasileira, coisa julgada é "a imutabilidade do comando emergente da sentença".[161]

Assim, parte da doutrina conceitua coisa julgada como efeito da sentença.[162] Para Liebman, a coisa julgada não é um efeito da sentença, mas uma qualidade que a torna imutável. Segundo o autor, a autoridade da coisa julgada seria o modo de manifestar e produzir os efeitos da própria sentença, algo que a esses efeitos se insere para qualificá-los em sentido bem determinado.[163]

Coisa julgada, segundo esta teoria, deve ser considerada sob dois aspectos, o formal e o material. Coisa julgada formal consiste na imutabilidade da sentença, e coisa julgada material, na imutabilidade dos seus efeitos. Sendo assim, a coisa julgada formal seria comum a todas as sentenças, mas a coisa julgada material só operaria diante das sentenças de mérito.

Desta sorte, a coisa julgada formal pode ser considerada um pressuposto lógico da coisa julgada material, pois primeiro a sentença se torna imutável para em seguida os seus efeitos se tornarem.

Não obstante a definição de coisa julgada trazida por Liebman tenha influenciado uma série de doutrinadores, é preciso fazer constar algumas críticas à sua tese.

Esta posição de Liebman causou certo furor no mundo jurídico, porque veio modificar conceitos condizentes com a coisa julgada, os quais estavam aparentemente consolidados.

Para o mestre peninsular, não há distinção entre eficácia e efeito. Ele sustenta que a coisa julgada nada mais é do que a indiscutibilidade ou imutabilidade da sentença e dos seus efeitos, aquele atributo que qualifica e potencializa a eficácia que a sentença naturalmente produz, segundo a sua própria essência de ato estatal.

Todavia, percebe-se que os efeitos da sentença não se tornam imutáveis. Estes são passíveis de modificação, até porque o Estado não pode invadir o relacionamento extra-autos. Como impedir que, em uma ação condenatória, *v. g.*, o autor deixe de optar pelo recebimento de outra prestação que não a que consta nos autos? Mesmo que a sentença tenha transitado em julgado, podem as partes acordar de modo diferente e alterar os efeitos da decisão. Que ingerência pode o Estado ter sobre a referida situação? Portanto, não se pode afirmar que na coisa julgada ocorre a imutabilidade dos efeitos da sentença.

Outro importante ponto a ser comentado refere-se à crítica feita por Ovídio Baptista da Silva[164] às afirmações de Liebman, dizendo que todas as cargas de

---

(161) *Ibidem*, p. 135.
(162) SILVA, Ovídio Baptista da. *Sentença e coisa julgada*. Porto Alegre: Sergio Antonio Fabris, 1988. p. 121.
(163) *Ibidem*, p. 142.
(164) SILVA, Ovídio Baptista da. *Op. cit.*, p. 121.

eficácia da sentença são passíveis de produzir coisa julgada. Para Ovídio, seguidor do jurista alemão Hellwig, apenas a eficácia declaratória torna-se imutável.

Segundo Liebman,[165] todos os efeitos possíveis da sentença (declaratório, constitutivo, executório) podem, de igual modo, ser imaginados, pelo menos em sentido puramente hipotético, produzidos independentemente da autoridade da coisa julgada, sem que por isso se lhe desnature a essência. Ovídio Baptista, no entanto, discorda do jurista italiano e sustenta que a imutabilidade só atinge a eficácia declaratória da sentença, pensamento compartilhado por Pontes de Miranda.

De acordo com Ovídio Baptista:

> [...] desaparecendo os efeitos constitutivos, ou executivos, ou condenatórios que são absolutamente mutáveis, e mesmo assim a imutabilidade correspondente à coisa julgada permanecendo inalterada, a conclusão que se impõe é a de que essa qualidade só se há de referir ao efeito declaratório, já que, como diz Barbosa Moreira, "a quem observe, com atenção, a realidade da vida jurídica, não pode deixar de impor-se esta verdade simples: se alguma coisa, em tudo isso, escapa ao selo da imutabilidade, são justamente os efeitos da sentença".[166]

Neste contexto, infere-se que efeito e eficácia não se confundem; possuem conceitos distintos.

Eficácias são potencialidades, virtualidades inclusas no conteúdo das sentenças, as quais são "materializadas, concretizadas", atualizadas sob a forma de efeitos. Efeitos, portanto, corresponderiam à expressão dinâmica das eficácias ou à sua exteriorização em relação ao formalismo sentencial, representando, precipuamente, a execução, por intermédio da atividade jurisdicional, da ação de direito material a que foram impedidos os "particulares".

Portanto, eficácia é a possibilidade de materializar o conteúdo da sentença, e efeito é a exteriorização dessa materialização.

Ovídio Baptista[167] sustenta que as eficácias fazem parte do conteúdo da sentença, assim como se diz que este ou aquele medicamento possui tais ou quais virtudes (ou eficácias curativas). Para o autor, não se pode confundir a virtude curativa com o efeito produzido pelo medicamento sobre o organismo enfermo.

Desta sorte, efeito e eficácia se distinguem, e a coisa julgada é uma qualidade que se agrega à sentença, tornando-a imutável. Observa-se, também, que eficácia é virtude, qualidade, de modo que uma sentença, assim como um medicamento (seguindo o exemplo de Ovídio), pode ter diversas eficácias. Para os processualistas,

---

(165) LIEBMAN, Enrico Tullio. *Op. cit.*, p. 125.
(166) SILVA, Ovídio Baptista da. *Op. cit.*, p. 123.
(167) *Idem.*

essas eficácias são declaratórias, constitutivas, condenatórias, mas, para Pontes de Miranda, elas são ainda mandamentais e executivas *lato sensu*.[168]

De fato, os efeitos são mutáveis e, portanto, os efeitos constitutivos, condenatórios ou executivos também são mutáveis. Todavia, por que não se diz que o efeito declaratório pode ser modificado? Se for efeito, não está abrangido pela autoridade da coisa julgada, deixando de fazer parte do conteúdo da sentença, e, então, é também passível de modificação.

Indiscutíveis são as eficácias da sentença e o seu próprio conteúdo. Nesse caso, pode-se afirmar que a autoridade da coisa julgada atinge, além da carga declaratória, também as cargas constitutivas, condenatórias, executivas *lato sensu* e mandamental.[169]

Outra crítica veemente da doutrina de Liebman aponta diretamente que seria equivocada a afirmação de que a coisa julgada material tornaria imutáveis os efeitos da sentença, pois, segundo esta teoria, os efeitos da sentença podem se alterar a qualquer tempo, mesmo após ter-se formado a coisa julgada material. Basta pensar, por exemplo, numa sentença condenatória que permite a execução forçada em caso de recalcitrância do devedor.[170] Verifica-se que uma vez atingida a finalidade, ou seja, a satisfação do crédito, nada restará daquele efeito.

Para esta teoria, defendida entre outros por Barbosa Moreira,[171] não são os efeitos da sentença que se tornam imutáveis com a coisa julgada material, mas sim o seu conteúdo. Seria este conteúdo, considerado o ato judicial que fixa a norma reguladora ao caso concreto, que se torna imutável e indiscutível quando se forma a coisa julgada.

Para Alexandre Câmara,[172] a posição dominante defendida por Liebman é equivocada, pois, segundo seu entendimento, a coisa julgada configura uma situação jurídica, uma vez que, com o trânsito em julgado da sentença, surge uma nova situação que não existia, diante da imutabilidade e da indiscutibilidade que representariam à autoridade da coisa julgada.

Apesar da autoridade dos eminentes juristas que criticaram a teoria dominante defendida por Liebman, esta é a posição adotada pelo ordenamento brasileiro, a qual se toma por base para definir de forma singela o fenômeno da coisa julgada.

---

(168) MIRANDA, Francisco C. Pontes de. *Comentários ao código de processo civil*. Rio de Janeiro: Forense, 1974. v. 5, p. 338.
(169) FONSECA PINTO, Adriano Moura da; ALMEIDA, Marcelo Pereira de. *Teoria geral do processo e processo de conhecimento*. Rio de Janeiro: Freitas Bastos, 2006. p. 481.
(170) CÂMARA, Alexandre Freitas. *Lições de direito processual civil*. Rio de Janeiro: Lumen Juris, 2004. v. 1, p. 467.
(171) MOREIRA, José Carlos Barbosa. *Comentários ao código de processo civil*. Rio de Janeiro: Forense, 2002. v. 5, p. 420.
(172) CÂMARA, Alexandre Freitas. *Op. cit.*, p. 468.

Neste diapasão, coisa julgada é a qualidade que torna imutável e indiscutível a sentença (coisa julgada formal) e também seus efeitos (coisa julgada material).

5.1.1. Limites objetivos da coisa julgada

Analisar os limites objetivos da coisa julgada é justamente verificar seu alcance no aspecto material, ou seja, o que realmente ficará revestido pela autoridade da coisa julgada.

De todas as partes da sentença, somente o dispositivo, que contém o comando emitido pelo juiz, será alcançado por esta imutabilidade. Os motivos e fundamentos não se tornam imutáveis, e podem ser rediscutidos em outro processo, por mais relevantes que tenham sido para a formação da convicção do julgador.

O juiz, antes de analisar o mérito, deve apreciar diversas questões prévias, ou seja, pontos controvertidos cuja análise deve preceder a decisão propriamente dita. Ao fundamentar sua decisão, ele examinará essas questões prévias, que podem ser de duas naturezas: preliminares e prejudiciais. As primeiras são aquelas que necessariamente devem ser ultrapassadas para a cognição do juiz avançar, e podem envolver aspectos processuais ou de mérito. Por exemplo, a existência de determinada condição da ação, pressuposto processual, ou a identificação da prescrição ou decadência.

Superadas as preliminares, devem-se então examinar as questões prejudiciais, isto é, as que dizem respeito ao mérito e que vão repercutir no acolhimento ou não do pedido, ou seja, na procedência ou improcedência da pretensão formulada. Em ação de alimentos, por exemplo, o juiz terá de decidir, como questão prejudicial, se está ou não provada a relação de parentesco que embasa ou não o pedido,[173] se esta questão é controvertida.

As questões prévias examinadas na fundamentação da sentença não são atingidas pela autoridade da coisa julgada, e não se tornam, pois, imutáveis.

O art. 469 do CPC dispõe que não fazem coisa julgada os motivos, por mais relevantes que sejam, a verdade dos fatos, estabelecida como fundamentos da sentença, e a apreciação de questão prejudicial, decidida *incidenter tantum*. Na verdade, os três incisos do referido dispositivo tratam da mesma coisa, ou seja, não faz coisa julgada a motivação da sentença.[174]

Deste fato se extraem consequências importantes, que trazem perplexidade àqueles que não estão familiarizados com a forma adotada pelo ordenamento jurídico pátrio.

---

(173) FONSECA PINTO, Adriano Moura da; ALMEIDA, Marcelo Pereira de. *Op. cit.*, p. 483.
(174) *Ibidem*, p. 484.

Imagine-se, por exemplo, que determinada pessoa esteja na posse de um bem a tempo suficiente para adquiri-lo por usucapião. Preenchidos os requisitos, o possuidor torna-se proprietário do bem, pois a legislação considera o usucapião modo autônomo de aquisição de propriedade que independe de registro imobiliário. Mesmo antes da obtenção de uma sentença declaratória de usucapião, aquele que preencheu os requisitos terá adquirido a titularidade do domínio. Por essa razão, a lei permite que faça uso da via petitória para reaver o bem que esteja injustamente com terceiro.

Para ter êxito nesta demanda, é preciso que demonstre, no curso do processo, que adquiriu a coisa pelo usucapião, o que se exige em questão prejudicial. Mas a decisão acerca do usucapião não tem força de coisa julgada, diante do que dispõe expressamente o art. 469, inciso III, do CPC, pois foi decidida *incidenter tantum*.

É possível que, em seguida, o autor proponha ação de usucapião, em que a questão da aquisição do domínio não será mais decidida incidentalmente, mas como questão principal, e apesar de tudo ser julgada improcedente.

Assim, verifica-se que a coisa julgada material acobertará os comandos emitidos pelo juiz a respeito das pretensões postas em juízo, não apenas na petição inicial, mas em outras que tenham sido trazidas ao julgador, no curso do processo, por meio de reconvenção, ação declaratória incidental, pedido contraposto, oposição, denunciação da lide e chamamento ao processo.

Conforme preconiza o art. 468 do CPC, a sentença tem força de lei, isto é, faz coisa julgada material, nos limites da lide e das questões decididas.

5.1.2. Limites subjetivos da coisa julgada

O art. 472 do Código de Processo Civil refere-se aos limites subjetivos da coisa julgada. Para compreender o significado do referido dispositivo, faz-se mister entender dois conceitos distintos: quem são as partes em um processo e quem são os terceiros.

Para Ovídio Baptista da Silva,[175] podem ser designados como *parte* somente aqueles sujeitos que integram o litígio, considerados componentes do litígio, reservando-se para os demais figurantes da relação processual que, embora não integrando a lide, participem também do processo, a denominação de *terceiros*.

Vários autores[176] empregam um conceito de parte em sentido formal, para indicar as posições dos sujeitos do processo, distinguindo-os das partes em sentido substancial, que seriam os sujeitos da lide. Esta concepção é errônea, uma vez que

---
(175) SILVA, Ovídio Baptista da. *Op. cit.*, p. 87.
(176) LIEBMAN. *Op. cit.*, p. 135.

não pode haver, por definição, uma lide diversa daquela descrita pela parte em sua petição inicial. Como a lide será, necessariamente, o conflito narrado pelo autor em seu pedido de tutela jurídica, partes da lide serão sempre as mesmas partes do processo.

É necessário, todavia, se estar atento, porque o legislador brasileiro, frequentemente, seja por convicção ou conveniência, refere-se aos terceiros que ingressam no processo, sem integrar a lide, como se eles fossem partes secundárias ou acessórias, ou simplesmente partes em sentido formal.

Saber quem são os terceiros, por outro lado, é verificar de fato se estes não são beneficiados ou prejudicados pela autoridade da coisa julgada.

Com efeito, sustenta Liebman[177] que o processo não é um negócio combinado em família e produtor de efeitos somente para as pessoas iniciadas nos mistérios de cada feito. É o processo, ao contrário, atividade pública, exercida para garantir a observância da lei.

Desse modo, todos estão, abstratamente, submetidos à eficácia da sentença, embora nem todos sofram os efeitos dela.

De acordo com o processualista italiano, sofrem os efeitos da sentença aqueles em cuja esfera jurídica entre mais ou menos diretamente seu objeto. Assim, em primeiro lugar estão as partes titulares da relação afirmada em juízo, e depois, gradativamente, todos os outros cujos direitos estejam de certo modo com ela em relação de conexão, dependência ou interferência jurídica ou prática. A natureza da sujeição é para todos, partes ou terceiros, a mesma. A medida dessa sujeição, porém, é que irá determinar-se pela relação de cada um com o objeto da decisão.

Abordando a situação dos terceiros frente à coisa julgada, Alexandre Câmara[178] lembra que nem todos sofrem, com a mesma intensidade, os efeitos da sentença e afirma que os mesmos se posicionam em duas grandes categorias: terceiros juridicamente indiferentes, subdivididos em terceiros desinteressados e terceiros interessados de fato; e terceiros juridicamente interessados, que, por sua vez, também se subdividem em terceiros com interesse idêntico ao das partes e terceiros com interesse inferior ao das partes.

Só os terceiros com interesse inferior ao das partes que aleguem injustiça da decisão e os terceiros com interesse idêntico ao das partes podem resistir à coisa julgada, não sendo, pois, atingidos pela indiscutibilidade desta.

Entretanto, a posição mais acertada parece ser a de Liebman,[179] quando afirma que só as partes são alcançadas pela imutabilidade dos efeitos da coisa julgada.

---

(177) *Ibidem*, p. 136.
(178) CÂMARA. *Op. cit.*, p. 468.
(179) LIEBMAN. *Op. cit.*, p. 136.

De fato, o mais correto é falar em imutabilidade de "eficácia", pois não só os terceiros das categorias mencionadas acima podem discutir a matéria atingida pela coisa julgada, sendo atingidos pela imutabilidade das eficácias da sentença somente as partes entre as quais foi proferida a decisão.

Com efeito, há um repúdio em pensar que terceiros ausentes da relação processual que originou a decisão, terão de se conformar com ela, acatando-a, não sendo correto afirmar que a coisa julgada nas ações individuais opera-se *erga omnes*, entendida a expressão como a imutabilidade do conteúdo da sentença para terceiros que não participaram da relação processual.

Comprovando sua tese, o autor afirma que o instituto da oposição reflete historicamente essa aversão à coisa julgada *erga omnes*. Segundo ele,[180] no antigo Direito germânico permanecia entre povos o "juízo universal", em que a decisão acerca de um conflito de interesses atingia não só as partes, mas todos aqueles que tivessem notícia da referida decisão. Surgiu então a oposição, como forma de remediar a injustiça que se proclamava entre terceiros. Por meio do referido instituto, os terceiros, atingidos por uma decisão, poderiam ingressar na relação.[181]

Portanto, ao terceiro que quiser opor pretensão própria em uma relação jurídica em que duas partes contendem, é resguardado o direito de ingressar com ação autônoma. A referida ação poderá ser proposta sozinha ou juntamente com outra, que é o caso da oposição. Não há que se negar, desse modo, a faculdade de terceiro pleitear em juízo direito que alega ter, mesmo que a relação jurídica entre as partes já tenha transitado em julgado.

Ressalte-se que o instituto da oposição serve tanto ao terceiro juridicamente interessado quanto ao terceiro juridicamente indiferente, visto que, de acordo com a classificação de Ovídio Baptista da Silva,[182] estão compreendidos na categoria de terceiros juridicamente indiferentes os interessados de fato, os quais não podem ser tolhidos de exercer suas pretensões em juízo.

Nada impede, por exemplo, que um credor, percebendo que seu devedor é demandado em juízo por outro credor, queira reclamar algum direito que lhe pertence. Não seria justo que esse credor fosse atingido pela eficácia da sentença transitada em julgado porque considerado terceiro interessado de fato. Desse modo,

---

(180) CÂMARA. *Op. cit.*, p. 470.
(181) Athos Gusmão Carneiro: "Sabemos que a sentença a ser proferida na ação entre A e B somente fará coisa julgada entre as partes (CPC, art. 472); portanto, não prejudicará os eventuais direitos de terceiro. Este pode, em princípio, aguardar a prolação da sentença, e resguardar-se para agir mais tarde, em defesa de seus interesses. Todavia, de fato, [...] pode convir ao terceiro uma imediata afirmativa de suas pretensões sobre a coisa ou direito controvertidos entre autor e réu; e também pode ser-lhe conveniente, *de jure,* agir sem mais delongas, para interromper, por exemplo, o prazo de prescrição de seu alegado direito (CPC, art. 219, *caput*)". *Do rito sumário na reforma do CPC.* São Paulo: Saraiva, 1996. p. 56.
(182) SILVA, Ovídio Baptista. *Op. cit.*, p. 87.

constata-se que a indiscutibilidade da sentença que transitou em julgado, nas ações individuais, opera-se *inter partes*, e não *erga omnes*.

E assim são considerados terceiros todos aqueles que não figurarem como parte no processo. Sobre a matéria, vale lembrar que, na substituição processual, o substituído, embora formalmente considerado terceiro, figura de fato como *parte* no processo.

A substituição processual, já analisada anteriormente, é chamada de legitimação extraordinária e tem previsão legal no art. 6º do Código de Processo Civil. A última parte do dispositivo, "salvo quando autorizado por lei", refere-se aos casos de legitimação extraordinária, em que alguém substitui a parte no processo, passando a ocupar seu lugar.

Para José Frederico Marques,[183] a substituição processual se dá quando alguém está legitimado a agir em juízo, em nome próprio, como autor ou réu, para a defesa do direito de outrem.

Ao abordar o tema ora em análise, sustenta Ada Pellegrini Grinover[184] que a sucessão do terceiro à parte, na relação jurídica já deduzida em juízo, e a substituição processual não representam extensão da coisa julgada *ultra partes*, porquanto nem o sucessor nem o substituído são propriamente terceiros. O primeiro porque, sucedendo à parte, torna-se titular da relação jurídica; o segundo porque, por definição, a atividade processual desenvolvida pelo substituto processual tem necessariamente influência e eficácia sobre o substituído.

Portanto, em casos de legitimação extraordinária, o substituto, que figurou na relação como parte, defendendo em nome próprio direito alheio, é atingido pela coisa julgada, assim como o substituído.

Athos Gusmão Carneiro,[185] posicionando-se sobre o tema, afirma que a sentença, proferida na demanda, faz coisa julgada também perante o substituído, pois, como elucida Chiovenda,[186] seria absurdo que a lei conferisse a alguém autorização para defender em juízo direitos alheios e, ao mesmo tempo, não conferisse a tal atividade plena eficácia relativamente aos direitos assim deduzidos.

5.1.3. LIMITES SUBJETIVOS DA COISA JULGADA NAS AÇÕES COLETIVAS

A coisa julgada adquire contornos bem diferenciados quando se está diante de ações coletivas, pois essas demandas, conforme já analisado, possuem caracte-

---

(183) MARQUES, José Frederico. *Manual de direito processual civil*. São Paulo: Saraiva, 1990. p. 231.
(184) GRINOVER, Ada Pellegrini. *Novas tendências do direito processual*. Rio de Janeiro: Forense Universitária, 1990. p. 95.
(185) CARNEIRO, Athos Gusmão. *Do rito sumário na reforma do CPC*. São Paulo: Saraiva, 1996. p. 56.
(186) CHIOVENDA, Giuseppe. *Instituições de direito processual civil*. Trad. J. Guimarães Menegale. São Paulo: Saraiva, 1969. p. 136.

rísticas peculiares que as afastam do modelo tradicional implementado pela lei processual civil pátria. Há autores, inclusive, defendendo o surgimento, no ordenamento pátrio, de uma teoria geral do processo coletivo.[187]

Assim, o sistema da coisa julgada no âmbito da tutela molecular é de extrema relevância para sua efetivação, o que justifica sua análise na presente pesquisa.

Neste contexto, percebe-se que um dos pontos mais debatidos na doutrina moderna refere-se ao confronto entre os limites subjetivos da coisa julgada e os direitos metaindividuais, pois, para que as demandas coletivas efetivamente atinjam os objetivos a que se propõem, isto é, defender direitos que escapam à esfera individual — molecularmente e não de modo atomizado —, é mister que os limites subjetivos da coisa julgada também recebam tratamento diferenciado.

Desse modo, impõe-se verificar qual a extensão dos limites subjetivos da coisa julgada nas ações coletivas *lato sensu*, bem como o modo como se operam as eficácias da sentença que transitam em julgado nessas demandas.

5.1.3.1. A COISA JULGADA E OS INTERESSES DIFUSOS, COLETIVOS E INDIVIDUAIS HOMOGÊNEOS

O Código de Defesa do Consumidor, além de indicar as características dos interesses difusos, coletivos e individuais homogêneos, também regulou o regime da coisa julgada nas demandas de consumo, disciplinando assim a forma como a autoridade da coisa julgada se processaria em relação aos direitos transindividuais.

Assim, segundo o art. 103 do CDC, na hipótese de interesses difusos, pela própria natureza desses interesses, a sentença fará coisa julgada *erga omnes*, o que também ocorrerá quanto aos interesses individuais homogêneos, mas em relação a estes, apenas em caso de procedência do pedido, a fim de beneficiar todas as vítimas e seus sucessores. Por fim, quando a ação coletiva versar sobre direito coletivo, a autoridade da coisa julgada processar-se-á *ultra partes*, mas limitadamente ao grupo, categoria ou classe.

Ressalte-se que o art. 103 do CDC, não obstante tenha sido taxativo quanto às eficácias da coisa julgada nas ações coletivas, gerou dúvidas em várias questões, as quais vêm sendo debatidas pela doutrina contemporânea.

Primeiramente, destaca-se que os incisos I e II do art. 103 tratam de forma diferente do modo de produção da coisa julgada nas causas que envolvam direitos difusos e coletivos, pois a coisa julgada nestes casos opera *secundum eventum probationis*. Isso significa que em caso de improcedência do pedido por falta de provas não será identificada à intangibilidade do julgado, e assim, será possível aos legitimados intentarem nova ação, bastando para isso que surjam novas provas sobre o direito pleiteado na demanda.

---

(187) LENZA, Pedro. *Teoria geral da ação civil pública*. São Paulo: Revista dos Tribunais, 2005. p. 36.

A grande problemática que surge nessa situação é delimitar o que efetivamente consiste em nova prova.[188]

Só se pode considerar prova nova aquela que não foi produzida na demanda anterior por manifesta impossibilidade. Nos demais casos, haverá coisa julgada, não podendo as partes negar a sua existência no sentido de intentar nova demanda após o trânsito em julgado na primeira ação.

A segunda questão que se impõe diz respeito aos vocábulos *erga omnes* e *ultrapartes*, pois há autores que os consideram sinônimos, enquanto outros afirmam a sua distinção.

Antonio Gidi[189] entende que as expressões são sinônimas. Segundo o autor, os dispositivos legais constantes nos três incisos do art. 103 poderiam ter sido redigidos de duas formas dogmaticamente indiferentes, no que diz respeito às expressões latinas empregadas, as quais acarretam a mesma e única interpretação. Por outro lado, sustenta como certo que *erga omnes* ("contra todos"), abstrata e isoladamente considerado, tem feição aparentemente mais ampla e peremptória que *ultra partes* ("além das partes"), havendo nítida impressão de que a primeira atinge a todos, e a segunda, a alguns.

Assim, para o jurista, o mais técnico seria a utilização indiscriminada, nos três incisos do art. 103, da expressão *ultra partes*.

Arruda Alvim,[190] ao diferenciar os significados das expressões *erga omnes* e *ultra partes*, indica de forma contrária ao posicionamento citado acima. Segundo o autor, o sentido de *ultra partes* é aquele em que a coisa julgada atinge o grupo, categoria ou classe e todos os seus membros nessa qualidade, não abrangendo, porém, toda a coletividade, o que faz a extensão *erga omnes* mais ampla.

Em que pese a autoridade dos autores citados acima, quem melhor sintetiza a questão é Renato Rocha Braga,[191] ao mencionar:

> [...] A par da discussão, conclui-se sobre a inadequação de uma coisa julgada *erga omnes* ou *ultra partes*. Conforme visto, por ser a legitimação do autor coletivo extraordinária, a extensão da autoridade da *res iudicata* se dá do mesmo modo previsto pelo CPC, isto é, tanto o substituto quanto

---

(188) BRAGA, Renato Rocha. *A coisa julgada nas demandas coletivas*. Rio de Janeiro: Lumen Juris, 2000. p. 135. [...] "a prova nova referida nos incisos I e II do art. 103, como de óbvio, não se confunde com 'documento novo' mencionado no inciso VII do art. 485 (aqui possui uma acepção muito mais reduzida), já que podem se referir a outros elementos que não sejam necessariamente 'documento', como novas testemunhas ou perícia. 'Prova nova' é todo elemento probatório que não pôde ser produzido na instrução anterior, seja por impossibilidade física ou por falta de conhecimento pela parte de sua existência".
(189) GIDI, Antonio. *Coisa julgada e litispendência em ações coletivas*. São Paulo: Saraiva, 1995. p. 97.
(190) ALVIM, Arruda. *Manual de direito processual civil*. São Paulo: Revista dos Tribunais, 1991. p. 185.
(191) BRAGA, Renato Rocha. *Op. cit.*, p. 135.

o substituído, apesar deste nunca ter ingressado na relação processual, ficarão submissos ao *decisum*, de forma imutável e indiscutível. [...]

Assim, apenas os indivíduos que tiveram sua esfera jurídica atingida pelo evento danoso, representados pelo autor coletivo, serão atingidos pela coisa julgada.

Desse modo, independentemente de se estar diante de uma ação coletiva que defenda interesses difusos, coletivos ou individuais homogêneos, é importante saber que todos aqueles atingidos pelo evento danoso estarão sob a autoridade da coisa julgada.

Por esta razão, adota-se, neste trabalho, a expressão utilizada por Renato Rocha Braga,[192] que diz ser a coisa julgada *extra partes*, expressão que engloba ambos os conceitos *erga omnes* e *ultra partes*, na medida em que significa a extensão de sua autoridade a pessoas que não fizeram parte da relação processual.

Travado o debate em torno do significado das expressões latinas trazidas pelo art. 103 do Código de Defesa do Consumidor, passa-se à análise do § 1º do referido dispositivo, o qual prevê a possibilidade de serem intentadas ações individuais na defesa do mesmo interesse difuso ou coletivo, postulado na ação coletiva.

Conforme o referido § 1º, a autoridade da coisa julgada que se opera *extra partes* nas ações coletivas em nada obsta a possibilidade de um cidadão, insatisfeito com o resultado da demanda, intentar nova ação, individualmente. Mas observa-se que isso só ocorrerá em caso de improcedência do pedido ou mesmo de parcial procedência, porquanto, se o pleito for integralmente acolhido, a eficácia do *decisum* se estenderá a todos os substituídos, não havendo, como é óbvio, necessidade de intentar nova demanda.

Assim, em uma ação para defesa de interesses difusos ou coletivos, podem surgir três casos distintos em relação à coisa julgada. Em primeiro lugar, se a demanda for acolhida integralmente, a sentença prevalecerá a todos os substituídos. Em segundo lugar, se o pedido for rejeitado no mérito, não poderá ser intentada nova ação coletiva, mas são admitidas ações individuais. E, finalmente, em terceiro lugar, se a sentença for julgada improcedente por falta de provas, não haverá coisa julgada, podendo nova ação ser ajuizada a qualquer tempo, desde que surjam novas provas.

Ainda em relação ao § 1º do art. 103, destaca-se que a referida regra somente se estende aos direitos difusos e coletivos, já que os direitos individuais homogêneos possuem dispositivo específico — § 2º do art. 103 —, o qual disciplina de modo distinto a matéria.

Segundo o referido parágrafo, só poderão propor ação de indenização a título individual aqueles que não intervieram no processo como litisconsortes e apenas em caso de improcedência do pedido.

---

(192) *Ibidem*, p. 136.

Para uma adequada interpretação deste dispositivo é necessário combiná-lo ao inciso III do mesmo artigo, que trata da coisa julgada *secundum eventum litis*. Conforme a regra inserta neste inciso, nas ações destinadas à defesa de interesses individuais homogêneos somente haverá coisa julgada em caso de procedência do pedido.

Deste modo, se o § 2º sustenta que em caso de improcedência apenas quem não atuou como litisconsorte poderá propor ação individual, como ficam aqueles que encabeçaram o polo ativo da demanda coletiva e tiveram seu pleito rejeitado? Antonio Gidi[193] aponta a solução para o caso:

> [...] O inciso III do CDC prevê que a sentença fará coisa julgada somente no caso de procedência do pedido. Surge, então, a perplexidade de se saber o que aconteceria no caso de improcedência. Não haveria formação de coisa julgada material nesse caso? A coisa julgada seria apenas *inter partes*? Resolve-se o problema com uma interpretação conjugada com o § 2º do mesmo artigo. Se esse dispositivo ressalva 'aos interessados que não tiverem intervindo no processo como litisconsortes", a possibilidade de propor a sua ação individual é porque, *contrario sensu*, aqueles interessados que intervieram, aceitando a convocação do edital a que se refere o art. 94, são atingidos pela coisa julgada *inter partes*. [...]

Portanto, quem ingressou na ação coletiva como litisconsorte, em caso de improcedência do pedido, é atingido pela autoridade da coisa julgada *inter partes*.

Assim, a extensão subjetiva para os interessados que se habilitaram como litisconsortes é clara, porque eles serão tratados como partes, e não como terceiros subordinados. Esta diferença ocorre porque nas demandas em defesa de interesses difusos e coletivos não é permitido ao substituído o ingresso na relação processual, já que a regra contida no art. 94 do CDC, que permite este ingresso, somente se aplica aos direitos individuais homogêneos. Esta é a outra diferença de muita importância entre o regime dos direitos individuais homogêneos e os difusos/coletivos, na medida em que, nestes, não é permitido o ingresso do lesado na relação processual.

Logo, é o art. 94 do CDC que permite o tratamento diferenciado às ações em defesa de direitos individuais homogêneos, na medida em que determina que os interessados intervenham como litisconsortes ativos nessas ações, tornando-se partes.

Na perspectiva de Nelson Nery Júnior e Rosa Maria de Andrade Nery,[194] litisconsórcio é a possibilidade que existe de mais de um litigante figurar no(s) polo(s) da relação processual. O litisconsórcio classifica-se em inicial ou ulterior, quanto ao momento de sua formação; necessário ou facultativo; quanto à obrigatoriedade

---
(193) GIDI. *Op. cit.*, p. 97.
(194) NERY JUNIOR, Nelson; NERY, Rosa Maria de Andrade. *Op. cit.*, 1996. p. 468.

de sua formação; ativo, passivo ou misto quanto ao polo ativo da relação processual; e unitário ou simples quanto ao destino dos litisconsortes no plano do direito material.

No caso do art. 94 do CDC, trata-se de litisconsórcio facultativo unitário, regido pelo art. 46 do Código Processual Civil.

Segundo José Frederico Marques,[195] litisconsórcio unitário é aquele em que sobre a relação jurídica tenha de ser dada uma decisão uniforme para todos os litisconsortes.

Assim, todos aqueles que se habilitarem na ação coletiva para defesa de direito individual homogêneo atuarão como litisconsortes, ou seja, partes, da relação. Logo, não haverá, na espécie, legitimação extraordinária para causa, explicando-se, assim, por que a sentença, nesse caso, faz coisa julgada *inter partes*, e não *erga omnes*.

5.1.3.2. QUESTÕES PROCESSUAIS PERTINENTES

Os limites subjetivos da coisa julgada merecem estudo especial em relação às demandas coletivas, não apenas em relação à sua extensão subjetiva, mas também por trazerem algumas peculiaridades processuais em relação ao seu modo de produção, tais como a coisa julgada *secundum eventum litis*, a projeção *in utilibus* e, ainda, a litispendência, pois todos estes aspectos são de extrema relevância para a efetivação da tutela molecular.

5.1.3.2.1. COISA JULGADA SECUNDUM EVENTUM LITIS

No item anterior, se analisou a autoridade da coisa julgada em face das ações destinadas à defesa de interesses metaindividuais. Nota-se que, em conformidade com os incisos I e II do art. 103 do CDC, a sentença faz coisa julgada *erga omnes* ou *ultra partes*, exceto se o pedido for julgado improcedente por falta de provas.

Essa determinação demonstra importante característica da coisa julgada em demandas coletivas, que é o fato de seus limites subjetivos estenderem-se aos demais substituídos *secundum eventum probationis*.

Isso significa que as consequências da coisa julgada em ações destinadas à defesa de interesses metaindividuais, somente atingirão os demais interessados dependendo do resultado do processo (se procedente ou improcedente) e de sua fundamentação (se improcedente por falta de provas, por exemplo).

Renato Rocha Braga[196] defende que, nas demandas coletivas, a extensão subjetiva da coisa julgada material somente se dá *secundum eventum probationis*

---

(195) MARQUES, José Frederico. *Manual de direito processual civil*. São Paulo: Saraiva, 1990. p. 148.
(196) BRAGA. *Op. cit.*, p. 142.

ou *secundum eventum litis* e não *pro et contra*. Conforme o resultado da sentença, mesmo que o mérito seja analisado, os limites subjetivos variarão de acordo com o deslinde do feito (improcedência) e sua fundamentação (insuficiência probatória).

Apesar disso, não deve ser confundida a extensão dos limites subjetivos da coisa julgada com a sua formação, pois essa não se dá de acordo com o evento da lide. Na verdade, como afirma Antonio Gidi, a coisa julgada sempre se formará, independentemente de o resultado da demanda ser pela procedência ou improcedência.[197]

O que há de novo, portanto, é a possibilidade de modificação do rol das pessoas atingidas pelo fenômeno da coisa julgada, sempre que se estiver diante de uma ação coletiva.[198]

Não obstante a precisa explanação do autor, a coisa julgada *secundum eventum probationis* ou *secundum eventum litis* não foram acolhidas pela unanimidade dos juristas, já que alguns deles sustentam sua inconstitucionalidade, argumentando que sua aplicação viola o princípio da isonomia, na medida em que favorece nitidamente o autor coletivo.

Dentre os que defendem a contrariedade à Carta Magna do princípio ora em debate está José Rogério Cruz e Tucci.[199]

> [...] há inconstitucionalidade no tratamento porque, citando a doutrina de José Botelho de Mesquita, haverá afronta ao princípio da isonomia. Que nos Estados Unidos os interessados manifestam-se para não serem atingidos pela coisa julgada (chamado *right to opt out*) num prazo razoável, após serem notificados o que não ocorre no Brasil. [...]

---

(197) GIDI. *Op. cit.*, p. 98.

(198) Nesse sentido, exemplifica Renato Rocha Braga, demonstrando a diferença existente entre os limites subjetivos da coisa julgada nas demandas coletivas e no sistema tradicional de cunho individualista trazido pelo Código de Processo Civil: [...] a coisa julgada material de caráter coletivo continua a se formar *pro et contra*, contudo sua extensão aos substituídos somente se dá *secundum eventum litis*. Isso difere radicalmente do sistema tradicional — art. 472 — em virtude de tanto a formação da coisa julgada, quanto sua extensão subjetiva ocorrerem independentemente do resultado do processo. Por exemplo: o Ministério Público ajuíza uma demanda em face de uma fábrica que pôs no mercado um produto de alta nocividade à saúde — caso seu pedido seja julgado procedente, a coisa julgada material se formará, além de haver sua extensão a todos os substituídos (os consumidores lesados); caso seu pedido seja julgado improcedente por insuficiência de provas, ainda assim a coisa julgada material se formará, contudo a extensão do dispositivo não se estenderá aos substituídos e demais cossubstitutos processuais, operando-se apenas entre o autor coletivo (nesta hipótese, o *Parquet*) e o demandado. Com isso, os substituídos não serão prejudicados pelo resultado desfavorável, além de os demais colegitimados poderem ajuizar demanda, com idênticos fundamento e pedido, valendo-se de prova nova. Conclusão: sendo a decisão favorável ou desfavorável, por insuficiência probatória ou outro motivo, sempre haverá formação da coisa julgada material entre o autor coletivo e o réu. *Op. cit.*, p. 142.

(199) TUCCI, José Rogério Cruz e. *Class action e mandado de segurança coletivo*. São Paulo: Saraiva, 1990. p. 87.

Contudo, em que pesem os consistentes argumentos defendendo a inconstitucionalidade da coisa julgada *secundum eventum probationis* e *secundum eventum litis*, parecem mais coerentes com o escopo das ações que versam sobre direitos coletivos *lato sensu* as posições em sentido contrário.

Na perspectiva de Renato Rocha Braga[200] sobre o tema, não se pode argumentar que o sistema mencionado viole a isonomia, visto que não há direitos absolutos; antes devem ser confrontados, interpretando-se as normas constitucionais, a fim de que não surjam antinomias.

Outrossim, deve ser lembrado que o princípio da vulnerabilidade do consumidor no mercado de consumo, inserido no Código de Defesa do Consumidor, não existe por mero acaso.

Obviamente, consumidor e fornecedor não se encontram em igualdade de condições, daí por que se deve sempre almejar o equilíbrio nas relações, o que se faz tratando desigualmente aos desiguais.[201]

Assim, não se pode olvidar que a proteção ao consumidor existe porquanto este é a parte mais fraca em uma relação de consumo. Ademais, atrela-se aos argumentos favoráveis à constitucionalidade da coisa julgada *secundum eventum probationis* e *secundum eventum litis* o princípio da economia processual, pois a possibilidade de beneficiar a todos os interessados é um dos maiores objetivos das demandas coletivas.

Seguem a mesma orientação os Códigos Modelos de Processos Coletivos, os anteprojetos de Código de Processos Coletivos do IBDP e UERJ/UNESA[202] e o PL n.

---

(200) BRAGA. *Op. cit.*, p. 142.

(201) A respeito da vulnerabilidade do consumidor, trazemos a esse trabalho as brilhantes colocações de Ada Pellegrini Grinover: "O consumidor é o elo mais fraco da economia; e nenhuma corrente pode ser mais forte do que seu elo mais fraco'. O autor dessa frase, ao contrário do que possa parecer, não é qualquer consumerista exacerbado. Ao contrário, é o 'pai da produção em série', ninguém menos que o célebre magnata da indústria automobilística Henry Ford [...]. Como já afirmava o célebre Ruy Barbosa, a democracia não é exatamente o regime político que se caracteriza pela plena igualdade de todos perante a lei, mas sim pelo tratamento desigual aos desiguais. No âmbito de tutela especial do consumidor, efetivamente, é ela sem dúvida a parte mais fraca, vulnerável, se se tiver em conta que os detentores dos meios de produção é que detêm todo o controle do mercado, ou seja, sobre o que produzir, como produzir e para quem produzir, sem falar-se na fixação das margens de *Código Brasileiro de Defesa do Consumidor* — comentado pelos autores do anteprojeto. Rio de Janeiro: Forense Universitária, 1998. p. 459.

(202) Art. 22. Coisa julgada — Nas ações coletivas a sentença fará coisa julgada *erga omnes*, salvo quando o pedido for julgado improcedente por insuficiência de provas.
§ 1º Os efeitos da coisa julgada para a defesa de interesses difusos e coletivos em sentido estrito ficam adstritos ao plano coletivo, não prejudicando interesses e direitos individuais homogêneos reflexos.
§ 2º Os efeitos da coisa julgada em relação aos interesses ou direitos difusos e coletivos não prejudicarão as ações de indenização por danos pessoalmente sofridos, propostas coletiva ou individualmente, mas, se procedente o pedido, beneficiarão as vítimas e seus sucessores, que poderão proceder à liquidação e à execução, nos termos do art. 37 e seguintes.

5.139/2009, com o modo de produção da coisa julgada mais benéfico para a defesa dos interesses metaindividuais.[203]

Neste sentido, Antonio Gidi[204] sustenta que não poderia haver qualquer dúvida quanto à harmonia entre o regime jurídico da coisa julgada nas ações coletivas e o ordenamento jurídico constitucional, porque a proteção do consumidor está incluída expressamente entre os princípios gerais da atividade econômica (CF, art. 17, inciso V), ao lado da soberania e da propriedade privada, e entre os direitos e garantias fundamentais do homem, bem como a própria elaboração de um Código de Defesa do Consumidor que é proveniente de um comando constitucional. Vale salientar que, por força do art. 21 da Lei n. 7.347, de 1985, cria-se uma reciprocidade entre ela e a Lei n. 8.078, de 1990, estendendo-se as regras dos dispositivos citados a outros interesses que não apenas os dos consumidores.

Neste contexto é importante mencionar que em relação ao mandado de segurança coletivo, a Lei n. 12.016/2009 regulou os limites subjetivos da coisa julgada praticamente da mesma forma que o CDC,[205] limitando sua incidência ao grupo que foi substituído em juízo pelo legitimado.

Este dispositivo está de acordo com os incisos do parágrafo único do art. 21 da referida lei, pois por questões de política legislativa, apenas se permitiu o uso desta via para a proteção de direitos coletivos em sentido estrito e individuais homogêneos, e assim a coisa julgada, uma vez formada, restringe-se aos membros do grupo ou categoria substituídos pelo impetrante. Isto porque, esses interesses pertencem a pessoas determinadas ou determináveis.

O legislador não fez previsão da proteção de interesses difusos, o que representa um retrocesso no regime de tutela dos direitos coletivos, já que antes da regulamentação a doutrina e a jurisprudência admitiam o uso do mandado de segurança coletivo para tutelar interesses difusos.[206]

---

§ 3º Na hipótese dos interesses ou direitos individuais homogêneos, apenas não estarão vinculados ao pronunciamento coletivo os titulares de interesses ou direitos que tiverem exercido tempestiva e regularmente o direito de ação ou exclusão.

(203) Art. 32. A sentença no processo coletivo fará coisa julgada *erga omnes*, independentemente da competência territorial do órgão prolator ou do domicílio dos interessados.
Art. 33. Se o pedido for julgado improcedente por insuficiência de provas, qualquer legitimado poderá ajuizar outra ação coletiva, com idêntico fundamento, valendo-se de nova prova.
Art. 34. Os efeitos da coisa julgada coletiva na tutela de direitos individuais homogêneos não prejudicarão os direitos individuais dos integrantes do grupo, categoria ou classe, que poderão propor ações individuais em sua tutela.
§ 1º Não serão admitidas novas demandas individuais relacionadas com interesses ou direitos individuais homogêneos, quando em ação coletiva houver julgamento de improcedência em matéria exclusivamente de direito, sendo extintos os processos individuais anteriormente ajuizados.
(204) GIDI. *Op. cit.*, p. 98.
(205) Art. 22. No mandado de segurança coletivo, a sentença fará coisa julgada limitadamente aos membros do grupo ou categoria substituídos pelo impetrante.
(206) BUENO, Cássio Scarpinella. *Op. cit.*, p. 132.

Apesar da omissão legislativa, deve se fazer uma leitura mais ampla para o mandado de segurança coletivo para garantir a máxima efetividade da Constituição, uma vez que ao prever este instrumento, o art. 5º, inciso LXX, não fez qualquer restrição aos bens jurídicos que poderiam ser tutelados pelo *mandamus*, não cabendo ao legislador infraconstitucional fazer esta limitação.[207]

Por esta razão, deve se entender que o mandado de segurança coletivo deve ser utilizado para tutelar interesses difusos, a despeito do silêncio da nova lei. E assim, admitida a impetração para estes fins, conclui-se que a coisa julgada atingirá todos que estavam sujeitos ao ato questionado.[208]

5.1.3.2.2. COISA JULGADA IN UTILIBUS

Os princípios da coisa julgada *secundum eventum litis* e *in utilibus* estão diretamente vinculados na medida em que os limites subjetivos da coisa julgada só irão estender-se aos substituídos (*secundum eventum litis*) se vierem em seu benefício (*in utilibus*).

Esta regra encontra-se expressa nos §§ 3º e 4º do art. 103 do Código de Defesa do Consumidor.

Afirma Ada Pellegrini Grinover[209] que esse artigo inova profundamente em relação aos princípios processuais sobre a coisa julgada, porquanto, inspirado no princípio da economia processual e nos critérios da coisa julgada *secundum eventum litis*, bem como na ampliação *ope legis* do objeto do processo, expressamente autoriza o transporte, *in utilibus*, da coisa julgada resultante de sentença proferida na ação civil pública para as ações individuais de indenização por danos pessoalmente sofridos.

Isso significa que, sendo procedente o pedido na ação civil pública, o Código de Defesa do Consumidor, por economia processual, autoriza a extensão dos limites da coisa julgada a todas as vítimas e seus sucessores, sem que haja a necessidade de nova sentença.

Frisa-se, ainda, que além de estender a eficácia da coisa julgada às vítimas, ocorre também uma ampliação do pedido, pois o § 3º refere-se a ações de indenização por danos pessoalmente sofridos, o que indica que, em caso de acolhimento da ação civil pública, o pedido de indenização exarado pelas vítimas em outras demandas passa a integrar a ação coletiva.

Ada Pellegrini Grinover[210] esclarece a questão com um exemplo: no caso de ação civil pública que tenha por objeto a retirada do mercado de um produto nocivo

---
(207) *Ibidem*, p. 131.
(208) Esta questão foi apontada no Capítulo 3 da presente obra, e assim remetemos o leitor para avaliação mais precisa.
(209) GRINOVER. *Op. cit.*, p. 358.
(210) GRINOVER. *Op. cit.*, p. 360.

à saúde pública, e este for julgado procedente, reconhecendo a sentença os danos, reais ou potenciais, pelo fato do produto, poderão as vítimas, sem necessidade de novo processo de conhecimento, alcançar a reparação dos prejuízos pessoalmente sofridos, mediante liquidação e execução da sentença coletiva, nos termos do art. 97 do Código.

Analisado o aproveitamento da ação civil pública às ações de indenização por danos pessoalmente sofridos, em caso de procedência do pedido, deve-se também verificar o que ocorre quando o pleito é rejeitado.

Sendo julgado improcedente o pedido na ação civil pública, os substituídos não são atingidos pela coisa julgada, podendo ajuizar suas próprias ações indenizatórias.

Em relação ao § 4º do art. 103 do Código de Defesa do Consumidor, este dispositivo repete a norma do § 3º, aplicando à sentença penal condenatória a mesma regra válida para a ação civil pública.

Logo, a coisa julgada penal é passível de ser transportada às ações individuais reparatórias em caso de procedência do pedido, bem como ficam imunes os substituídos se não for acolhida a demanda.

Ressalte-se que o Código de Defesa do Consumidor, nesta seara, não foi muito inovador, pois regramento similar já existe no Código de Processo Penal, permitindo que, após o trânsito em julgado da sentença penal condenatória, o ofendido, seu representante legal ou herdeiros, possam promover a execução da referida decisão no juízo cível.

Todavia, ainda assim, há uma grande diferença entre o sistema tradicional de cunho individualista e o sistema coletivo trazido pelo CDC. Segundo Antonio Gidi,[211] no direito individual comum, regido pelo CPC e CPP, o legitimado ativo para a propositura da execução é, tão somente, o "ofendido". No caso do CDC, entretanto, o espectro subjetivo fica aumentado, tendo em vista que, ainda quando a ação penal tenha sido promovida por crime cometido contra um só consumidor, todas as vítimas da conduta ilícita do fornecedor passam a ser titulares ativos da pretensão executiva.

Outra observação importante é que a coisa julgada *in utilibus* também está presente no inciso III do art. 103 do Código de Defesa do Consumidor, idicando que os limites subjetivos da coisa julgada somente atingirão todos os interessados em caso de procedência do pedido.

5.1.3.2.3. LITISPENDÊNCIA: VERIFICAÇÃO NECESSÁRIA

A litispendência está conceituada no § 3º do art. 301 do Código de Processo Civil, verificando-se a sua ocorrência na hipótese de duas ou mais ações com processo em curso, apresentando identidade de partes, pedido e causa de pedir.

---

(211) GIDI. *Op. cit.*, p. 100.

Sempre que estiver caracterizada a litispendência, a segunda ação deve ser extinta, sem julgamento de mérito, por tratar-se, assim como a coisa julgada, de exceção processual peremptória que não admite saneamento.

Contudo, só a citação válida induz litispendência, de modo que para caracterização deste instituto no segundo processo, em que haveria a repetição de ação que está em curso, é preciso que no anterior tenha sido feita a citação, pois do contrário ela não terá ocorrido.

Assim, para haver litispendência, são necessários dois elementos: a identidade de ações (iguais partes, pedido e causa de pedir) e a citação válida nas duas demandas, pois é justamente o primeiro elemento para a verificação do instituto em exame que pode suscitar alguma dúvida em relação às demandas coletivas.

Como visto anteriormente, os §§ 1º e 2º do art. 103 do Código de Defesa do Consumidor permitem que os integrantes da coletividade, do grupo, categoria ou classe ingressem com ações individuais, a despeito de estar em trâmite uma ação coletiva.

Deste modo, constata-se que o réu, na ação coletiva, o qual também figura como requerido na demanda individual, poderia alegar, preliminarmente em sua contestação, a ocorrência de duas ações idênticas, requerendo a extinção sem julgamento do mérito de uma delas.

Todavia, essa possibilidade tornaria despiciendas quase todas as peculiaridades da coisa julgada no processo coletivo, principalmente os princípios da coisa julgada *in utilibus* e *secundum eventum litis*.

No intuito de evitar essa ocorrência, os autores do Código de Defesa do Consumidor inseriram uma regra, esclarecendo que as ações coletivas não induzem litispendência para as ações individuais, conforme o disposto no art. 104.

Antes de analisar o referido artigo, deve ser esclarecido que houve um equívoco do legislador ao afirmar que não induzem litispendência para as ações individuais as demandas coletivas previstas nos incisos I e II do parágrafo único do art. 81. Na verdade, não há razões para que os processos que versem sobre direitos individuais homogêneos também não estejam abarcados pela norma do art. 104.

Assim, quando se lê "previstas nos incisos I e II do parágrafo único do art. 81", leia-se "previstas nos incisos I, II e III do parágrafo único do art. 81".

Por outro lado, também se deve entender por equivocada a segunda remissão prevista no art. 104, porquanto o dispositivo, quando menciona os efeitos da coisa julgada, refere-se tão somente aos incisos I e II do art. 103 do CDC. Na verdade, o inciso III deveria também estar aí incluído.

Neste sentido, destaca-se a opinião de Ada Pellegrini Grinover,[212] quando afirma que a referência do dispositivo aos "efeitos da coisa julgada *erga omnes* ou

---

(212) GRINOVER. *Op. cit.,* p. 358.

ultra partes a que aludem os incisos II e III do artigo anterior" deve ser corrigida como sendo à coisa julgada "a que aludem os incisos I, II e III do artigo anterior".

Esclarecidos os equívocos do legislador na redação do art. 104, passa-se à análise do conteúdo desse dispositivo e verifica-se que não ocorre litispendência entre uma ação coletiva e uma individual porque, como esclarece Ada Pellegrini Grinover,[213] o pedido das ações é inquestionavelmente diverso. Segundo a autora, enquanto as ações coletivas visam à reparação do bem indivisivelmente considerado ou à obrigação de fazer ou não fazer, as ações individuais tendem ao ressarcimento pessoal.

Ademais, não haverá identidade de partes, pois em uma demanda individual será parte apenas quem teve seu direito violado na esfera jurídica individual, ao contrário da ação coletiva, em que todos os lesados figuram no polo ativo, não obstante substituídos no processo pelos entes legitimados para a propositura da ação.[214]

Porém, se comprovada a exclusão da possibilidade de litispendência entre demandas coletivas e individuais, o mesmo não se pode afirmar entre duas ações coletivas, já que é possível haver duas ações coletivas com as mesmas partes, pedido e causa de pedir.

Contudo, para que isso ocorra, é necessário que se trate da mesma espécie de interesses, ou seja, deve haver duas ações defendendo os mesmos direitos individuais homogêneos, difusos ou coletivos *stricto sensu*, caso contrário, não haverá litispendência, embora se possa constatar a necessidade de conexão dos processos, como adverte Antonio Gidi.[215]

Por fim, o art. 104 refere-se à suspensão do processo individual em até 30 dias após a constatação do ajuizamento da ação coletiva, a fim de que as eficácias (o art. 104 refere-se a "efeitos") da coisa julgada beneficiem os autores das demandas individuais.

Logo, se o autor individual tomar ciência do ajuizamento de uma ação coletiva, pela regra insculpida no artigo em análise, terá aquele duas opções: prosseguir em sua demanda, abdicando da extensão subjetiva da sentença que vier a ser proferida no processo coletivo, ou requerer a suspensão de sua ação individual.

Neste último caso, o demandante individual, se não for favorecido com o resultado da sentença coletiva (improcedente), poderá retomar seu processo individual, em nome dos princípios da coisa julgada *in utilibus* e *secundum eventum litis*.

Mas é necessário frisar que, no caso no § 2º do art. 103, se o autor individual habilitar-se como litisconsorte, a coisa julgada formar-se-á para ele e, assim, não será permitido prosseguir com sua demanda individual.

---

(213) *Ibidem*, p. 360.
(214) *Ibidem*, p. 361.
(215) GIDI. *Op. cit.*, p. 100.

Deve ser mencionado que o anteprojeto de Código de Processos Coletivos do IBDP procura também traçar esta projeção *in utilibus* sem qualquer restrição.[216]

Orientação diversa é a disposta no anteprojeto de Código de Processos Coletivos idealizado pelo grupo de pesquisa interinstitucional da UERJ/UNESA, que apresenta de forma bem coerente à projeção *in utilibus* relacionada ao sistema de vinculação por exclusão, conforme preceitua o § 3º do art. 22.[217]

No PL n. 5.139/2009 que visa disciplinar a ação civil pública prevê a projeção *in utilibus* como regra, porém ressalva a incidência à improcedência do pedido no caso de tese jurídica, seguindo a tendência do modelo processual atual.[218]

Em relação ao mandado de segurança coletivo, a Lei n. 12.016/2009 prevê uma regra diferente, que acabou indo de encontro com a sistemática disposta no CDC.[219]

Pelo § 1º do art. 21 da lei em comento, "o mandado de segurança coletivo não induz litispendência para as ações individuais, mas os efeitos da coisa julgada não beneficiarão o impetrante a título individual se não requerer a desistência de seu mandado de segurança no prazo de 30 (trinta) dias a contar da ciência comprovada da impetração da segurança coletiva".

---

(216) Art. 12. Coisa julgada — Nas ações coletivas de que trata este código, a sentença fará coisa julgada *erga omnes*, exceto se o pedido for julgado improcedente por insuficiência de provas, hipótese em que qualquer legitimado poderá intentar outra ação, com idêntico fundamento valendo-se de nova prova.
§ 1º Tratando-se de interesses ou direitos individuais homogêneos (art. 3º, III, deste Código), em caso de improcedência do pedido, os interessados poderão propor ação a título individual, salvo quando a demanda coletiva tiver sido ajuizada por sindicato, como substituto processual da categoria.

(217) Art. 22. Coisa julgada — Nas ações coletivas a sentença fará coisa julgada *erga omnes*, salvo quando o pedido for julgado improcedente por insuficiência de provas.
§ 1º Os efeitos da coisa julgada para a defesa de interesses difusos e coletivos em sentido estrito ficam adstritos ao plano coletivo, não prejudicando interesses e direitos individuais homogêneos reflexos.
§ 2º Os efeitos da coisa julgada em relação aos interesses ou direitos difusos e coletivos não prejudicarão as ações de indenização por danos pessoalmente sofridos, propostas coletiva ou individualmente, mas, se procedente o pedido, beneficiarão as vítimas e seus sucessores, que poderão proceder à liquidação e à execução, nos termos do art. 37 e seguintes.
§ 3º Na hipótese dos interesses ou direitos individuais homogêneos, apenas não estarão vinculados ao pronunciamento coletivo os titulares de interesses ou direitos que tiverem exercido tempestiva e regularmente o direito de ação ou exclusão.

(218) Art. 34. Os efeitos da coisa julgada coletiva na tutela de direitos individuais homogêneos não prejudicarão os direitos individuais dos integrantes do grupo, categoria ou classe, que poderão propor ações individuais em sua tutela.
§ 1º Não serão admitidas novas demandas individuais relacionadas com interesses ou direitos individuais homogêneos, quando em ação coletiva houver julgamento de improcedência em matéria exclusivamente de direito, sendo extintos os processos individuais anteriormente ajuizados.

(219) BUENO, Cássio Scarpinella. *Op. cit.*, p. 132.

O fato de não incidir litispendência entre ação coletiva e individual, e definir a projeção da coisa julgada para os substituídos, é tendência já consagrada no ordenamento jurídico brasileiro, conforme o disposto nos arts. 103 e 104 do CDC, já analisados.

Porém, a nova lei de regência do mandado de segurança, no dispositivo apontado acima, exige que o impetrante individual desista do seu *mandamus* para ser beneficiado da decisão proferida no mandado de segurança coletivo, colidindo com os preceitos constitucionais do processo justo.

Assim, a doutrina sustenta que a leitura mais adequada para a regra é no sentido de permitir que o impetrante individual aguarde o resultado do processo coletivo, para verificar qual seria a mais favorável aos seus interesses, permitindo, assim que requeira a suspensão do processo e não a desistência, prevalecendo a disposição do CDC, que a despeito não foi atingida pela Lei n. 12.016/2009.[220]

O mais coerente seria o ordenamento prever um sistema de vinculação coerente, com a ampla divulgação das demandas coletivas e a possibilidade real de o indivíduo fazer a sua opção, exercendo o direito de exclusão (*opt out*). Possibilidade que sustentamos na presente obra *de lege ferenda*.

5.1.3.2.4. A LIMITAÇÃO TERRITORIAL TRAZIDA PELA LEI N. 9.494/1997

As demandas coletivas devem ser ajuizadas no foro do local do dano, conforme estabelece o art. 2º da Lei n. 7.347/1985. Pode, porém, o ajuizamento ocorrer em um ou outro foro, de acordo com a abrangência do dano, em conformidade com o art. 93 do Código de Defesa do Consumidor.

A questão disciplinada acima parecia ser incontroversa, não suscitando maiores indagações doutrinárias. Contudo, a partir de 10 de setembro de 1997, com a publicação da Lei n. 9.494, resultante da Medida Provisória n. 1.570-4, a pacificação de conceitos acerca dos limites subjetivos da coisa julgada nas ações referentes a direitos metaindividuais foi alterada por completo, sendo a referida lei responsável por inúmeras indagações sobre a matéria.

Isto porque a Lei n. 9.494/1997 modificou a redação do art. 16 da Lei n. 7.347/1985, passando a haver, portanto, limitação à extensão subjetiva do julgado nas demandas coletivas, já que, pela nova redação conferida ao artigo, a eficácia da sentença somente atinge aqueles substituídos domiciliados nos limites territoriais do órgão prolator da decisão.

Posteriormente, outra Medida Provisória, a MP n. 2.180-35, de 24 de agosto de 2001, incluiu novo dispositivo à Lei n. 9.494/1997, o art. 2º-A, estabelecendo que a sentença civil prolatada em demanda coletiva abrange apenas os substituídos

---

(220) *Ibidem*, p. 139.

que tenham, na data da propositura da ação, domicílio no âmbito da competência territorial do órgão prolator.

Esta norma também gerou limitação à extensão subjetiva da coisa julgada, o que levou alguns juristas,[221] inclusive, a taxar os dois artigos — 16 da Lei n. 7.347/1985 e 2º-A, da Lei n. 9.494/1997 — como inconstitucionais e ineficazes.[222]

Ao instituir limites territoriais à extensão subjetiva da coisa julgada, o legislador foi de encontro ao regramento já existente acerca da tutela de direitos metaindividuais por inteiro, bem como desconsiderou o objetivo da defesa desses direitos, que é a proteção aos direitos de toda a coletividade lesada, de modo molecular e não atomizado.

A lei em comento ajusta-se à concepção que Luigi Ferrajoli[223] denomina "inflação legislativa", em que a cada dia são editadas normas em total dissonância com os princípios constitucionais vigentes.

Frisa-se que normas como a Lei n. 9.494/1997, as quais vêm contribuir para o retrocesso da efetividade da tutela jurisdicional coletiva, levam alguns operadores do Direito a referirem-se à crise do Estado Social, embora a maioria da doutrina entenda como descabida essa posição.[224]

Portanto, o problema não está no paradigma estatal existente, e sim em determinados problemas criados ao seu redor, como a Lei n. 9.494/1997, que se afasta do modelo social e desnatura a tutela coletiva de direitos. Mas também deve ser lembrado que, como o mundo jurídico ainda se adapta ao Estado Social, algumas falhas são compreensíveis, embora caiba aos estudiosos do Direito apontá--las, a fim de corrigi-las.

Assim, além das críticas já exaradas, segundo Nelson Nery Júnior e Rosa Maria de Andrade Nery, a nova redação dada ao art. 16 pela Lei n. 9.494/1997 é inconstitucional e ineficaz. Inconstitucional por ferir os princípios do direito de ação (art. 5º, inciso XXXV), da razoabilidade e da proporcionalidade e porque o Presidente

---

(221) GIDI. *Op. cit.*, p. 156.

(222) MENDES. *Op. cit.*, p. 125.

(223) FERRAJOLI, Luigi. O direito como sistema de garantias. In: OLIVER JUNIOR, José Alcebíades de (org.). *O novo em direito e política*. Porto Alegre: Livraria do Advogado, 1997. p. 137.

(224) Sobre o tema, vale transcrevermos a posição de Sílvio Dobrowolski, à qual aderimos de pronto, principalmente por sermos defensores da perpetuidade do Estado do Bem-Estar Social: "A constatação de que as instituições não funcionam com a eficácia desejável, de modo algum justifica que se pense em descartá-las, na linha sugerida pelas propostas sistêmica e neoliberal. Isso equivale a desprezar a experiência duramente acumulada no curso da História [...]. Os equívocos da razão não bastam para afastá-los da direção das relações humanas. Ao contrário, é preciso reconhecer os erros e tentar corrigi-los [...]. É preciso aperfeiçoar a ordem jurídica, moldar os excessos e reparar as falhas do Estado Social, e proceder, ainda, à adaptação da Constituição às realidades da nossa época, preservando a sua força regulatória". DOBROWOLSKI, Sílvio. O poder judiciário e a Constituição. *Revista Sequência Estudos Jurídicos e Políticos*, Florianópolis, p. 34, 1999.

da República a editou por meio de medida provisória, sem que houvesse autorização constitucional para tanto, pois não havia urgência nem relevância, requisitos exigidos pelo art. 62 da Constituição Federal de 1988. É ainda ineficaz o novo art. 16 porque a alteração, segundo os autores, é inócua, já que o art. 103 do Código de Defesa do Consumidor incide nas ações coletivas ajuizadas com fundamento na Lei da Ação Civil Pública, por força do art. 21 deste diploma e do art. 90 do Código de Defesa do Consumidor.

Diverge do pensamento acima, porém, Amir José Finocchiaro Sarti,[225] quando alega que a Lei n. 9.494/1997, na parte em que alterou o art. 16 da Lei n. 7.347/1985, não peca por inconstitucionalidade, apesar de todos os seus inegáveis defeitos. Expondo sua tese, sustenta que, conforme se observa na leitura do art. 5º, inciso XXXVI, a regra nele insculpida se dirige ao legislador ordinário, ou seja, ao legislar, é interdito ao Poder legiferante "prejudicar a coisa julgada", sendo esta a única regra sobre a matéria que adquiriu foro constitucional. Afirma o autor que a Constituição não visa à proteção da amplitude do instituto da coisa julgada, pois caso isso ocorresse a ação rescisória seria inconstitucional.

Assim, conclui Amir Sarti que a solução não está na inconstitucionalidade do dispositivo em questão, muito menos na sua pura e simples desconsideração, porque o juiz tem o dever de aplicar normas legais, mas, sim, na interpretação razoável de uma regra que só pode ser adequadamente aplicada em harmonia com o sistema no qual está inserida.

Essa não parece ser a posição mais acertada, pois, mesmo que o art. 5º, inciso XXXVI, da Carta Magna, atinente à coisa julgada, possibilite mais de uma interpretação, ao menos sob o aspecto formal, é nítida a inconstitucionalidade da alteração trazida pela Lei n. 9.494/1997, pois com certeza não estavam presentes os requisitos de urgência e relevância que justificassem a edição da Medida Provisória n. 1.570-4.

A relevância, que justificaria a edição de uma Medida Provisória, seria a categoria que pudesse levar à exceção do processo legislativo que ocorreria em casos de extrema necessidade, em que a falta de um comando legal pudesse levar a uma situação caótica, de desgoverno ou de grave abalo à paz social ou econômica, ou mesmo que pudesse comprometer os fundamentos do Estado, como a cidadania, a dignidade da pessoa humana, os valores sociais do trabalho e da livre iniciativa e o pluralismo político.

Quanto à urgência, observa-se que, para ser editada uma medida provisória com base neste requisito, deve estar presente o perigo de dano irreparável ou de difícil reparação, pressupostos atinentes às ações cautelares e que a esse conceito são emprestados.

---

(225) SARTI, Almir José Finochiaro. Ação civil pública. Questões processuais. *Revista Tribunal Regional Federal da 4ª Região*, Porto Alegre, n. 38, p. 155, 2000.

Como se sabe, as medidas provisórias têm sido editadas no ordenamento jurídico brasileiro sem que estejam atendidos os requisitos que autorizem a sua elaboração.

Assim, o Congresso está sendo relegado a papel secundário e, pior, se acomoda a essa situação. A legislação passa a ser produzida por meio de medidas provisórias, interminavelmente repetidas, denotando evidente desprezo pelo sentido razoável do Texto Maior, que só autoriza sua edição em situações especiais.

Superado o debate em torno da constitucionalidade do art. 16 da Lei n. 7.347/1985, depois da alteração trazida pela Lei n. 9.494/1997, deve-se registrar que não divergem os juristas quanto à sua ineficácia.

Efetivamente, tanto o art. 21 da Lei da Ação Civil Pública, quanto o art. 90 do Código de Defesa do Consumidor preveem uma interação entre os dois diplomas, o que indica que esses regramentos devem ser interpretados em conjunto, até porque a eficácia da coisa julgada em cada tipo de tutela de interesse transindividual somente pode ser entendida a partir da leitura do comentado art. 103 da Lei n. 8.078/1990.

Portanto, a viabilidade desta alteração do sistema somente poderia ocorrer também com a mudança do art. 103 do Código de Defesa do Consumidor, o que ainda não foi feito pelo legislador pátrio. Deste modo, o art. 16 da Lei n. 7.347/1985 continuará sendo ineficaz até que o Código de Defesa do Consumidor sofra as alterações necessárias.

Aos argumentos acima expostos, sobre a inconstitucionalidade e ineficácia do art. 16 da Lei da Ação Civil Pública, agregam-se ainda outras críticas.

A principal censura em relação às modificações trazidas pela Lei n. 9.494/1997 está no fato de o referido diploma legal confundir jurisdição e competência com limites subjetivos da coisa julgada.[226]

Neste sentido, Rodolfo de Camargo Mancuso[227] esclarece: na medida em que, pelas regras de competência, o órgão julgador seja competente, parece que não será possível mitigar a projeção dos limites subjetivos da coisa julgada, invocando-

---

(226) Como expõem NERY JUNIOR, Nelson; NERY, Rosa Maria de Andrade. *Op. cit.*, p. 457: [...] "o Presidente da República confundiu limites subjetivos da coisa julgada, matéria tratada na norma, com jurisdição e competência, como se, *v. g.*, a sentença de divórcio proferida por juiz de São Paulo não pudesse valer no Rio de Janeiro e nesta última comarca o casal continuasse casado! O que importa é quem foi atingido pela coisa julgada material. [...] Confundir jurisdição e competência com limites subjetivos da coisa julgada é, no mínimo, desconhecer a ciência do direito. Portanto, se o juiz que proferiu a sentença na ação coletiva *tout court*, quer verse sobre direitos difusos, quer coletivos ou individuais homogêneos, for competente, sua sentença produzirá efeitos *erga omnes* ou *ultra partes*, conforme o caso [...] em todo o território — e também no exterior" [...].

(227) MANCUSO, Rodolfo de Camargo. *Interesses difusos*. Conceito e legitimação para agir. São Paulo: Revista dos Tribunais, 2000. p. 187.

-se elementos de ordem geográfica ou de organização judiciária. Como a coisa julgada não é uma substância, e sim uma qualidade que se agrega ao comando do julgado, a expansão subjetiva dessa coisa julgada dar-se-á até onde se encontre o interesse que constitui objeto da demanda coletiva, e bem assim em face de todos os sujeitos concernentes a esse interesse.

Assim, não pode a sentença ficar limitada a uma área geográfica, caso os limites subjetivos da coisa julgada atinjam pessoas que se encontrem além dos limites territoriais do órgão jurisdicional competente para proferir o julgado, inclusive porque essa situação geraria decisões conflituosas sobre a mesma causa de pedir.

Desta forma também se manifesta Hugo Nigro Mazzilli,[228] sustentando não ser possível confundir a competência do juiz que julga a causa com os efeitos que uma sentença pode produzir fora da comarca em que foi proferida. Exemplificando a questão, o autor menciona que uma sentença proibindo a fabricação de um produto nocivo que vinha sendo produzido e vendido em todo o país, ou uma sentença que proíba o lançamento de dejetos tóxicos num rio que banhe vários Estados, essas sentenças produzirão efeitos em todo o país, mas isso não se confunde com a competência para proferi-las, que deverá ser de um único juiz, e não de cada um dos milhares de juízes brasileiros.

Segundo o autor, admitir solução diversa levaria a inúmeras sentenças contraditórias, exatamente contra os fundamentos e as finalidades da defesa coletiva de interesses metaindividuais.

Outra crítica à modificação do art. 16 pela Lei n. 9.494/1997 está no fato de não existir solução expressa para os casos nos quais o dano for regional e, portanto, de competência de mais de um órgão prolator.

Assim, está clara a incoerência da lei ao limitar a eficácia da coisa julgada a determinado território, não obstante o julgado referir-se a interesses indivisíveis, como são caracterizados os interesses metaindividuais.

É importante destacar que o art. 16, embora ineficaz, continua a ter vigência, situação que, ao que tudo indica, se perpetuará, até que a Lei da Ação Civil Pública e o Código de Defesa do Consumidor sejam modificados.

Esta modificação está sendo buscada com a elaboração dos anteprojetos de Código de Processos Coletivos, pois tanto o anteprojeto do IBDP[229] quanto o da

---

(228) MAZZILLI, Hugo Nigro. *Op. cit.*, p. 202.
(229) Art. 12. Coisa julgada — Nas ações coletivas de que trata este código, a sentença fará coisa julgada *erga omnes*, exceto se o pedido for julgado improcedente por insuficiência de provas, hipótese em que qualquer legitimado poderá intentar outra ação, com idêntico fundamento valendo-se de nova prova.
§ 1º Tratando-se de interesses ou direitos individuais homogêneos (art. 3º, III, deste Código), em caso de improcedência do pedido, os interessados poderão propor ação a título individual, salvo quando a demanda coletiva tiver sido ajuizada por sindicato, como substituto processual da categoria.

UERJ/UNESA⁽²³⁰⁾ trazem disposições regulando a coisa julgada nas demandas coletivas sem limitação territorial. Orientação seguida pelo PL n. 5.139/2009 que tramita no Congresso Nacional para criar uma nova lei de ação civil pública.⁽²³¹⁾

5.1.3.2.5. ANÁLISE CRÍTICA À INSERÇÃO DO ART. 2º-A PELA LEI N. 9.494/1997

Assim como a nova redação do art. 16 da Lei n. 7.347/1985 causou polêmica entre os juristas, também a inserção do art. 2º-A na Lei n. 9.494/1997, incluído pela Medida Provisória n. 2.180-35, de 24 de agosto de 2001, foi alvo de inúmeras críticas, porquanto, seguindo a ideia instituída no art. 16, estabeleceu limites territoriais à extensão subjetiva da coisa julgada nas demandas coletivas.

Com efeito, da leitura do art. 2º-A, extrai-se que apenas os que sofreram lesão, que tenham domicílio fixado no âmbito da competência do órgão prolator, na data da propositura da ação, serão atingidos pela coisa julgada, criando-se, desse modo, uma nova regra a respeito dos limites subjetivos da coisa julgada, a qual parece completamente inválida e ineficaz, no mesmo sentido do art. 16 comentado alhures.

Segundo Renato Rocha Braga,⁽²³²⁾ o referido dispositivo é flagrantemente inconstitucional por ter criado critério totalmente incoerente para a extensão subjetiva da coisa julgada, violador dos mesmos preceitos apontados nos comentários ao art. 16.

---

§ 2º Os efeitos da coisa julgada nas ações em defesa de interesses ou direitos difusos ou coletivos (art. 3º, I e II, deste código) não prejudicarão as ações de indenização por danos pessoalmente sofridos, propostas individualmente ou na forma prevista neste código, mas, se procedente o pedido, beneficiarão as vítimas e seus sucessores, que poderão proceder à liquidação e à execução, nos termos dos arts. 28 e 29 deste Código.

§ 3º Aplica-se o disposto no parágrafo anterior à sentença penal condenatória.

§ 4º A competência territorial do órgão julgador não representará limitação para a coisa julgada *erga omnes*.

(230) Art. 22. Coisa julgada — Nas ações coletivas a sentença fará coisa julgada *erga omnes*, salvo quando o pedido for julgado improcedente por insuficiência de provas.

§ 1º Os efeitos da coisa julgada para a defesa de interesses difusos e coletivos em sentido estrito ficam adstritos ao plano coletivo, não prejudicando interesses e direitos individuais homogêneos reflexos.

§ 2º Os efeitos da coisa julgada em relação aos interesses ou direitos difusos e coletivos não prejudicarão as ações de indenização por danos pessoalmente sofridos, propostas coletiva ou individualmente, mas, se procedente o pedido, beneficiarão as vítimas e seus sucessores, que poderão proceder à liquidação e à execução, nos termos do art. 37 e seguintes.

§ 3º Na hipótese dos interesses ou direitos individuais homogêneos, apenas não estarão vinculados ao pronunciamento coletivo os titulares de interesses ou direitos que tiverem exercido tempestiva e regularmente o direito de ação ou exclusão.

§ 4º A competência territorial do órgão julgador não representará limitação para a coisa julgada *erga omnes*.

(231) Art. 32. A sentença no processo coletivo fará coisa julgada *erga omnes*, independentemente da competência territorial do órgão prolator ou do domicílio dos interessados.

(232) BRAGA. *Op. cit.*, p. 161.

Outro inconveniente passível de ocorrer com a aplicação do art. 2º-A, por exemplo, se tivesse um trabalhador com dezessete anos de idade, domiciliado na comarca do órgão julgador ao tempo da propositura da ação, mas com pais residentes em outra comarca (São Paulo), o referido trabalhador não seria beneficiado pela coisa julgada, pois, em conformidade com o art. 26, *caput*, do Código Civil, os incapazes têm por domicílio o de seus representantes.

Portanto, são vários os inconvenientes gerados pela aplicação do art. 2º-A, trazido pela Medida Provisória n. 2.180-35.

Ademais, outras questões ficam sem solução se for aplicado o artigo supramencionado, como a possibilidade de pluralidade de domicílios, prevista no art. 72, parágrafo único, do Código Civil.

Por fim, deve-se observar que o parágrafo único do art. 2º-A também traz outra disposição incoerente, censurada pela doutrina e pelo Supremo Tribunal Federal.

Como as demandas coletivas são caracterizadas pela legitimação extraordinária, é totalmente descabido falar em autorização da entidade associativa e relação nominal e endereços dos associados.

Nesse aspecto, Nelson Nery Júnior e Rosa Maria de Andrade Nery[233] apontam que as exigências do parágrafo único do art. 2º-A somente se justificariam se estivessem diante de hipótese de representação processual. Segundo os autores, quando a associação "representa" seus associados, agindo em nome deles e não em nome próprio, deve estar expressamente autorizada e mencionar, nominalmente, quais os associados que estão sendo representados. Quando, ao contrário, propõe ação em nome próprio, está na condição de legitimado ativo para a condução do processo, sendo dispensáveis a autorização e a relação nominal com endereços.

Portanto, a Lei n. 9.494/1997 marcou o cenário jurídico pátrio com algumas inovações totalmente descabidas e impertinentes, conflitando com entendimentos já pacíficos sobre limites subjetivos da coisa julgada nas demandas coletivas e desnaturando a própria tutela coletiva, maculando sua efetividade.

5.1.3.2.6. A RELATIVIZAÇÃO DA COISA JULGADA NA TUTELA MOLECULAR

Como se sabe, a autoridade da coisa julgada material foi sempre considerada dogma absoluto do processo, somente podendo ser desconstituída via ação rescisória que representa o mecanismo próprio previsto na legislação vigente para esta finalidade, com o prazo peremptório de dois anos. Segundo este entendimento, após o referido prazo, a sentença não pode mais ser discutida, salvo naqueles casos que contêm um vício tão grave que deve ser considerada inexistente.[234]

---

(233) NERY JUNIOR, Nelson; NERY, Rosa Maria de Andrade. *Op. cit.*, p. 468.
(234) FONSECA PINTO, Adriano Moura da; ALMEIDA, Marcelo Pereira de. *Op. cit.*, p. 514.

Diante da dinâmica da evolução social, com o crescimento da população, com o avanço da tecnologia, da engenharia genética e do progresso em geral, vem-se admitindo, tanto na seara doutrinária, quanto nos tribunais, a possibilidade de, em circunstâncias excepcionais, mitigar-se a autoridade da coisa julgada material, quando esta contrariar valores que superam a sua importância.

O escopo da coisa julgada, conforme se constata, é dar segurança e estabilidade às relações jurídicas na busca da pacificação social. Apesar deste relevante objetivo de trazer segurança às relações jurídicas, indispensável num Estado Democrático de Direito, este instituto não pode imunizar julgados que violem direitos ou garantias constitucionais, ou que transgridam valores éticos ou jurídicos cuja ofensa fere gravemente o ordenamento jurídico.

Esta nova tendência, objeto de grandes debates nas mesas de Direito Processual, deve ser vista com muito cuidado. Só se poderá ventilar a possibilidade de relativização em situações muito excepcionais, pois, do contrário, colocar-se-iam em risco a estabilidade e a segurança das decisões judiciais.

Diante deste quadro, a inevitável indagação é no sentido de se verificar o que se reveste de maior relevância jurídica: se a segurança própria de uma sentença judicial intocada ou a eliminação de uma mácula também gerada por esta mesma decisão.

Parece que o rigorismo formal pelo desejo rotineiro da segurança não pode prevalecer sempre, em face das novas tendências do processo moderno, com seu escopo voltado à finalidade, à instrumentalidade das formas e da busca da verdade que envolve a divergência estabelecida entre as partes.[235]

Este tema tem gerado grandes discussões. A doutrina moderna defende que, em casos excepcionais, podem os aplicadores do Direito se desapegar da imutabilidade da coisa julgada material, permitindo que a matéria seja discutida novamente, mesmo após fluído o prazo da ação rescisória.[236]

Validar uma sentença abusiva e, mesmo inexistente, como pronunciamento judicial seria medida odiosa, e não pode ficar presa ao fato de ter sido ultrapassado o prazo para a propositura da ação rescisória.

Não há dúvida de que o respeito à coisa julgada é um primado constitucional, mas não é menos certo que o Direito enquanto ciência preocupa-se com o verdadeiro sentido da justiça na pacificação dos conflitos de interesses. Sendo assim, é um contrassenso defender a tese de que a decisão abusiva não mais poderia ser revista pelo fato de ter sido acobertada pela coisa julgada material, e assim se estaria mantendo o conflito de interesses que gerou o exercício do direito de ação que solicitou ao Estado a prestação jurisdicional.[237]

---

(235) FONSECA PINTO, Adriano Moura da; ALMEIDA, Marcelo Pereira de. *Op. cit.*, p. 514.
(236) *Ibidem*, p. 514.
(237) *Ibidem*, p. 515.

A função jurisdicional não pode ser admitida como prestada apenas em sentido formal, na hipótese em que o Estado apresenta aos particulares uma resposta judicial que se afasta das normas legais formatadas exatamente para garantir a segurança jurídica.

Como se sabe, a sentença judicial que põe fim ao processo por insuficiência de provas é qualificada como sentença definitiva, salvo nas ações coletivas, que, por expressa disposição legal, permite-se a propositura da demanda novamente, por qualquer dos legitimados valendo-se de nova prova.

Contudo, citando como exemplo ação de investigação de paternidade encerrada pela improcedência do pedido, mediante a constatação de que o autor não conseguiu reunir o acervo probatório necessário à demonstração da sua pretensão, vêm os tribunais flexibilizando os contornos da coisa julgada, permitindo que seja proposta nova demanda com os mesmos elementos, devendo o autor apresentar as provas necessárias para a solução do caso.

Vale consignar que até alguns anos atrás não era possível apurar com elevado grau de segurança a paternidade em ação investigativa. Havia exames de sangue que, conquanto pudessem excluir a paternidade, não a apontavam com segurança suficiente. Atualmente, os exames de DNA esclarecem com grande precisão essas dúvidas. Há casos de ações julgadas procedentes em que, depois de ultrapassado o prazo da ação rescisória, constatou-se por meio de exame de DNA que o vencido não era pai do autor da ação. No entanto, fora-lhe reconhecida a paternidade, da qual advinham importantes consequências, de natureza patrimonial, ou não, como a obrigação de prestar alimentos e as de natureza sucessória.

Esta é uma das situações em que se admite a relativização da coisa julgada, apesar de a matéria ainda gerar muita discussão, principalmente nos tribunais.

Outro exemplo que pode ser citado como de admissão da relativização da coisa julgada se refere às sentenças que, em ação de desapropriação, fixam indenizações extraordinariamente elevadas, porque fundadas em laudos periciais muitas vezes fraudulentos, e acabam por transitar em julgado. Não seria justo, mesmo após o prazo da ação rescisória, negar-se a possibilidade desta decisão ser desconstituída, uma vez que contraria manifestamente o interesse público.

No campo da tutela molecular, é possível vislumbrar casos em que seria necessária a relativização da coisa julgada fora das hipóteses em que a lei permite a flexibilização.

Conforme foi visto, na ação civil pública, se o pedido é julgado improcedente por insuficiência de provas, a coisa julgada material não se forma, podendo, de acordo com o art. 16 da Lei n. 7.347/1985 e o art. 103 do Código de Defesa do Consumidor, qualquer legitimado propor nova ação valendo-se de nova prova.

Contudo, é possível entrever situações em que o pedido foi julgado improcedente não por insuficiência de provas, e, diante da relevância do bem jurídico tutelado, haja a necessidade de relativizar a coisa julgada.

Imagine-se uma ação civil pública proposta em face de determinada fábrica que estivesse supostamente emitindo dejetos na atmosfera, provocando doenças na população que vive nas proximidades e levando várias pessoas à morte. Realiza-se a instrução probatória, com prova pericial produzida, cujo laudo é conclusivo ao afirmar que as doenças e as mortes não foram causadas pelos resíduos emitidos pela empresa ré, e que os resíduos não seriam tóxicos a ponto de provocar os danos indicados. Por conta disso o pedido foi julgado improcedente, mas não por insuficiência de provas.

Passados alguns anos, constatou-se que a população vizinha à fábrica continuava a adoecer e a falecer. Diante disso, o Ministério Público propôs nova ação civil pública, requerendo nova perícia, em que se identificou o potencial lesivo dos dejetos emitidos pela fábrica e, apesar da arguição de coisa julgada feita pela empresa ré, o juiz rejeitou esta preliminar e julgou procedente o pedido, fundamentando sua decisão na relevância do bem jurídico que estava sendo tutelado, e que por isso não poderia ficar apegado ao formalismo exacerbado da coisa julgada material.

Não há dúvida de que a coisa julgada é indispensável à manutenção do Estado de Direito, mas não se pode esquecer de que este instituto representa a forma necessária para garantir a segurança. Contudo, se o julgador ficar totalmente apegado à forma, esquecendo a sua finalidade, a sociedade estará fadada a viver na injustiça, e isso acontece quando se admite que uma decisão divorciada da justiça se torne imutável pelo manto da coisa julgada material, sem poder ser corrigida pelo Poder Judiciário.[238]

---

(238) *Ibidem*, p. 516.

Capítulo 6

A Execução e a Efetividade das Decisões Judiciais no Processo Coletivo

6.1. A TUTELA INIBITÓRIA COLETIVA

A tutela dos interesses em juízo deve atender, sempre que possível, à realidade do direito substancial a ser protegido.[239] Quanto mais próxima se apresentar essa relação, melhor será a prestação jurisdicional oferecida, e, por conseguinte, de forma mais perfeita terá contribuído para a consecução dos escopos do processo.[240]

Assim, as ações decorrentes de determinado direito material, não se esgotam em uma única, mas podem multiplicar-se, seja em função da conveniência do titular do interesse, seja em relação ao próprio interesse que necessita de tutela. Desta sorte, um mesmo interesse pode gerar inúmeras ações, ligadas cada qual a uma pretensão. Todas essas pretensões podem gerar tutelas jurisdicionais adequadas aos interesses, sem que se possa, *a priori*, excluir que qualquer delas seja útil para a proteção do direito em sua essência.

O enfoque aqui apontado é o da noção de tutela jurisdicional adequada, vale dizer, reclamada pelo direito subjetivo. Não se exclui que outras modalidades de

---

(239) ARENHART. *Op. cit.*, p. 175.
(240) DINAMARCO, Cândido Rangel. *Op. cit.*, p. 96.

tutelas possam ser utilizadas, diante da impossibilidade concreta de recorrer à forma mais perfeita. Assim, a condenação a uma prestação pecuniária pode ser cabível, ainda que não a mais adequada, se já não for mais possível atender às necessidades almejadas. Trata-se, porém, de meio paliativo, que não corresponde à realidade do direito material, servindo apenas como modalidade alternativa, ou seja, subsidiária.

Neste aspecto, estas considerações prestam-se para demonstrar que a tutela processual pode aparecer em duas modalidades distintas: a tutela preventiva e a tutela repressiva. Esta última encontra-se, sem dúvida, muito mais desenvolvida e muito mais utilizada, especialmente diante do maior amadurecimento dos seus pressupostos e de suas formas de atuação. Por outro lado, a tutela preventiva é ainda objeto de tímida divulgação nos ordenamentos jurídicos atuais, em razão, principalmente, da coleta da prova e da modalidade de provimento que deve conter.[241]

Neste passo, será sempre viável recorrer a alguma destas espécies de tutela. Eventualmente, uma delas será mais adequada à proteção de determinado tipo de interesse, o que, entretanto, jamais obstará o recurso ao outro caminho, que, embora inadequado, possa representar o meio mais acessível diante do caso concreto. Numa forma geral, os ordenamentos atuais acabam prestigiando a tutela repressiva em todos os tipos de interesses. Este caminho é o mais conhecido no Brasil, em que se difunde a via reparatória em detrimento das providências preventivas, ainda que o interesse que necessita de proteção não apresente cunho patrimonial.

O evidente predomínio da tutela repressiva em relação à preventiva nos ordenamentos jurídicos modernos, segundo Cristina Rapisarda, se dá em grande medida pela própria concepção de jurisdição que é adotada.[242] A doutrina processual do século XIX criou a noção de jurisdição pautada em duas premissas indiscutíveis: a tendência a favorecer os espaços individuais de liberdade e a prevalência funcional da noção de direito subjetivo, concebendo-se jurisdição como função diretamente vinculada à atuação do direito subjetivo.[243] Diante de uma concepção como essa, evidentemente, não se poderia pensar em exercício de jurisdição senão depois de ocorrida à violação do direito. Isto significa que os pilares da jurisdição, sob essa concepção, foram erguidos numa ótica de repressão à violação dos direitos, e não de prevenção.

Pode ser citada como exemplo a doutrina de Chiovenda, que enfoca substituição da atividade do particular pela vontade e atuação do Estado, precisamente porque aqueles não souberam ou não quiseram comportar-se segundo critérios da vontade concreta da lei.[244] Assim, pressupõe-se a violação do direito, já que somente

---

(241) Com as inovações inseridas no CPC nos últimos anos essa realidade foi um pouco modificada. Pode-se destacar a redação dada ao art. 461 e seus parágrafos pela Lei n. 8.952/1994, no primeiro grande bloco de reformas.
(242) RAPISARDA, Cristina. *Tecniche giudiziali e stragiudiziali di protezione del consumatore*: diritto europeo e diritto italiano. Padova: Cedam, 1981. p. 103.
(243) *Ibidem*, p. 131.
(244) CHIOVENDA, Giuseppe. *Instituições de direito processual civil*. Campinas: Bookseller, 1998. v. 1, p. 60.

após esta é que se poderia falar em atuação substitutiva do órgão jurisdicional. Conforme afirma o autor, a atividade jurisdicional é sempre atividade substitutiva, por isso secundária, pois substitui a vontade das partes.⁽²⁴⁵⁾

No mesmo sentido é a concepção de Carnelutti, ao tratar o conceito de lide como de pretensão resistida e de pretensão insatisfeita, mostrando claramente a ideia de que somente poderá haver atividade jurisdicional quando a lide se caracterizar, o que depende, por sua vez, da resistência da pretensão.⁽²⁴⁶⁾

Mais uma vez, evidencia-se a ideia de que somente haveria atuação da jurisdição quando violado o direito.

Partindo-se da concepção desses dois renomados juristas, nota-se que ambos os conceitos voltam-se para a hipótese de já ter ocorrido a mácula ao interesse, ou seja, uma ótica totalmente repressiva. A própria noção de interesse de agir, nessa visão clássica, foi concebida sob o pressuposto de a parte ter experimentado alguma lesão. Permitir que se manejasse a ação antes desta violação seria aumentar excessivamente os poderes estatais, e, por conseguinte, interferir nas liberdades individuais e criar mecanismos de opressão contra o particular, sem que este tivesse ainda manifestado qualquer ato para receber tão severa punição.

A função preventiva dentro desse paradigma era excluída da noção mais clássica de jurisdição, isto porque a esta se ligava uma ampliação dos poderes de controle do Estado tendente a comprimir a liberdade de regulamentação das relações jurídicas privadas. Conforme observado por Cristina Rapisarda, a função preventiva não poderia ligar-se ao conceito de jurisdição porque estava intimamente vinculada à ideia de função administrativa do Estado.⁽²⁴⁷⁾ Seria a manifestação evidente de poder de polícia, vinculada de forma manifesta à ideia de repressão. Somente a partir do momento em que a legislação italiana começava a prever, expressamente, determinadas medidas específicas de tutela judicial preventiva é que a mentalidade genérica da doutrina foi se modificando, e iniciou-se a construção de uma nova concepção de tutela jurisdicional.

Apesar de consolidados os pressupostos que fizeram predominar a tutela repressiva, não se pode esquecer que, em paralelo, encontra-se a tutela preventiva, pois, diante dos novos desafios apresentados pela sociedade moderna e pelas novas modalidades de relações jurídicas, esta outra forma de proteção é a única capaz de proteger essas novas necessidades.

A tutela preventiva deve ser manejada antes da ocorrência da violação do interesse, de forma a mantê-lo íntegro, impedindo sua lesão. Evidentemente, trata-se de uma forma de tutela muito mais aprimorada que a repressiva, pois visa impedir

---

(245) *Ibidem*, p. 62.
(246) CARNELUTTI, Francesco. *Sistema de derecho procesal civil*. Trad. Niceto Alcalá-Zamora y Castillo e Santiago Sentis Melendo. Buenos Aires: Uteha, 1944. p. 47-48.
(247) RAPISARDA. *Op. cit.*, p. 103.

que os interesses ameaçados de lesão sejam resguardados, o que fica bem evidenciado em relação aos interesses sem cunho patrimonial.

Apesar das vantagens manifestas desta espécie de tutela, é certo que o Direito brasileiro carece de mecanismos de proteção preventiva, e especialmente de estudos capazes de apresentar caminhos para obtê-los. De fato, a tutela preventiva, bastante difundida na França e na Itália, era ainda timidamente utilizada no Brasil.

Conforme destacado por Barbosa Moreira,[248] exceto nos casos do *habeas corpus*, do mandado de segurança e da ação popular preventiva, o Direito brasileiro conhecia para litígios entre particulares apenas os interditos proibitórios e a nunciação de obra nova. Assim, ressalvadas as hipóteses de tutela das liberdades constitucionais, a tutela preventiva no âmbito civil nacional resumia-se à defesa da posse em juízo.

Neste momento, Barbosa Moreira coloca o Direito brasileiro diante de um notável paradoxo, na medida em que se confere específica proteção preventiva a direitos patrimoniais, mas deixam-se sem proteção adequada interesses muito mais relevantes, como o direito à personalidade, os direitos coletivos e quaisquer outros interesses sem conteúdo patrimonial.[249]

Como mecanismo de proteção genérico, capaz de veicular pretensões inibitórias, pode-se pensar na ação cominatória, disciplinada pelo art. 287 do CPC, ou ainda nas condenações para o futuro. Mas, como observou Ada Pellegrini Grinover, não há no Brasil previsão genérica de condenação para o futuro como contemplado no Direito alemão.[250]

A partir desse breve relato, conclui-se que no Direito brasileiro não havia, de maneira expressa, mecanismos aptos a tutelar de forma preventiva os interesses. Especialmente antes do primeiro ciclo de reformas processuais de 1994 e no plano coletivo, até o advento do CDC, o ordenamento jurídico brasileiro era absolutamente carente de mecanismos de proteção preventivos, aptos a, de forma genérica, proporcionar defesa preventiva aos interesses juridicamente regulados na legislação de direito material.

Após as inovações efetuadas na legislação processual, pode-se dizer que este problema foi superado. Realmente, em vista da adoção do princípio da tutela específica das obrigações, após a edição da Lei n. 8.952/1994, o principal obstáculo à admissão de mecanismos capazes de ordenar a abstenção da prática de atos encontra-se afastado. Porém, não basta, para a efetividade da tutela inibitória, a utilização de meios de coerção sobre a vontade do requerido, a fim de impedi-lo de

---

(248) MOREIRA, José Carlos Barbosa. Tutela sancionatória e tutela preventiva. In: *Temas de direito processual*. São Paulo: Saraiva, 1988. p. 26.
(249) *Ibidem*, p. 29.
(250) GRINOVER, Ada Pellegrini. A tutela preventiva das liberdades: *habeas corpus* e mandado de segurança. *Revista de Processo*, São Paulo: Revista dos Tribunais, n. 22, p. 29, abr./jun. 1981.

praticar o ato ilícito. Faz-se necessário, ainda, aprender a lidar com as tutelas para o futuro, e com o novo paradigma probatório em que elas se encaixam. Também é necessário bem compreender os mecanismos de atuação do provimento judicial inibitório, principalmente o de cunho antecipatório, e, ainda, a estabilidade que este adquire no tempo.[251]

Atualmente, é possível dizer que o ordenamento brasileiro, desde que adequadamente interpretado, prevê mecanismos suficientes para proporcionar uma tutela inibitória satisfatória, principalmente seguindo os ditames constitucionais insculpidos no art. 5º, inciso XXXV, da Lei Maior.

Nas últimas décadas, a preocupação do legislador brasileiro com a efetividade do processo e a busca da superação do mito da incoercibilidade das obrigações permitiram que se criassem regras processuais aptas a entregar ações eficientes para a obtenção de prestações *in natura*, deixando para segundo plano a conversão das obrigações específicas em obrigações de pagar. O que representa um grande avanço, principalmente na seara da proteção dos interesses transindividuais.

Para a proteção inibitória, é indispensável a conjugação de alguns elementos que serão analisados. Primeiramente, é necessário dispor de ação em que o magistrado tenha condições de efetivamente ordenar à parte contrária a adoção de certo comportamento, em geral negativo, dispondo de meios de coerção adequados e flexíveis, de sorte a torná-lo efetivo. Outro aspecto importante é a adoção de um procedimento célere o suficiente para permitir a emanação de provimento antes da ocorrência da violação do direito, o que em princípio se obtém em função da restrição da cognição judicial, que se limita à avaliação da ameaça de lesão, sem se aferir o dano ou a culpa, que em regra exigem provas mais elaboradas. É indispensável, também, que se permita, para casos em que a lesão ao direito se mostre iminente, o deferimento de tutela antecipada, sem prejuízo de avaliação posterior que demanda a cognição exauriente.

Todas essas características encontram eco em algumas formas de tutela hoje previstas no ordenamento pátrio. Apesar de muitas delas não terem sido criadas com o fim específico de conferir proteção preventiva, suas peculiaridades permitem veicular essas pretensões com facilidade, sem nenhum entrave, bastando realizar uma interpretação adequada, conjugada com os anseios do constituinte em conferir plena e irrestrita proteção aos interesses violados ou ameaçados de lesão.

Na seara individual, é possível dizer que esse mecanismo é encontrado no art. 461 do CPC. O dispositivo que trata da ação de cumprimento específico das obrigações de fazer e não fazer preenche todas as exigências acima indicadas, autorizando, perfeitamente, a tutela preventiva no âmbito individual.

No plano molecular, a regra que permite essa proteção é encontrada no art. 84 do CDC. Este dispositivo trata no plano coletivo da tutela específica das obrigações

---

(251) ARENHART. *Op. cit.*, p. 194.

de fazer ou não fazer, e é, em verdade, a origem imediata da previsão contida no art. 461 do CPC.

Na realidade, observando-se uma interpretação sistemática, as regras previstas no art. 461 e seus parágrafos devem ser aplicadas também no âmbito coletivo, em vista de sua maior amplitude.

É esta a tendência consignada nas propostas definidas nos Anteprojetos de Código de Processos Coletivos do IBDP[252] e UERJ/UNESA,[253] colocando preferencialmente a adoção do regime de tutela específica de obrigações. Proposta acompanhada pelo PL n. 5.139/2009.[254]

Assim, no âmbito coletivo, diante da relevância do bem jurídico que se pretende proteger, torna-se mais eficaz a tutela inibitória; caso isto não seja possível em virtude da mácula do direito, deve-se passar ao plano da tutela reparatória.

6.2. OS PROVIMENTOS ANTECIPATÓRIOS NO SISTEMA PROCESSUAL COLETIVO

Qualquer que seja a modalidade de tutela de urgência que o ordenamento jurídico contemple, terá ela em vista a realização de dois nortes fundamentais: a tempestividade da prestação jurisdicional e a sua efetividade, e isso fica muito mais evidente quando se está diante da proteção de interesses transindividuais.

Conforme foi visto acima, a proteção mais adequada para a tutela molecular é, justamente, a preventiva, pois visa evitar a ocorrência do dano.

Essa modalidade de tutela não tem nenhuma ligação com a ideia de provisoriedade que dependa de outro processo, em que se venha a examinar de forma mais aprofundada a questão que foi posta em discussão. A tutela inibitória é uma tutela satisfatória, definitiva, no sentido de ser capaz de atender às necessidades das partes em lidar com o conflito de interesses e corresponder com os escopos da

---

(252) Art. 23. Obrigações de fazer e não fazer — Na ação que tenha por objeto o cumprimento da obrigação de fazer ou não fazer, o juiz concederá a tutela específica da obrigação ou determinará providências que assegurem o resultado prático equivalente ao do adimplemento.

(253) Art. 24. Ação reparatória — Na ação reparatória dos danos provocados ao bem indivisivelmente considerado, sempre que possível e independentemente de pedido do autor, a condenação consistirá na prestação de obrigações específicas, destinadas à compensação do dano sofrido pelo bem jurídico afetado, nos termos do art. 461 e parágrafos do Código de Processo Civil.

(254) Art. 23. Para a defesa dos direitos e interesses protegidos por esta Lei, são admissíveis todas as espécies de ações e provimentos capazes de propiciar sua adequada e efetiva tutela.
Art. 24. Na ação que tenha por objeto a imposição de conduta de fazer, não fazer, ou de entregar coisa, o juiz determinará a prestação ou a abstenção devida, bem como a cessação da atividade nociva, em prazo razoável, sob pena de cominação de multa e de outras medidas indutivas, coercitivas e sub-rogatórias, independentemente de requerimento do autor.
§ 1º A conversão em perdas e danos somente será admissível se inviável a tutela específica ou a obtenção do resultado prático correspondente e, no caso de interesses ou direitos coletivos ou individuais homogêneos, se houver interesse do grupo titular do direito.

jurisdição.⁽²⁵⁵⁾ Todavia, deve ser destacado que, especialmente em se tratando de tutela que antecede a prática de algum fato, pode se tornar comum que somente se constate a necessidade de proteção quando a lesão já se mostrar iminente. Nesta hipótese, é preciso recorrer a uma tutela urgente e provisória, capaz de regular a situação, impedindo que a demora na outorga do provimento final inviabilize a proteção que se requer. A construção, portanto, de uma tutela inibitória genérica, capaz de atender a todas as necessidades das situações que a exigem, ou que podem a ela submeter-se, porque preocupada com o futuro, impõe colocar à disposição do usuário mecanismos de antecipação de tutela, designados a regular, de maneira imediata e provisória, a situação enquanto se realiza a cognição necessária ao provimento final.

O Direito brasileiro possui estes mecanismos na forma da chamada antecipação de tutela, regulada fundamentalmente nos arts. 273, 461, § 3º, do CPC e 84, § 3º, do CDC. Em todos eles, é prevista a possibilidade de o magistrado deferir, antes do provimento final, os mesmos efeitos que este produz, desde que presentes os requisitos exigidos por aqueles dispositivos.

Para o deferimento da tutela inibitória antecipada, quer seja na seara individual ou na coletiva, exige a legislação brasileira os mesmos requisitos necessários à outorga de qualquer provimento urgente, ou seja, a relevância do fundamento e o justificado receio de ineficácia do provimento final. Em síntese, esses requisitos exprimem a conjugação dos elementos tradicionalmente vinculados às tutelas de urgência, ou seja, o *fumus boni iuris* e o *periculum in mora*.

Sobre esse aspecto, Marinoni aponta que o requerente da tutela inibitória antecipada deve demonstrar em termos de *fumus boni iuris* a probabilidade da ilicitude.⁽²⁵⁶⁾ Porém, além da probabilidade do ilícito, exige-se que seja justificado o receio de ineficácia do provimento final, na forma do § 3º do art. 461 do CPC. Isto fica configurado quando a ilicitude possa frustrar a ineficácia do provimento final.

Pode parecer estranho que se equipare a noção de *fumus boni iuris* ao requisito da relevância do fundamento, ou, ainda, à noção de prova inequívoca da verossimilhança da alegação. Os termos, entretanto, embora possam representar significados diferentes, mesmo em razão das suas acepções comuns distintas, revelam para o processo o mesmo requisito, não merecendo qualquer diferenciação. Todos indicam a probabilidade de existência do direito, ou seja, a plausibilidade da alegação.

Em relação à prova, constata-se que todo o juízo sobre fatos nesta hipótese é juízo de verossimilhança, ou seja, o ordenamento pátrio possibilita a antecipação de tutela com juízo de aparência, com cognição sumária, em simples plausibilidade da existência do direito afirmado pelo requerente.

---

(255) MARINONI, Luiz Guilherme. *Tutela inibitória*. São Paulo: Revista dos Tribunais, 1998. p. 150.
(256) *Ibidem*, p. 151.

Ao lado desse requisito, existe a necessidade de provar o receio de ineficácia do provimento final. Nesse passo, basta que a parte apresente indicativos da impossibilidade de aguardo da decisão definitiva, tendo em vista que a ameaça de lesão é premente, havendo probabilidade de que venha a acontecer antes da concretização do provimento final. Deve haver, assim, o necessário cotejo entre a ocorrência, o fato que se pretende evitar e o tempo necessário para a realização completa do procedimento e a concessão da tutela final.

O risco de dano que legitima a concessão da antecipação da tutela inibitória pode ser considerado como natural ou reflexo, ambos merecendo a proteção provisória. De fato, observa-se que não só o interesse que na época da propositura da ação está para sofrer lesão grave e de difícil reparação em função da demora da atuação jurisdicional, mas também aquele que, em função da demora natural do processo, possa sofrer esse prejuízo reflexo. Assim, ainda quando a ameaça de lesão não seja iminente a ponto de tornar necessária a proteção imediata, é possível que as adversidades experimentadas no curso do processo possam tornar essa tutela cabível, especificamente em razão da demora da tramitação do processo. Ambos os casos são modalidades de *periculum in mora*, e assim autorizam a outorga da medida antecipada.

Vale consignar que, se a regra do art. 84, § 3º, do CDC representa a regra fundamental para permitir a tutela antecipada nas ações coletivas de cunho inibitório, não se exclui também a aplicação subsidiária do art. 273 do CPC. Assim, é ainda admissível, ao lado da hipótese típica, a tutela antecipada no âmbito coletivo fundada no abuso do direito de defesa ou no manifesto propósito protelatório do réu.

Neste sentido os Anteprojetos de Código de Processos Coletivos do IBDP[257] e UERJ/UNESA,[258] preveem expressamente um regime de tutelas de urgência bem amplo e eficiente. Proposta acompanhada pelo PL n. 5.139/2009.[259]

Enquanto não for levada a efeito esta proposta, continuam sendo aplicadas no sistema processual coletivo as regras da tutela antecipada previstas no CPC, tendo em vista que é neste diploma legal que se encontra a disciplina fundamental da tutela antecipada no Direito brasileiro.

---

(257) Art. 1º Da tutela jurisdicional coletiva — A tutela jurisdicional coletiva é exercida por intermédio da ação coletiva ativa (Capítulo II, Seções I e II), da ação coletiva passiva (Capítulo III), do mandado de segurança coletivo (Capítulo IV) e das ações populares (Capítulo V, Seções I e II), sem prejuízo de outras ações criadas por lei.
Art. 2º Efetividade da tutela jurisdicional — Para a defesa dos direitos e interesses indicados neste Código são admissíveis todas as espécies de ações e provimentos capazes de propiciar sua adequada e efetiva tutela, inclusive os previstos no Código de Processo Civil e em leis especiais.
(258) Art. 1º Da tutela jurisdicional coletiva — Para a defesa dos direitos e interesses difusos, coletivos e individuais homogêneos são admissíveis, além das previstas neste Código, todas as espécies de ações e provimentos capazes de propiciar sua adequada e efetiva tutela.
(259) Art. 17. Sendo relevante o fundamento da demanda e havendo justificado receio de ineficácia do provimento final, o juiz poderá, independentemente de pedido do autor, antecipar, total ou parcialmente, os efeitos da tutela pretendida.

Constata-se a extrema relevância dos mecanismos que possibilitam a antecipação dos efeitos da tutela no sistema processual molecular para torná-lo realmente eficaz.

Apesar de um regime amplo de tutela de urgência consagrado, principalmente, no CPC, o Estado tenta restringir sua utilização em demandas propostas em seu desfavor.

Essas restrições tinham previsão principalmente na Lei n. 2.770/1956, para impedir deferimento de liminar em mandado de segurança para liberação de produtos vindos do exterior; Lei n. 4.348/1964, que impede deferimento de liminar em mandado de segurança para fins de reclassificação ou equiparação de servidores públicos ou concessão de aumento ou extensão de vantagens; Lei n. 5.021/1966, que restringe, da mesma forma, concessão de medida liminar em mandado de segurança para efeito de pagamento de vencimentos e vantagens pecuniárias; Lei n. 8.437/1992, que impede o deferimento de liminar em mandado de segurança para compensação de créditos tributários.

Todas as restrições apontadas acima, segundo a melhor doutrina,[260] violam o princípio do acesso à justiça substancial, na medida em que impedem a defesa adequada de ameaça de lesão a direito, consagrada no art. 5º, incisos XXXV, da Constituição de 1988.

Por ocasião da alteração dos arts. 273 e 461 do CPC, pela Lei n. 8.952/1994, que ampliou o regime de tutela antecipada e tutela específica das obrigações de fazer e não fazer, o jurisdicionado começou a fazer uso destes instrumentos para a obtenção das vantagens impedidas pelas restrições previstas nas referidas leis, valendo-se das vias ordinárias com pedido de tutela de urgência.

Assim, o Poder Executivo editou a MP n. 2.180-35/2001 que inseriu o art. 1º-B na Lei n. 9.494/1997, para estender as restrições de liminares também para o regime de tutelas de urgências previsto no CPC.

Instaurou-se desta forma uma relevante controvérsia sobre o tema, na medida em que vários julgadores ao apreciar matérias desta natureza, quer fosse via mandado de segurança, ou ordinária com pedido de tutela antecipada, deferiam as medidas entendendo que as restrições previstas nas leis supracitadas ofendiam as disposições constitucionais e um processo justo.

---

§ 1º Atendidos os requisitos do *caput*, a tutela poderá ser antecipada sem audiência da parte contrária, em medida liminar ou após justificação prévia.

§ 2º A tutela antecipada também poderá ser concedida após a resposta do réu, durante ou depois da instrução probatória, se o juiz se convencer de que há abuso do direito de defesa, manifesto propósito protelatório ou quando houver parcela incontroversa do pedido.

§ 3º A multa cominada liminarmente será devida desde o dia em que se houver configurado o descumprimento e poderá ser exigida de forma imediata, em autos apartados, por meio de execução definitiva.

(260) BUENO, Cássio Scarpinella. *A nova lei do mandado de segurança* — comentários sistemáticos à Lei n. 12.016/2009. São Paulo: Saraiva. 2009. p. 47.

Por este motivo o Estado ofereceu a Ação Declaratória de Constitucionalidade n. 4, no intuito de pôr termo a essa discussão. Esta ação teve julgamento em 15 de outubro de 2008, e o objetivo foi alcançado, pois se entendeu que as limitações são perfeitamente compatíveis com o modelo processual constitucional.

No mesmo sentido a Lei n. 12.016/2009, que no art. 7º, § 2º consolidou as restrições indicadas acima e no § 5º do mesmo artigo estendeu às restrições a aplicação das regras dos arts. 273 e 461 do CPC.

Em relação ao mandado de segurança coletivo, há previsão, ainda, na nova lei, de não se conceder medida liminar em face do Poder Público sem a sua audiência prévia, conforme o disposto no art. 22, § 2º.

Todas essas restrições, conforme já apontado, destoam do modelo processual constitucional que prima pela defesa mais ampla e irrestrita dos direitos, quer na esfera individual ou na coletiva.

6.3. A EFETIVIDADE DOS PROVIMENTOS FINAIS NO SISTEMA MOLECULAR

Como se sabe, cabe[261] ao Estado, dentro de uma perspectiva ampla de tutela jurisdicional, *dicere* e *il facere jus*,[262] uma vez que direito de acesso à justiça tanto é conseguir uma sentença de mérito,[263] como também contar com atividades jurisdicionais que ensejam a consecução concreta e efetiva do direito declarado.[264] Notório é que de pouco valeria erigir-se toda uma estrutura estatal destinada a declarar o direito *in concreto*, sem que subsequentemente houvesse instrumento hábil a realizá-lo praticamente.

---

(261) *Ibidem*, p. 105.
(262) Como conclui Vittorio Denti, "diritto alla giurisdizione è l'azione esecutiva como lo è l'azione di cognizone". Intorno ai concetti generali del processo di esecuzione. *Revista di Diritto Processuale*, v. 10, p. 114, 1955). Em sentido semelhante, Eduardo Couture assinala que "en el orden del derecho, ejecución sin conocimiento es arbitrariedad; conocimiento sin posibilidad de ejecutar la decisión, significa hacer ilusorios los fines de la función jurisdiccional". *Fundamentos del derecho procesal civil*. Buenos Aires: Depalma, 1988. p. 444.
(263) Conforme Nelson Nery Júnior, citando passagem de Comoglio, "como o objeto do direito subjetivo da ação é a obtenção da tutela jurisdicional do Estado, deve entender-se por realizado o direito subjetivo da ação, assim que pronunciada a sentença, favorável ou não ao autor" (*Princípios do processo civil na Constituição Federal*. São Paulo: Revista dos Tribunais, 2004. p. 92). Entretanto, admitindo-se que advenha sentença favorável, e que seja ainda necessária atuação do Poder Judiciário para que se concretize o comando daquela (execução forçada), somente após tal atuação é que se poderia propriamente considerar adequadamente prestada a tutela jurisdicional.
(264) Ademais, pela própria natureza unitária do conceito de Jurisdição, a mesma "compreende tanto a declaração do direito como a sua realização prática". THEODORO JÚNIOR, Humberto. O processo de execução e as garantias constitucionais da tutela jurisdicional. In: *Efetividade do processo de execução*: estudos em homenagem ao professor Alcides de Mendonça Lima. Porto Alegre: Sergio Antonio Fabris, 1995. p. 168.

Desta sorte, a invasão do patrimônio do executado poderia ser interpretada, ao menos no que diz respeito à tutela dos direitos transindividuais (cujo princípio regente é o da execução específica ou consecução do resultado prático equivalente), como atividade secundária, alternativa à impossibilidade de obtê-la.

A tutela executiva engloba também a chamada "execução indireta", caracterizada pelo emprego de atos de coerção por parte do Poder Judiciário, no intuito de pressionar psicologicamente o condenado a satisfazer a condenação que lhe fora imposta.

A análise da tutela executiva num amplo sentido revela-se de extrema importância, sobretudo se for levado em conta que depende de sua estrutura e operatividade a eficácia da tutela jurisdicional como um todo, inclusive da relativa aos "novos direitos".

Diante da natureza jurisdicional da execução, observado o caráter substitutivo da atuação do Estado na sub-rogação da vontade do executado, podemos classificar, em termos genéricos, a tutela executiva em direta e indireta.

A referida classificação, que busca "especializar" os meios de execução de forma objetiva, estabelecendo *a priori* procedimentos executivos de acordo com a natureza da prestação devida, não levando em conta o nível de envolvimento da pessoa do executado, revela-se insuficiente para expressar as técnicas executivas de que dispõe o Estado para cumprir sua função de fazer atuar concretamente os direitos.[265]

Neste diapasão,[266] pode-se aludir genericamente a duas espécies ou formas de tutela jurisdicional executiva: *a tutela executiva direta e a tutela executiva indireta*, caracterizando-se aquela pela sub-rogação por parte do Estado da vontade do executado, efetivando-se o cumprimento concreto do comando do título executivo sem a participação e até contra a vontade do devedor,[267] e esta última pela consecução da prestação do objeto da obrigação pelo próprio executado, mediante de meios de coerção psicológica que lhe induzam o cumprimento. Nesta última modalidade inclui-se a tutela inibitória analisada no item 6.1, à qual remetemos o leitor.

Refere-se à tutela executiva direta, conforme disposto acima, para designar a atividade estatal consistente em dar cumprimento ao conteúdo da condenação imposta ao devedor, sem a sua participação, invadindo-se a esfera patrimonial que responde pela satisfação das dívidas contraídas.

---

(265) Preconizado já, dentre outros, por: CHIOVENDA. *Op. cit.* VIDIGAL, Luís Eulálio de Bueno. *Direito processual civil*, e, mais recentemente, ASSIS, Araken de. *Manual do processo de execução*. São Paulo: Revista dos Tribunais, 2007. p. 105.

(266) Tal espécie identifica-se com o conceito de "execução forçada", reputada, por alguns, como a única autêntica "execução", como antes verificado.

(267) A execução direta também é chamada, por tal motivo, "execução substitutiva" ou "execução propriamente dita" (GRECO FILHO, Vicente. *Direito processual civil brasileiro*. São Paulo: Saraiva, 2006. p. 61).

Caracteriza-se como "direta" esta modalidade de execução em virtude da não participação do executado quando do cumprimento da obrigação, utilizando-se o Estado de técnicas sub-rogatórias que lhe permitem atacar o patrimônio daquele.⁽²⁶⁸⁾

Não encerrando toda a atividade jurisdicional de cunho executivo, como já aduzido, pela tutela direta "o Estado, através de seus órgãos jurisdicionais, transfere algum valor jurídico de um patrimônio a outro".⁽²⁶⁹⁾

Como se verifica claramente, o objetivo essencial a ser perseguido pela jurisdição por meio do processo, após devidamente "acertado" o direito do caso concreto, é sua realização no plano fático tal como idealizado pelo comando da decisão judicial que originou o título executivo judicial, ou pelo conteúdo da obrigação contida no título extrajudicial.

Na tutela executiva, para atingir o seu escopo de forma ampla, é necessária a inclusão dos chamados "meios de coerção" impressos pelo órgão jurisdicional que, incidindo sobre a pessoa ou sobre o patrimônio do devedor, acabam por induzi-lo a prestar a obrigação à qual se sujeitara. "Justamente por se dar o cumprimento da obrigação pela própria pessoa do devedor, inexistindo, portanto, a sub-rogação caracterizadora da tutela executiva direta, alude-se à execução indireta",⁽²⁷⁰⁾ modos essenciais de se conseguir o cumprimento específico das obrigações.

Sob este enfoque, constata-se que o ideal da prestação da tutela jurisdicional ante a violação de um direito é a consecução de uma satisfação imediata ao seu titular, ao mesmo tempo em que idêntica ao interesse sacrificado.

Neste passo, busca-se a restauração direta do dano, por meio da restituição ou reconstituição do bem jurídico violado, que, se não realizadas espontaneamente pelo devedor, necessitam de atuação da função jurisdicional para sua realização concreta.⁽²⁷¹⁾

---

(268) Segundo Araken de Assis, tais técnicas de sub-rogação consistiriam, fundamentalmente, no desapossamento (em relação à execução para a entrega de coisa certa e de direitos reais), na transformação (em relação à execução de obrigações de fazer fungíveis ou direitos a elas equiparados) e na expropriação (mediante os meios de desconto de salários e vencimentos, de alienação, de adjudicação e de constituição de usufruto). *Manual do processo de execução*, cit., p. 110-113.

(269) Conforme Ovídio Baptista da Silva, ao definir "ato executivo", excluindo expressamente (ao contrário do aduzido no presente trabalho) "todas as formas chamadas de execução imprópria assim como igualmente não se compreende nele a chamada execução indireta". *Curso de processo civil*, cit., v. 2, p. 16.

(270) Segundo Betti, "l' idea dell' obbligazioni moderna è che il creditore, con la forza dello stato, possa raggiungere quell' utilità direttamente, per via indipendente dalla volontà del debitore, mediante esecuzione per surrogazione in forma specifica: sempre che, naturalmente, la prestazione dell'utilità dovuta possa, nell'apprezzamento sociale, rappresentarsi come fungibile" (apud DENTI, Vittorio. *L'esecuzione forzata in forma specifica*, cit., p. 45).

(271) Expressando a idéia fundamental em matéria de tutela jurisdicional executiva, Cândido Dinamarco (*Execução civil*, cit., p. 316), destacando Chiovenda, aduz que "deve-se ter por admissível todo modo de atuação da lei que seja praticamente possível e não seja contrário a uma norma geral ou especial de direito".

Assim, o processo busca instrumentalizar tal pretensão por meio da técnica da execução em forma específica, sendo considerada esta a forma idônea à restauração da situação jurídica violada, realizando-a integralmente e em via direta.[272]

Processualmente, como afirma Denti, o termo execução específica não pode conter senão sentido relativo, designando uma forma particular ou especial de execução, distinta da expropriação, objetivando a prestação *in natura* da obrigação.[273]

Apesar disso, tal forma de execução sempre encontrou grande resistência por parte dos ordenamentos jurídicos, que, inspirados no princípio da intangibilidade da vontade humana,[274] acabaram por tornar regra a substituição da prestação específica pela resolução em perdas e danos, em evidente detrimento da efetividade da tutela jurisdicional.[275]

Para a análise da tutela executiva dos direitos transindividuais, se faz necessária a análise da sistemática adotada pelas disposições do Código do Consumidor, da Lei da Ação Civil Pública e do Código de Processo Civil, que interagem para proporcionar instrumental idôneo à adequada defesa desses direitos.

Assim, apoiando-se nos conceitos apresentados pelo art. 81 do Código de Defesa do Consumidor, é lícito concluir que o melhor método para identificar as espécies de direitos transindividuais é aquele que dá ênfase à modalidade de tutela jurisdicional pretendida no caso concreto, a partir da qual se poderia aferir se a

---

(272) Cf. Crisanto Mandrioli (*L'esecuzione forzata in forma specifica*, cit., p. 20), ao analisar a exigência da execução forçada em forma específica sob um prisma histórico, "da una primitiva responsabilità personale legata al cuerpo del debitore, attraverso la responsabilità patrimoniale, si è tornati ad una nuova responsabilità personale legata ormai al comportamento del debitore stesso, e si è giunti cosi ad avvicinare quanto più possibile l'identità della prestazione con lo strumento della responsabilità; da una esecuzione forzata personale, una a carattere di misura coercitiva, attraverso un esecuzione destinata ad agire direttamente nella sfera giuridica del debitore, e pur tuttavia genérica, si tende ormai ad un' esecuzione forzata diretta e specifica".

(273) DENTI. *Op. cit.*, p. 22.

(274) Tal princípio, como informa Luís Eulálio de Bueno Vidigal, advém do art. 1.142 do Código Civil francês, segundo o qual "toute obligation de faire, ou de ne pas faire, se résout en dommages et intérêts, en cas d'inexécution de la part du débiteur"(*Direito processual civil*, cit., p. 153). Buscando relativizar o rigorismo de tal preceito, Vidigal propunha sua interpretação no sentido de que "não sendo possível obter, pela execução forçada, o cumprimento da obrigação de fazer, esta se resolve em perdas e danos". *Op. cit.*, p. 154.

(275) Corresponde às mais essenciais exigências da tutela jurídica, segundo Ferrara, "garantir à pessoa a consecução não apenas de um bem *in genere*, mas daquele determinado e preciso bem sobre o qual se constituiu a relação jurídica". Todavia, quando se exige determinado comportamento do devedor para o cumprimento da obrigação, "entram em conflito dois princípios opostos. O primeiro nos levaria a excluir toda a espécie de coação direta ou indireta para constranger o obrigado precisamente a um fazer ou um não fazer; o segundo importaria na conclusão de que a obrigação específica de um determinado comportamento individual deriva sempre de uma vontade individual livremente manifestada e portanto determinante de um irrecusável vínculo jurídico" (*L'esecuzione processuale indireta apud* VIDIGAL, Luís Eulálio de Bueno. *Op. cit.*, p. 155-156).

hipótese é a de defesa de direito difuso, coletivo ou individual homogêneo,[276] o que não conduz necessariamente à conclusão de que eles possuam natureza essencialmente processual.[277]

Diante da concepção instrumentalista que o próprio legislador pretendeu implementar em sede da tutela dos direitos transindividuais é extraída a do art. 83 do CDC, segundo o qual são admissíveis "todas as espécies de ações capazes de propiciar sua adequada e efetiva tutela".

Seguindo o caminho da revolução estrutural operacionalizada na tutela jurisdicional dos direitos difusos e coletivos, por meio da sistematização das ações coletivas, a tutela preventiva, conforme visto acima, assim como o regime da responsabilidade civil e o ressarcimento dos danos produzidos globalmente experimentaram novos contornos.

Indicando os pontos mais críticos da problemática da tutela jurisdicional dos interesses metaindividuais, Barbosa Moreira já destacou que "em grande número de hipóteses é irreparável a lesão consumada ao interesse coletivo: nada seria capaz de reconstituir a obra de arte destruída, nem de restaurar a rocha que aformoseava a paisagem; inexiste, ademais, prestação pecuniária que logre compensar adequadamente o dano, insuscetível de medida por padrões econômicos. Em poucas maté-

---

[276] Nelson Nery Júnior (*Código brasileiro de defesa do consumidor*, cit., p. 619) sustenta que o tipo de tutela jurisdicional pretendida pode demonstrar, metodologicamente, se se está diante de um direito difuso, coletivo ou individual homogêneo, uma vez que essencialmente tal diferenciação torna-se praticamente inviável. Criticando tal afirmação, acusando-a de ser fruto de "visão extremamente processualista", José Roberto dos Santos Bedaque aduz que, ao contrário, "é o tipo de direito que determina a espécie de tutela", uma vez que, se assim não fosse, poder-se-ia imaginar que inexistem direitos transindividuais fora do processo (*Direito e processo*, p. 34-35). Todavia, deve-se frisar que, pela conceituação do art. 81 do CDC, a característica da indivisibilidade dos direitos transindividuais, por si só, não permite que se diferenciem direitos difusos dos coletivos. Por este motivo, *metodologicamente* irrepreensível que se verifique a espécie de direito transindividual, em cada caso concreto, de acordo com a natureza da tutela jurídica pretendida, pois somente esta será capaz de revelá-la. Ademais, com isto não se está a sugerir que os direitos difusos e coletivos sejam direitos de natureza processual, ou que inexistam fora do processo, pois, em atenção ao aspecto negativo do princípio da instrumentalidade do processo "ele não é um fim em si mesmo e não deve, na prática cotidiana, ser guindado à condição de fonte geradora de direitos" (cf. CINTRA; GRINOVER; DINAMARCO. *Teoria geral do processo*. São Paulo: Malheiros, p. 42). À evidência, os chamados direitos transindividuais possuem natureza substancial e preexistem a eventual processo que almeje sua tutela, mas sua "especialização" em difuso ou coletivo somente será possível a partir da definição da amplitude do caráter da indivisibilidade que lhes é inerente, que se realiza por meio da dedução da pretensão jurisdicional pelos entes legitimados à sua defesa.

[277] Outra é a posição adotada por Teresa Arruda Alvim Wambier em relação à natureza dos direitos metaindividuais. A processualista afirma existir "um conceito misto, calcado sobre elementos de direito material e de direito processual. São direitos indivisíveis — e esta é uma característica do direito em si mesmo — e pertencem a mais de uma pessoa. Por isso, só podem ser defendidos coletivamente, ou seja, por meio de ações que se tornam coletivas por causa do modo como se coloca, com relação a elas, a problemática da legitimidade. Estas duas últimas características parecem ser, pelo menos predominantemente, processuais". (Apontamentos sobre as ações coletivas. *RePro*, 75/276)

rias se revela de modo tão eloquente como nesta a insuficiência da tutela repressiva, exercitada mediante a imposição de sanções e, quando necessário, pela execução forçada da condenação. O que mais importa é evitar a ocorrência da lesão; daí o caráter preventivo que deve assumir, de preferência, a tutela jurisdicional".[278]

No que concerne à tutela preventiva, o CDC (art. 102) inovou com espécie de ação de natureza mandamental que se destina a "compelir o Poder Público competente a proibir, em todo o território nacional, a produção, divulgação, distribuição ou venda, ou a determinar alteração na composição, estrutura, fórmula ou acondicionamento de produto, cujo uso se revele nocivo ou perigoso à saúde pública e à incolumidade pessoal".

Constatamos, assim, que no sistema da tutela jurisdicional dos direitos transindividuais, a conversão da obrigação pessoal de fazer em perdas e danos deve ocorrer apenas quando não for possível a obtenção do resultado pretendido, uma vez que está autorizado o órgão judicial a adotar quaisquer medidas que se revelem idôneas a compelir o devedor a prestar *in natura* a obrigação a que se comprometeu. As perdas e danos, especialmente neste regime, assumem função nitidamente supletiva.[279]

Conforme analisado no item 6.1, no âmbito da ação preconizada pelo *caput* do art. 84 do CDC,[280] seja por ocasião da execução propriamente dita da obrigação de fazer ou não fazer, quando aplicáveis as regras do art. 461 e seus parágrafos, a multa pecuniária por dia de atraso no cumprimento da obrigação específica e o poder "criativo" do juiz em conceber medidas práticas que assegurem o resultado equivalente revelam-se poderosos expedientes à plena satisfação dos "novos direitos".

Percebe-se claramente que o fenômeno das ações coletivas, que instrumentalizam pretensões de tutela de direitos transindividuais, caracterizados, como já visto, essencialmente pela sua natureza não patrimonial, trouxe à análise do Direito Processual uma série de problemas referentes às formas mais adequadas de tutela preventiva e reparatória.[281]

---

(278) MOREIRA, José Carlos Barbosa. *Op. cit.*, p. 102.
(279) Veja-se, a respeito, NERY JÚNIOR, Nelson; NERY, Rosa Maria Andrade. *Código de processo civil e legislação processual civil extravagante em vigor*, p. 1.133, notas 1 e 2 ao art. 633.
(280) Tal ação, segundo Nelson Nery Júnior, revela-se como "ação de conhecimento de execução da obrigação de fazer ou não fazer", e busca a realização imediata da prestação específica devida, que pode ser deferida de forma antecipada ou por ocasião da sentença de mérito, com a fixação de prazo para cumprimento sob pena de multa pecuniária diária, verdadeira "providência inibitória". Já a execução *stricto sensu* da obrigação específica, constante de título executivo (judicial ou extrajudicial), segue o rito do CPC, art. 636 e ss. *Atualidades sobre o processo civil*, p. 76-77.
(281) A preferência pela tutela privativa dos direitos de caráter eminentemente não patrimonial é tendência preconizada mundialmente, sobretudo pelas óbvias vantagens que oferece. Cristina Rapisarda, analisando a tutela inibitória, anota a "prevalenza di remedi preventivi a contenuto inibitorio, quali tecniche funzionalmente più idonee a garantire, rispetto al tradizionale rimedio

No que concerne à tutela executiva, o fortalecimento dos meios executivos indiretos, que proporcionam a coercibilidade das medidas judiciais restauradoras e reintegradoras dos direitos violados, revela a tendência de utilização cada vez maior de institutos como o da multa pecuniária diária.[282]

Pretende-se demonstrar nesta obra que, para este sistema se aperfeiçoar, deve passar, imprescindivelmente, pela adaptação de medidas coercitivas aplicáveis *ex officio* pelo juiz no caso concreto, o que *de lege lata* já se vislumbra plenamente possível no ordenamento brasileiro.

A percepção da ausência ou insuficiência de tutela efetiva de determinados direitos, mormente em relação àqueles cuja importância no contexto social é indiscutível (tal como se apresentam hoje os direitos metaindividuais), é motivo de embaraço tanto sob o ponto de vista da atuação das garantias fundamentais como da tutela jurisdicional efetiva.[283]

Esta ideia segundo a qual a desejos diversos de tutela devem corresponder formas diversas de tutela é corolário da expressão "tutela jurisdicional diferenciada", que tem em Andréa Proto Pisani um de seus maiores estudiosos.[284]

Desta sorte, quando muito, pode-se esperar que o Poder Judiciário, na aplicação dos mencionados procedimentos executivos, flexibilize-os de acordo com a principiologia que embasa a tutela dos direitos metaindividuais. Mas, ainda assim, não se obteria propriamente uma forma de tutela jurisdicional diferenciada, ao menos no sentido rígido proposto por Proto Pisani.[285]

---

risarcitorio, l'effettività della tutela giudiziale degli interessi dei consumatore (...). L'orientamento tendente a favorire il ricorso a tecniche inibitorie di prevenzione dell'illecito si è, comunque, manifestato, in sede di individuazione dei contenuti di un intervento generale di armonizzazione della materia" (*Tecniche giudiziali e stragiudiziali di protezione del consumatore*: diritto europeo e diritto italiano, p. 708). No ordenamento pátrio, o art. 102 do Código de Defesa do Consumidor prevê espécie de remédio inibitório, a ser utilizado pelos legitimados à propositura das ações coletivas em defesa dos direitos transindividuais, visando compelir o Poder Público a proibir, em todo o território nacional, a produção, divulgação, distribuição ou venda de produto, cujo uso ou consumo regular se revelar nocivo à saúde pública e à incolumidade pessoal. Consultar, sobre a tutela inibitória, Marinoni, 1998.

(282) Consoante Ângelo Dondi, "In effetti, nonostante la presenza di misure di esecuzione diretta dei provedimenti decisori del giudice civile, l'assetto di questo sistema risulta nettamente sbilanciato in favore di strumenti di esecuzione indiretta". *Tecniche di esecuzione nell' esperienza statunitense*, cit., p. 239.

(283) TARUFFO, Michele. *L'attuazione esecutiva dei diritti*: profili comparatistici, cit., p. 173.

(284) Consulte-se Sulla tutela giurisdizionale differenziata. *Revista di Diritto Processuale*, p. 537-591, 1979.

(285) Como explica Proto Pisani, o termo tutela jurisdicional diferenciado deve ser propriamente utilizado "sai per indicare la predisposizione di più procedimenti a cognizione piena ed esauriente, taluni dei quali modellati sulla particolarità di singole categorie di situazioni sostanziali, sai per indicare la predisposizione di forme tipiche di tutela sommaria" (Sulla tutela..., cit., p. 567).

Parece conveniente que se programe uma tutela executiva diferenciada dos direitos metaindividuais que permita, em cada situação concreta, o exato e imediato cumprimento do provimento judicial, uma vez que, consoante Frederico Carpi, há "estrema difficoltà di utilizzare forme esecutive uniche per tutti i tipi di situazioni Che debbano essere realizzate in via diretta".[286] Nada mais certo, pois, que propugnar, *de lege ferenda*, pela criação de um procedimento específico, adequado às aspirações de funcionalidade dos direitos difusos, coletivos e individuais homogêneos.

Neste sentido, a proposta inicial de execução prevista no anteprojeto do Código de Processos Coletivos para os países de Ibero-América e os anteprojetos de Códigos de Processos Coletivos, apresentados pela Escola de São Paulo e do Rio de Janeiro, que estão sendo discutidos nas comunidades jurídicas destes Estados, pouco contribuíram nesta seara.

6.3.1. A EXECUÇÃO NAS AÇÕES COLETIVAS PARA TUTELAR INTERESSES DIFUSOS E COLETIVOS

Por intermédio da ação coletiva possibilita-se a tutela de direitos difusos de forma ampla (ou genuinamente transindividuais) e de certos direitos individuais que, em virtude de sua causa comum, são considerados sob a ótica processual como se metaindividuais fossem (por isso, direitos "acidentalmente coletivos", segundo expressão já proposta).

Neste momento, será analisada a tutela executiva dos direitos difusos e coletivos. Neste passo, para além da relevância conceitual de tais categorias, já antes destacada, incumbe ainda identificar, no microssistema de proteção aos direitos transindividuais, o procedimento a ser observado, o que necessariamente conduz à Lei n. 7.347, de 24.7.1985.

Quando se trata de ação coletiva, em que se deduz pedido de tutela a direitos genuinamente metaindividuais, o procedimento adotado alicerça-se na Lei da Ação Civil Pública, aproveitando-se, ainda, no que se revelar compatível, as disposições da Lei n. 8.078/1990 e, subsidiariamente do Código de Processo Civil.

Porém, no que concerne à tutela executiva, a Lei n. 7.347/1985 pouco trata. À exceção da disposição do art. 11, que versa sobre a ação de cumprimento de obrigação de fazer e não fazer,[287] e do art. 13, que, rigorosamente, não versa

---

[286] CARPI, Frederico. *Note in tema di tecniche di attuazione dei diritti*, cit., p. 112. No mesmo sentido, ASSIS, Araken de. *Execução na ação civil pública*, cit., conclui que a "terapêutica executiva" da ação civil pública deveria sofrer tratamento especial e privilegiado, propondo a introdução, entre nós, do instituto do *Contemp of Court* precisamente para possibilitar-se a prisão do executado, "caso ele desobedeça às determinações judiciais, talvez inviabilizando a reparação *in natura* de interesses coletivos e difusos".

[287] Consoante NERY JÚNIOR, Nelson; NERY, Rosa Maria Andrade. *Op. cit.*, p. 1.530, tal dispositivo resta superado em virtude do advento do art. 84 da Lei n. 8.078/1990, que trata com maior amplitude do mesmo objeto.

sobre o procedimento de execução, uma vez que apenas determina a destinação de eventual condenação em dinheiro, a única menção à tutela executiva refere-se à imposição ao Ministério Público e a faculdade aos demais legitimados do art. 82 do CDC quanto à propositura da execução, na hipótese em que a associação autora da ação coletiva não o tenha feito em até sessenta dias do trânsito em julgado da sentença condenatória (art. 15).

Assim, para a execução de sentença condenatória em dinheiro proferida em ação coletiva, deve-se observar o procedimento do CPC, que atua na omissão da Lei n. 7.347/1985 e do CDC, respeitando-se, se for o caso, a necessidade de sobrestamento da execução coletiva em face das individuais (CDC, art. 89).[288]

Por conta da relevância do bem juridicamente tutelado, visa-se à realização prática do direito metaindividual, o que traduz a necessidade de tutela específica a ser determinada na forma do art. 84 do CDC.

Quando se torna impossível a tutela específica, derivando da ação coletiva título executivo impondo obrigação de pagar certa soma em dinheiro, os entes legitimados devem propor a competente execução, que deverá reverter em prol do Fundo mencionado pelo art. 13 da LACP, observando-se, para tanto, o procedimento regulado pelo CPC.

6.3.2. As pretensões condenatórias patrimoniais e não patrimoniais e sua executoriedade

Diante deste fato é que, em relação a tais direitos, a única forma de tutela jurisdicional eficiente é a preventiva e específica, vale dizer, aquela que preserve a natureza do direito difuso, fazendo-o útil pelos seus titulares. Faz-se menção, neste passo, à necessidade da utilização da técnica da tutela inibitória, predestinada à prevenção do ilícito, sendo, portanto, "preventiva porque voltada para o futuro; específica porque destinada a garantir o exercício integral do direito, segundo as modalidades originariamente fixadas pelo direito material".[289] Sobre esse aspecto remete-se o leitor ao item 6.1, que aborda o tema.

A eficiência das disposições referentes à ação de cumprimento de obrigações de fazer e não fazer, no campo da tutela de pretensões difusas de cunho extrapatrimonial, portanto, deve ser ressaltada. O estabelecimento de multa diária, *v. g.*, mesmo sem o pedido do autor, como meio de coerção ao cumprimento efetivo da determinação judicial pronunciada, certamente propicia maiores possibilidades de alcançar-se a tutela específica, em busca da qual não afasta parte da doutrina sequer

---

(288) Conforme MANCUSO, Rodolfo de Camargo. *Manual do consumidor em juízo*, cit., p. 33.
(289) MARINONI, Luiz Guilherme. Tutela inibitória: a tutela de prevenção do ilícito. *Revista Gênesis de Direito Processual Civil*, n. 2, p. 349. Neste estudo, o processualista paranaense, tendo como parâmetro o direito italiano, analisa como a "crise da sentença condenatória" se faz refletir sobremaneira no campo dos direitos não patrimoniais.

a viabilidade de ser decretada a prisão do devedor recalcitrante, como punição à *Contempt of Court*.⁽²⁹⁰⁾

Ocorre que não seria nem necessário construir a tese da viabilidade da prisão do devedor inadimplente de prestação de obrigação de fazer ou não fazer na esteira da figura da *contempt*, aliás, inexistente formalmente entre nós, a não ser na sua forma mitigada prevista no art. 14, parágrafo único do CPC. Basta observar que os provimentos oportunizados pelo art. 461 do CPC, ou pelo art. 84 do CDC, podem denotar natureza genuinamente mandamental, o que importa dizer que, se descumpridos, dão ensejo à decretação de prisão pela existência, no Código Penal brasileiro, da figura típica da desobediência.⁽²⁹¹⁾

Apesar desta forte tendência consagrada na doutrina, esta não tem sido a posição mais agasalhada pelos tribunais brasileiros.

6.3.3. O procedimento de liquidação de sentença

Conforme já analisado, os danos coletivamente causados, até o advento das ações coletivas, padeciam da ausência de instrumental apropriado para a efetivação da reparação dos danos. O tema ganhou grande alento com a edição da LACP e, posteriormente, com as disposições processuais do CDC.⁽²⁹²⁾

A reparação do dano de cunho transindividual apresentou, naturalmente, diversas indagações de natureza processual, dentre as quais, com maior relevância, destaca-se a fixação do *quantum debeatur*.

Aparece ao juiz que prolatou a sentença o desafio de fixar o *quantum* condenatório, tendo em vista a complexidade em se aferir a exata amplitude do dano direcionado ao interesse difuso. Pela sistemática do CPC, sendo possível, já por ocasião da sentença condenatória, fixar-se o valor da obrigação, deverá pronunciá-lo o juiz desde logo.⁽²⁹³⁾ Porém, não se dando tal hipótese, reservar-se-á a missão à posterior atividade de liquidação.⁽²⁹⁴⁾

---

(290) Nesse sentido, WATANABE, Kazuo. *Op. cit.*, p. 525. ASSIS, Araken de. *Execução na ação civil pública*, cit., p. 52. Tal orientação difere da sustentada por MARINONI, Luiz Guilherme. *Novas linhas do processo civil*, cit., p. 87-88.

(291) Sobre os requisitos e limites para a utilização da prisão criminal como instrumento indireto para a consecução de prestações civis, cf. TALAMINI, Eduardo. Prisão civil e penal e "execução indireta". In: *Processo de execução e assuntos afins*, cit., p. 140 e ss.

(292) Note-se que a ação civil pública, na verdade, foi concebida originariamente para permitir a reparação de danos causados difusamente, o que está disposto no art. 1º da LACP. Visível, pois, o caráter condenatório da ação civil pública, muito embora não passe a ser exclusivo.

(293) É o que se extrai do parágrafo único do art. 459, segundo o qual "se o autor tiver formulado pedido certo, é vedado ao juiz proferir sentença ilíquida". Lembre-se, ainda, que a regra do art. 286 do CPC é a formulação de "pedido certo, ou determinado".

(294) A natureza processual da liquidação, hoje, resta assentada, consoante Cândido Rangel Dinamarco: "É atividade processual, pela óbvia razão de desenvolver-se mediante as formas

A liquidação pode se dar antes da atividade executiva, constituindo procedimento incidente, na nova sistematização introduzida no CPC pela Lei n. 11.232/2005,[295] ou, ainda, no curso de uma execução não patrimonial, como se dá, *v. g.*, quando da necessidade de se apurar a resolução das perdas e danos decorrentes da opção do credor ou impossibilidade de se obter a execução específica das obrigações de fazer e não fazer.

6.3.3.1. A LEGITIMAÇÃO ATIVA PARA A LIQUIDAÇÃO

Se for necessário se integrar à sentença condenatória proferida em ação coletiva, obrigando o devedor a reparar a lesão ocasionada ao bem coletivo, o procedimento da liquidação deverá ser proposto por qualquer dos legitimados do art. 5º da LACP.

Em geral, a iniciativa da liquidação será do próprio legitimado que atuou no processo de conhecimento, nada impedindo, todavia, a ação de outro dos colegitimados, até mesmo em litisconsórcio.

Porém, o prazo estabelecido pelo art. 15 da LACP para que a associação autora "promova a execução", sob pena da intervenção obrigatória do Ministério Público, deve ser interpretado à luz da necessidade ou não de prévia liquidação da sentença condenatória. De fato, em 60 dias após o trânsito em julgado desta, estando em curso o processo de liquidação respectivo, por óbvio que não se impõe a imediata intervenção do *parquet*, que só se justificará na hipótese de não se ter atentado para a aferição do *quantum debeatur*. A omissão da associação autora, ou de qualquer dos demais legitimados, portanto, deve ser aferida em dois momentos: tanto em relação à liquidação de sentença como à sua efetiva execução, hipóteses nas quais se imporá a iniciativa do Ministério Público.

6.3.3.2. ESPÉCIES DE LIQUIDAÇÃO

O critério de escolha de uma ou outra espécie de liquidação da sentença condenatória não fica, como se poderia imaginar, ao livre arbítrio do liquidante. Como a liquidação em alguns casos pode constituir ação autônoma, devem ser

---

procedimentais ditadas em lei, em contraditório, estabelecendo-se entre seus participantes o vínculo jurídico que se denomina relação jurídica processual" (*Execução civil*, cit., p. 511).

(295) Ainda sobre o tema, apontando a natureza constitutiva da liquidação, Araken de Assis (*Manual do processo de execução*, cit., p. 259); Ovídio Baptista da Silva (*Curso de processo civil*, cit., v. 2, p. 40); e Pontes de Miranda (*Comentários...*, cit., v. 9, p. 506). Defendendo a natureza condenatória, Frederico Marques (*Manual de processo civil*, cit., v. 4, p. 71). Nelson Nery Júnior e Rosa Maria Andrade Nery afirmam sua natureza "constitutivo integrativa" (*Código...*, cit., p. 1.117, n. 1). Sustentam a natureza declaratória, dentre outros, Cândido R. Dinamarco (*Execução civil*, cit., p. 327), e Flávio Luiz Yarshell (*Observações a propósito...*, cit., p. 153).

igualmente aferidas suas condições, que de toda forma são matéria de ordem pública (CPC, arts. 267, c/c 598).

Assim, a opção deve ser vinculada à aferição concreta do legítimo interesse processual demonstrado em cada caso, em que "o requisito de adequação é que rege a determinação da espécie de liquidação cabível".[296]

Esta questão é de grande relevância, mormente em se tratando de avaliar quanto vale o direito metaindividual lesado, ou melhor, em quanto teria importado a extensão e a profundidade desta lesão.

Havendo a necessidade de quantificar a indenização referente ao dano,[297] não o tendo feito a própria sentença condenatória, a opção que se coloca é, primeiramente, a da liquidação por arbitramento.[298] Entretanto, não se afasta a instauração de processo de liquidação por artigos, desde que se demonstre o interesse processual (diga-se, utilidade e necessidade) em provar fato novo, tal como seria, hipoteticamente, a superveniência de grave enfermidade decorrente do dano moral.

Levando-se em consideração que seja utilizado o critério que vem sendo bastante difundido doutrinariamente, ganhando acolhida jurisprudencial, que adota como parâmetros tanto uma estimativa econômica dos prejuízos causados ao bem violado, bem como a capacidade econômica do autor do dano.[299]

Por outro lado, tratando-se de fixar indenização devida pela veiculação de publicidade enganosa ou abusiva,[300] o critério seria o valor necessário para realizar-se a contrapropaganda, o que, em princípio, independeria da prova de "fato novo".

Conforme se verifica, a modalidade da liquidação dependerá da concreta demonstração da necessidade de se propiciar maior ou menor cognição ao magistrado, no que diz respeito à relevância de determinados fatos não objeto do processo de conhecimento, para que se consiga apurar a liquidez da obrigação estampada no título.

---

(296) DINAMARCO, Cândido Rangel. As três figuras de liquidação de sentença. In: *Atualidades...*, cit., p. 41, no qual faz prodigiosa análise acerca da indisponibilidade das espécies de liquidação.

(297) Relembre-se, pois, que o inciso VI do art. 6º do CDC expressamente prevê a condenação cumulativa dos danos patrimoniais e morais ocasionados pela conduta lesiva.

(298) Como salienta Munir Karan (Da liquidação em ação de dano moral. In *Atualidades...*, cit., p. 103), por imposição do art. 1.553 do Código Civil.

(299) As dificuldades da fixação do *quantum debeatur* na hipótese ora versada são doutrinariamente destacadas, dentre outros, por Nelson Nery Júnior e Rosa Maria Andrade Nery (*Código de processo civil...*, cit., p. 1.513). (cf. BENJAMIN, Antônio Herman V. In: *Ação civil pública*, cit., p. 126). Em sede jurisprudencial, o TJSP, na Ap. 178.374-1, 8ª Câmara Cível, Rel. Des. José Osório, *v. u.*, j. 3.2.1993.

(300) Sobre o tema, VENTURI, Elton. Responsabilidade civil por publicidade enganosa ou abusiva. *Revista Teia Jurídica*. Disponível em: <http:www.elogica.com.br/users/laguimar> Acesso em: 10.4.2007.

Parece mais acertada a afirmação segundo a qual o juiz teria maior margem de "discricionariedade" quando da fixação de *quantum* destinado a indenizar danos ocasionados a direitos difusos, tal como ocorre em relação aos danos ambientais.[301]

Os procedimentos a serem observados para as liquidações de sentença no sistema processual coletivo serão os previstos nos arts. 475-A ao 475-H do CPC, inseridos pela Lei n. 11.232/2005, que se aplica de forma subsidiária.

6.3.4. A EXECUÇÃO DA SENTENÇA COLETIVA

Se o processo de execução estiver instruído com o título executivo líquido e certo, superada a eventual fase de liquidação da sentença condenatória, passa-se então ao processo executivo, em que se procura atribuir ao credor exatamente o conteúdo da obrigação definida pelo título.

Assim, em virtude da inerência dos direitos metaindividuais, verificam-se sensíveis diferenças entre o modelo processual tradicional, voltado à tutela de direitos individuais, e o modelo do processo coletivo. A começar, sobretudo, pela noção de "credor" do título executivo, formado a partir de sentença ou de compromisso de ajustamento, que determina a legitimação concorrente dos legitimados do art. 5º da LACP, ou do art. 82 do CDC, para promover a execução, bem como a destinação "fluida" do montante reparatório.

Com a característica principal dos direitos transindividuais, em função da sua indivisibilidade e indeterminabilidade, certo é que qualquer lesão a eles somente pode ser concebida globalmente, o que reclama reparação igualmente coletiva.[302]

6.3.4.1. A LEGITIMAÇÃO ATIVA PARA A EXECUÇÃO

A legitimidade para deflagrar o processo de execução são os indicados pela LACP os arts. 5º e 15 e pelo CDC o art. 82, que agem dotados de legitimação processual, uma vez que em virtude da própria lei "são esses e somente esses, que são os legitimados para as ações coletivas".[303]

---

(301) A afirmação é ressaltada por Munir Karan (*Da liquidação em ação de dano moral*, cit., p. 309) ao citar pensamento de Wanda Viana Direito, que prega existir na fixação de reparação por danos ambientais "ampliação do âmbito de discricionariedade do julgador, para que este possa, com auxílio da prova pericial, do bom-senso e de seu prudente arbítrio, suprir deficiências técnicas e científicas que, inegavelmente, ainda existem no campo da comprovação do dano ambiental, na delimitação de sua extensão e em seus diversos efeitos" (*Revista de Direito Administrativo*, n. 185/62).

(302) Apreciando os traços característicos dos direitos difusos, Antônio Herman V. Benjamin destaca, na esfera da reparação, a "ressarcibilidade indireta [os sujeitos individualmente não são aquinhoados com o *quantum debeatur*, que vai para um fundo]". *A insurreição da aldeia global*..., cit., p. 93.

(303) ALVIM, Arruda. *Tratado de direito processual civil*, cit., v. 2, p. 126.

Neste passo, a execução de sentença condenatória que determine reparação a direito transindividual revela-se obrigatória, indisponível, ainda que meramente facultada aos colegitimados, com exceção do Ministério Público, como se extrai da redação do art. 15 da LACP.⁽³⁰⁴⁾

Observa-se que, pela natureza das normas do CDC, *de lege ferenda*, parece que no âmbito da execução não deveria incidir o princípio da iniciativa da parte, adotado pela sistemática do CPC no art. 2º, podendo determinar o próprio juiz do processo de conhecimento o início da execução da sentença, como já apontado no Capítulo 2.⁽³⁰⁵⁾ Na hipótese de recusa do autor da ação condenatória em participar da execução ou mesmo de desta desistir, abrir-se-ia margem à assunção por parte do Ministério Público.⁽³⁰⁶⁾

Conforme indicado acima, o art. 15 da Lei n. 7.347/1985 estabelece que ultrapassados 60 dias do trânsito em julgado da sentença condenatória, se a associação autora não promover a execução, deverá fazê-lo o Ministério Público, o que dá um falso caráter dispositivo para a execução da sentença coletiva.

As propostas dos Códigos de Processos Coletivos do IBDP e da UERJ/UNESA, nas redações originárias, nada acrescentaram para tornar mais eficiente a execução de obrigação pecuniária na tutela molecular. O PL n. 5.139/2009 também não apresentou qualquer avanço expressivo.⁽³⁰⁷⁾

O art. 26 do anteprojeto da UERJ/UNESA⁽³⁰⁸⁾ reproduz basicamente a redação do art. 15 da LACP, perdendo a oportunidade de tornar mais efetivo o sistema de efetivação dos julgados no processo coletivo.

Com o ciclo de reformas do CPC que atacou o processo de execução, principalmente no que se refere ao cumprimento de sentença, já seria possível deflagrar a atividade executiva no processo coletivo na forma do art. 475-J, o que tornaria desnecessária a provocação pelo legitimado ou, na sua omissão, pelo Ministério Público.⁽³⁰⁹⁾

A Lei n. 11.232/2005 apresentou uma ruptura no modelo processual executivo tradicional, uma vez que consagrou o sincretismo entre a atividade cognitiva e a

---

(304) MANCUSO, Rodolfo de Camargo. *Manual do consumidor em juízo*, cit., p. 114.
(305) A iniciativa do processo de execução pelo juiz não é novidade, ocorrendo já no âmbito do processo trabalhista, se bem que autorizada por norma expressa (art. 878 da CLT).
(306) Hugo Nigro Mazzilli aponta tal solução. *Op. cit.*, p. 283.
(307) Art. 26. Na ação que tenha por objeto a condenação ao pagamento de quantia em dinheiro, deverá o juiz, sempre que possível, em se tratando de valores a serem individualmente pagos aos prejudicados ou de valores devidos coletivamente, impor a satisfação desta prestação de ofício e independentemente de execução, valendo-se da imposição de multa e de outras medidas indutivas, coercitivas e sub-rogatórias.
(308) Art. 26. Legitimação à liquidação e execução da sentença condenatória — Decorridos 60 (sessenta) dias da passagem em julgado da sentença de procedência, sem que o autor da ação coletiva promova a liquidação ou execução coletiva, deverá fazê-lo o Ministério Público, quando se tratar de interesse público, facultada igual iniciativa, em todos os casos, aos demais legitimados.
(309) ALMEIDA, Marcelo Pereira de. *Tutela de execução*, cit., p. 77.

executiva para as obrigações pecuniárias. Isso significa que a satisfação do crédito será efetivada na mesma relação processual, sem a necessidade de instar o Estado para isso, conforme as regras dos arts. 475-I e seguintes do CPC.

Infere-se, pois, que se o sistema processual individual tem regras que possibilitam a efetivação da decisão judicial condenatória sem que a parte tenha que provocar, não se justifica no processo coletivo a necessidade de provocação, haja vista o interesse social envolvido.

Assim que a lei supracitada entrou em vigor chamamos a atenção para essa questão, ao defender a aplicação do art. 475-J na ação civil pública. Mas, para isso, a incidência do art. 15 da Lei n. 7.347/1985 teria que ser afastada, pois o referido artigo indica a necessidade de provocação pelo legitimado, ou, na inércia dele, por qualquer outro, ou ainda pelo Ministério Público.[310]

Para possibilitar esta interpretação, sustenta-se a inaplicabilidade do art. 15 da Lei n. 7.347/1985 por violar o princípio da tutela jurisdicional efetiva, pois provoca uma dilação desnecessária ao procedimento, e, assim, com essa leitura, seria possível a aplicação da regra do art. 475-J.

Esta construção se faz necessária em virtude da incidência do princípio da especialidade, pois a Lei n. 7.347/1985 é norma especial, não podendo ser revogada por norma geral.

A redação do art. 26 do anteprojeto UERJ/UNESA repete basicamente a regra do art. 15 da Lei n. 7.347/1985, permanecendo alguns dos problemas da efetividade das decisões judiciais no processo coletivo, tendo em vista a necessidade de provocação do órgão estatal para iniciar a atividade executiva.

As sugestões apresentadas[311] para a nova redação do art. 26 do anteprojeto foram fundamentadas na melhor interpretação dos dispositivos trazidos pelas reformas, com as correções necessárias dos pontos que proporcionaram controvérsias, principalmente a que se refere ao termo inicial para a fluência do prazo para o pagamento.[312]

A doutrina diverge a esse respeito. Scarpinella Bueno entende que o prazo para o pagamento voluntário, ou seja, sem necessidade de início de qualquer provi-

---

(310) *Ibidem*, p. 77.
(311) Art. 26. Legitimação à liquidação e execução da sentença condenatória — Decorridos 60 (sessenta) dias da passagem em julgado da sentença de procedência, sem que o autor da ação coletiva promova a liquidação coletiva, deverá fazê-lo o Ministério Público, facultada igual iniciativa, em todos os casos, aos demais legitimados.
§ 1º Ultimada a liquidação, ou não sendo esta necessária, o executado será intimado, na pessoa do seu advogado, ou, na falta deste, o seu representante legal, ou pessoalmente, para efetuar o pagamento do montante da condenação no prazo de 15 dias.
§ 2º Caso não seja efetuado o pagamento neste prazo, será acrescido ao montante da condenação multa no percentual de 10%, expedindo-se mandado de penhora e avaliação.
(312) DIDIER JUNIOR, Fredie. *Curso de direito processual civil*. Salvador: JusPodivm, 2006. v. 2, p. 221.

dência jurisdicional substitutiva da vontade do devedor, deve fluir desde o momento em que a decisão exequenda reúna eficácia suficiente, mesmo que de forma parcial, isto é, até nos casos de execução provisória.[313] Para o referido autor, a fluência do prazo não pode depender de dados subjetivos, e deveria estar atrelado a um marco bem objetivo, indicando como principal evento o "cumpra-se o v. acórdão", despacho bastante usual, que em geral é proferido quando os autos do processo voltam do tribunal, findo o seguimento recursal, ou, ainda na pendência dele, independentemente de seu esgotamento, nos casos de admissão da execução provisória.[314] Seguindo esta concepção, assim que intimadas as partes, por intermédio de seus advogados, de que o venerando acórdão tem condições de ser cumprido, está formalmente aberto o prazo para que o devedor satisfaça a obrigação.[315]

Este entendimento é criticado por Fredie Didier Junior,[316] pelo fato de em vários casos o trânsito em julgado se concretizar nos tribunais superiores. Assim, sustenta o autor que se deverá aguardar o retorno dos autos, quando estes se encontrarem nos tribunais superiores, para que se possa intimar o devedor a cumprir o julgado.[317] Sobre a fluência do prazo para a execução provisória, este deverá iniciar-se após o requerimento do credor, pois o regime deste procedimento é dispositivo, tendo em vista que lhe traz vários ônus.[318]

Câmara sustenta que o prazo de 15 dias disposto no art. 475-J só poderá fluir a partir da intimação pessoal do devedor, em respeito ao preceito do art. 240 do CPC. Segundo o autor, outra interpretação violaria o sistema, que deve ser observado de forma harmoniosa. E a necessidade de intimação pessoal se justifica pelo fato de a responsabilidade de pagar ser do próprio devedor e não de seu advogado.[319]

Luiz Fux[320] assevera que a fase de satisfação do crédito pecuniário proveniente de cumprimento de sentença inicia-se pelo requerimento do credor, quer se trate de execução provisória ou definitiva, o que levaria praticamente ao regime anterior.

Parece que a melhor solução é a apontada por Fredie Didier, pois com a intimação do devedor, por intermédio de seu advogado, após o trânsito em julgado estaria sento respeitado o contraditório, mas se tratando de execução definitiva não haveria necessidade de requerimento do credor; pelo fato de o juiz determinar o cumprimento da obrigação tão logo passe em julgado a sentença, somente devendo se proceder ao requerimento quando se tratar de execução provisória.[321]

---

(313) BUENO, Cassio Scarpinella. *A nova etapa da reforma do código de processo civil*. São Paulo: Saraiva, 2006. p. 78.
(314) BUENO. *Op. cit.*, p. 79.
(315) BUENO. *Op. cit.*, p. 80.
(316) DIDIER JUNIOR. *Op. cit.*, p. 132.
(317) *Ibidem*, p. 133.
(318) *Ibidem*, p. 138. Neste sentido, cf. CÂMARA. *Op. cit.*, p. 96.
(319) CÂMARA, Alexandre Freitas. *A nova execução de sentença*. Rio de Janeiro: Lumen Juris, 2007. p. 113.
(320) FUX, Luiz. *A reforma do processo civil*. Rio de Janeiro: Impetus, 2006. p. 124.
(321) DIDIER JUNIOR. *Op. cit.*, v. 2, p. 133.

O Superior Tribunal de Justiça, pela primeira vez instado a se manifestar sobre o tema, entendeu que a fluência do prazo para o pagamento previsto no artigo citado seria do trânsito em julgado, sem a necessidade de nova intimação do devedor.[322] O Ministro Gomes de Barros, relator do processo, explicou que a reforma no CPC teve como objetivo imediato tirar o devedor da passividade em relação ao cumprimento da sentença condenatória. Neste sentido, foi imposto ao devedor o ônus de tomar a iniciativa e cumprir a sentença rapidamente e de forma voluntária.

No recurso em discussão, a Companhia Estadual de Distribuição de Energia do Rio Grande do Sul pretendia a reforma de uma decisão do Tribunal de Justiça estadual que confirmou a aplicação da multa de 10%, prevista no art. 475-J do CPC, sobre o total devido a um grupo de agricultores em uma ação de cobrança, referente a gastos para implantar uma rede de distribuição de energia nas áreas rurais em que se localizam seus imóveis.

Após o julgamento, o valor devido pela empresa foi calculado em R$ 32.236,00, e a guia para pagamento foi recebida pela devedora em 22 de agosto de 2006. Ocorre que o pagamento se deu 17 dias após a ciência do trânsito em julgado da decisão que fixou o valor, portanto, dois dias após o prazo estabelecido na lei.

A empresa recorreu ao TJ/RS e, em face do insucesso, ofereceu recurso especial, sob o fundamento de que o Tribunal de Justiça do Rio de Janeiro tem entendimento diverso, no sentido de que a multa de 10% não incida se o réu não foi intimado pessoalmente para cumprir a sentença.

Esta decisão do STJ serviu de paradigma para outros julgados, mas, sem sombra de dúvida, a discussão estaria longe de ser pacificada pela falta de precisão do legislador.

Tanto é verdade que, em recente precedente, ao discutir o tema novamente, o STJ entendeu que a intimação do advogado seria imprescindível para fluência do prazo de quinze dias previsto no art. 475-J do CPC, seguindo a tendência da maioria dos Tribunais que faziam a interpretação sistemática da legislação processual.[323]

6.3.4.2. Prazo para a execução do título

No que concerne ao prazo para a execução, após a constituição do título executivo, judicial ou extrajudicial, em que consta a obrigação de reparar dano metaindividual,

---

(322) STJ — Resp. 954859/RS — Rel. Min. Gomes de Barros.
(323) STJ — Resp. 940.274/MS: "Na hipótese em que o trânsito em julgado da sentença condenatória com força de executiva (sentença executiva) ocorrer em sede de instância recursal (STF, STJ, TJ E TRF), após a baixa dos autos à Comarca de origem e a aposição do 'cumpra-se' pelo juiz de primeiro grau, o devedor haverá de ser intimado na pessoa do seu advogado, por publicação na imprensa oficial, para efetuar o pagamento no prazo de quinze dias, a partir de quando, caso não o efetue, passará a incidir sobre o montante da condenação, a multa de 10% (dez por cento) prevista no art. 475-J, *caput*, do Código de Processo Civil".

discute-se a respeito da existência ou não de prazo para se intentar a competente execução. Como analisado acima, a execução do título executivo fixador de *quantum* reparatório é obrigatória,⁽³²⁴⁾ tendo em vista o interesse social em relação à recomposição do bem violado. Todavia, não prevendo o microssistema de tutela dos direitos transindividuais a iniciativa oficial do juiz da execução, resta a dúvida: haveria prazo prescricional para a ação executiva na hipótese ora analisada?

Sob este enfoque, Nelson Nery Júnior e Rosa Maria Andrade Nery concluem pela imprescritibilidade até mesmo da ação condenatória que deduza pretensão indenizatória pelos danos causados aos direitos transindividuais. Segundo os autores, "a prescrição é instituto criado para apenar o titular do direito pela sua inércia no não exercício desse direito. Como os direitos difusos não têm titular determinável, não seria correto transportar-se para o sistema da indenização dos danos causados ao meio ambiente o sistema individualista do Código Civil, apenando, dessa forma, toda a sociedade, que, em *ultima ratio*, é a titular ao meio ambiente sadio".⁽³²⁵⁾

Corroborando essa posição, Sergio Shimura assinala que os interesses difusos, por envolverem titularidade indeterminável e transindividual, tornam impossível a aplicação pura e simples de um sistema reparatório baseado num pensamento individual privado para a recuperação de danos coletivamente considerados.⁽³²⁶⁾

No mesmo seguimento, o Código Civil português, no art. 298, estabelece que "estão sujeitos à prescrição, pelo seu não exercício durante o lapso de tempo estabelecido na lei, os direitos que sejam indisponíveis ou que a lei não declare isentos de prescrição".

Como se trata de interesses de toda a sociedade, não é razoável o ordenamento jurídico punir a todos, com a perda da pretensão em favorecimento do causador do dano.

Observa-se, com propriedade, que conforme preceituado no art. 205 do Código Civil brasileiro, nos casos de lesão continuada e permanente, mesmo havendo a punição pela prescrição, o prazo seria o de dez anos, cujo termo inicial seria a prática do último ato danoso.

Porém, se houver a individualização do direito em litígio, é possível a incidência da prescrição, conforme regula o art. 27 do Código de Defesa do Consumidor. Neste caso podem ser alcançadas pela prescrição tanto a pretensão cognitiva como a liquidatária.

Ressalte-se que a nova redação do art. 219, § 5º, dada pela Lei n. 11.280/2006, no terceiro ciclo de reformas do CPC, possibilitou a decretação da prescrição de ofício pelo juiz, mesmo nos casos de interesses patrimoniais.

---

(324) A obrigatoriedade da execução, entendemos, diz respeito não somente aos títulos judiciais como aos extrajudiciais. O art. 15 da LACP, ao impor a atuação do Ministério Público, na hipótese de permanecer omisso o autor da "ação condenatória", deve ser, por analogia, aplicado.
(325) VENTURI, Elton. *Execução da tutela coletiva*. São Paulo: Malheiros, 2000. p. 153.
(326) SHIMURA, Sergio. *Tutela coletiva e sua efetividade*. São Paulo: Método, 2006. p. 221.

Outro aspecto relevante concernente à prescrição é a possibilidade de interrupção da prescrição com o despacho do juiz na ação coletiva. Porém, não ocorrendo qualquer causa impeditiva ou suspensiva da prescrição do direito de quem sofreu a lesão, extingue-se o direito à respectiva pretensão.[327]

6.3.4.3. EXECUÇÃO DEFINITIVA E PROVISÓRIA

Em linhas gerais, a execução definitiva e a provisória não diferem, ainda que em relação à chamada execução "provisória" erijam-se os regimes da responsabilidade objetiva do credor, da limitação da prática de atos que importem alienação de domínio ou de levantamento de depósito sem caução idônea e do retorno ao *status quo ante* na hipótese da cassação ou reforma da decisão condenatória. A única questão em que a execução provisória irá diferir em relação à definitiva é que esta depende, necessariamente, de provocação, e não incidirá a multa de 10% prevista no art. 475-J do CPC.

Cumpre destacar que, pelo regime de tutela dos direitos transindividuais, os recursos cabíveis das decisões judiciais devem, como regra, ser recebidos apenas no efeito devolutivo.[328] Isto acarreta a possibilidade de se propor imediatamente a execução das sentenças condenatórias proferidas no âmbito das ações coletivas que, ao menos até o seu trânsito em julgado, devem obedecer aos princípios do art. 475-O do CPC, atinentes à "execução provisória".

Sendo a destinação legalmente imposta para os valores arrecadados em execução na ação coletiva em defesa de direitos genuinamente metaindividuais, e que a execução provisória não permite o levantamento de dinheiro sem caução idônea ou alienação de bens da propriedade do devedor, não se vislumbra que espécies de "danos" poderiam advir ao executado. Entretanto, se ocorrerem concretamente, o artigo supracitado determina a responsabilização do condutor da execução coletiva.

A natureza processual da execução somente pode ser defendida e compreendida com o incremento das referidas garantias constitucionais no âmbito interno da própria ação executiva. Assim, em que pese realizar-se no interesse do credor, "pode-se mesmo dizer que existe um sistema de proteção do executado contra excessos, um *favor debitoris* inspirado nos princípios de justiça e equidade, que inclusive constitui uma das linhas fundamentais da história da execução civil em sua generosa tendência de humanização".[329]

---

(327) *Ibidem*, p. 222.
(328) O art. 14 da LACP dispõe no sentido de que o juiz "poderá" atribuir aos recursos o efeito suspensivo em determinadas hipóteses nas quais transparecer risco de dano irreparável. Assim, *a contrario sensu* a regra é a do efeito apenas devolutivo, cf. NERY JÚNIOR, Nelson; NERY, Rosa Maria Andrade. *Op. cit.*, p. 1.537.
(329) DINAMARCO, Cândido Rangel. *Op. cit.*, p. 304.

A resistência à execução fundada em sentença poderá ser feita por impugnação, conforme prevê o art. 475-J, § 1º, do CPC, introduzido pela Lei n. 11.232/2005, que será, em regra, processada nos mesmos autos, e só suspenderão a atividade executiva se o executado demonstrar que o seu prosseguimento poderá gerar danos irreparáveis ou de difícil reparação.

Se a execução tiver por fundamento o título extrajudicial, como o termo de ajustamento de conduta, a defesa do executado deverá ser feita por embargos. A oposição de embargos segue, ante a omissão do microssistema de defesa dos direitos metaindividuais, o regime estabelecido nos arts. 736 e seguintes do CPC, com as alterações implementadas pela Lei n. 11.382/2006, responsável por dar nova roupagem ao regime dos embargos do executado, que, entre outras, não dependem mais de prévia garantia do juízo para o oferecimento e não suspendem mais, em regra, a execução.[330]

Para além das matérias cuja alegação é legalmente prevista, o executado tem como grande fundamento de defesa o princípio da busca de sua menor onerosidade, o que necessariamente importa conduzir-se a tutela executiva dentro de parâmetros de razoabilidade, resguardando-se o devedor de quaisquer atividades jurisdicionais que possam ser entendidas como excessivas.

O referido princípio ganha realce quando se trata de avaliar a sujeição do devedor a ressarcir danos transindividuais provocados, por vezes, a um número indeterminado de indivíduos (dano difuso propriamente dito). Não é difícil imaginar, pois, hipóteses em que a ruína do executado no âmbito do processo de execução de índole coletiva é iminente, sobretudo tomando-se em consideração a fixação de formas de recomposição do bem coletivo violado que não observem a fórmula da efetiva capacidade econômica do executado *versus* dano produzido.

Verifica-se, assim, a notória responsabilidade do magistrado em conduzir o processo de execução da forma menos gravosa possível para o executado, até mesmo para que possibilite ao exequente desfrutar do direito que lhe foi reconhecido.

6.3.4.4. A SATISFAÇÃO DOS CRÉDITOS CONSTITUÍDOS A PARTIR DE AJUSTAMENTOS DE CONDUTAS

Um importante instrumento para a efetivação das demandas coletivas é o Termo de Ajustamento de Conduta (TAC), que surgiu com o Estatuto da Criança e do Adolescente (Lei n. 8.069/1990, art. 211) e depois foi consolidado pelo Código de Defesa do Consumidor, por intermédio do seu art. 113, que introduziu ao art. 5º da Lei n. 7.347/1985, § 6º.[331]

---

(330) PINHO, Humberto Dalla B. de. *Nova sistemática da execução dos títulos extrajudiciais e a Lei n. 11.382/2006*. Rio de Janeiro: Lumen Juris, 2007. p. 105.
(331) SHIMURA. *Op. cit.*, p. 131.

Este termo, também denominado de compromisso de ajustamento, consiste em mecanismo formal, em que os órgãos públicos legitimados a ajuizar ação civil pública tomam dos interessados a obrigação de determinada conduta, mediante cominação, com eficácia de título executivo extrajudicial, objetivando proteger interesses transindividuais.

O art. 82, § 3º, do CDC dispunha que o compromisso de ajustamento de conduta configuraria título executivo extrajudicial, mas sofreu veto presidencial. Veto este que não surtiu qualquer efeito, tendo em vista que o art. 113 do mesmo diploma legal acrescentou o § 6º ao art. 5º da Lei n. 7.347/1985, e apresenta a mesma redação do dispositivo vetado, sendo que este não foi atingido pelo veto.[332]

O Termo de Ajustamento de Conduta tem sido, segundo a doutrina e a jurisprudência, de grande proveito social, pois, pela sua natureza consensual, evita a deflagração de várias demandas individuais. E não impede que aqueles que por ventura discordem do que foi firmado — e queiram discutir individualmente a lesão sofrida — possam ir ao Judiciário buscar a satisfação dos seus interesses.

Segundo Sergio Shimura,[333] é importante distinguir o tipo de interesse em jogo, de sorte a identificar a posição jurídica do legitimado a promover a ação coletiva. Segundo o autor:

> Sendo difuso ou coletivo, o que se tem é uma legitimação normal, própria dos entes indicados expressamente na lei, para demandar em juízo. Daí falar em legitimação autônoma para a condução do processo, ou, ainda, em legitimação institucional (ou coletiva). Com efeito não há cogitar de legitimação extraordinária, pois existe um titular específico e individualizado do direito objeto do litígio, que estaria sendo defendido pelo ente legitimado.

Partindo da premissa de que, em se tratando de interesse transindividual o autor da ação não pode dispor do direito material controvertido, tendo em vista que sua legitimação se justifica para conduzir o processo à defesa dos interesses do grupo, não seria possível pensar na hipótese de transação sobre esses interesses, pois, por definição, a transação constitui ato jurídico bilateral, em que as partes, fazendo concessões mútuas, eliminam o conflito de interesses.

A transação no ordenamento pátrio só é permitida em relação a direitos patrimoniais disponíveis, conforme preceituado nos art. 841 do Código Civil e nos arts. 351 e 447 do Código de Processo Civil.

Na seara coletiva, os legitimados não agem na defesa de seus próprios interesses, mas sim da coletividade, o que, em princípio, poderia conduzir à conclusão de que não poderiam ser efetuados acordos ou concessões sobre o bem em litígio.

---

(332) *Loc. cit.*
(333) *Ibidem*, p. 132.

Esta conclusão, porém, deve ser afastada, pela utilidade prática de prevenir o conflito ou para evitar o prolongamento e a incerteza da manutenção do processo.

Com este objetivo, o legislador possibilitou aos órgãos públicos legitimados ajuizar ação civil pública para ajustar a conduta dos interessados às exigências legais, impondo preceitos cominatórios.

Sergio Shimura destaca que o compromisso de ajustamento não se revela uma transação, com concessões recíprocas conforme disposto na lei civil, eis que o causador do dano ou o potencial causador aceita voluntariamente as exigências legais.[334]

Neste contexto deve ser ponderado que a tutela adequada dos interesses transindividuais não se dá sempre, e necessariamente, por uma sentença no bojo de uma ação coletiva. Em muitos casos, é mais salutar um acordo com a parte contrária, de sorte a evitar ou estancar a lesão imediatamente. A intransigência das partes pode gerar danos ainda maiores aos interesses da sociedade. O compromisso de ajustamento objetiva, justamente, evitar esses males, pois se trata de providência imediata.

Pode ser citada como exemplo uma degradação ambiental causada por uma empresa que despeja detritos em área de manancial e se prontifica a apresentar um plano de recuperação e instalar filtros e equipamentos necessários ao fim da poluição. Neste caso, eventual resistência do legitimado ativo da ação coletiva não seria justificável, sob o ponto de vista do resultado concreto, pois a demanda judicial é sempre um risco.

Assim, o escopo principal do TAC é ajustar a conduta do causador do dano às exigências legais, mediante cominações de penalidades em casos de descumprimento, constituindo título extrajudicial, salvo se for o concretizado no bojo de um processo em trâmite, que, neste último caso, necessitará de homologação judicial.[335]

Porém, em algumas situações, dependendo da natureza do bem jurídico, a lei pode vedar a transação. É o que acontece na responsabilização dos agentes públicos em caso de enriquecimento ilícito pela prática de ato de improbidade administrativa. Nem antes, nem no curso do processo, se permite ajuste em relação à perda de função pública ou suspensão dos direitos políticos.

Uma vez firmado o Termo de Ajustamento de Conduta, impede-se o ajuizamento da ação coletiva, obviamente se houver identidade de objetos. E a razão do compromisso de ajustamento é exatamente a de evitar os percalços da demanda judicial e a multiplicidade de processos. Se porventura houver o descumprimento do que foi ajustado, ingressa-se diretamente com pleito executivo em razão da sua natureza de título executivo extrajudicial.

---

(334) *Ibidem*, p. 133.
(335) MAZZILLI, Hugo Nigro. *Inquérito civil*. São Paulo: Saraiva, 2005. p. 390.

É importante destacar que o TAC constitui responsabilidade mínima, e não teto máximo para reparação de uma lesão a direitos coletivos. O compromisso conterá especificidades bem distintas em relação às obrigações meramente patrimoniais.

Representa instrumento eficiente tanto do ponto de vista pedagógico como preventivo do dano, sendo salutar o ajuste de conduta como meio eficiente, menos burocrático, apto a reparar ou obstar lesão a direito metaindividual.[336]

Destaca-se que, mesmo em relação aos direitos subjetivos individuais, o ajuste não obsta que os interessados busquem a tutela dos interesses que entendem violados, pois as medidas de proteção coletivas não podem representar cerceamento ou limitação a interesses individuais.[337]

Tratando-se de interesses individuais homogêneos, aquele que sofreu a lesão poderá promover a liquidação de seu dano individual valendo-se do Termo de Ajustamento, e assim realizar a execução.

É importante frisar que o compromisso de ajustamento pode ter por objeto qualquer tipo de obrigação, e por representar título executivo extrajudicial seguirá, em caso de descumprimento, o sistema executivo disposto no Livro II do Código de Processo Civil, pois nem a Lei n. 7.347/1985, nem o Código de Defesa do Consumidor estabelecem regras específicas sobre este procedimento. Isso significa que neste caso será instaurada relação processual autônoma.

Em se tratando de obrigação específica, utilizam-se os meios de coerção previstos na lei para constranger o devedor recalcitrante a cumprir o que deveria.

Vale ressaltar que essa espécie de obrigação, antes do primeiro ciclo de reformas do CPC, que se deu em 1994, só tornava possível a execução se fosse fundada em sentença. O art. 632 foi alterado pela Lei n. 8.953/1994, passando a permitir que títulos executivos extrajudiciais também contemplassem obrigações de fazer e não fazer.

A evolução legislativa rumo à maior efetividade da prestação jurisdicional tinha que passar, necessariamente, pela atividade executiva, e, neste aspecto, ampliar os contornos dos títulos extrajudiciais foi grande avanço. E, na seara da tutela coletiva dos direitos, a possibilidade de ajustar eventual ou iminente conduta lesiva a esses interesses amplia consideravelmente sua efetividade.

Deve ser destacado, ainda, que se for descumprida a obrigação específica constante no Termo de Ajuste, esta deverá ser convertida em obrigação pecuniária, e isto será possível por meio de processo de liquidação.[338]

---

(336) MAZZILLI. *Op. cit.*, p. 215.
(337) SHIMURA. *Op. cit.*, p. 135.
(338) *Ibidem*, p. 151.

Como regra, só é cabível liquidação de título judicial. O título extrajudicial já deve ser revestido de liquidez, caso contrário, não terá essa natureza.

Apesar disso, em alguns casos é cabível a liquidação de obrigação constante de título extrajudicial, justamente nas hipóteses em que se instaura a atividade executiva para este fim, a obrigação específica não é satisfeita pela própria conduta do devedor, ou porque se tornou impossível o cumprimento.

Sendo assim, se a conduta prevista no compromisso de ajustamento não for efetivada, e se tratar de obrigação específica, será possível realizar a liquidação para definir o valor pecuniário a ser executado, no intuito de possibilitar a atividade executiva, e, uma vez concluída, destina-se o valor ao fundo previsto no art. 13 da Lei n. 7.347/1985.

6.3.4.5. A EXTINÇÃO DO PROCESSO DE EXECUÇÃO

No sistema processual do CPC, a extinção da execução estaria atrelada à satisfação da obrigação pelo devedor, à remissão da dívida ou à renúncia ao crédito por parte do credor, somente produzindo efeito quando declarada por sentença, conforme disposto nos arts. 794 e 795 do CPC.

Portanto, a extinção do processo de execução, embora atrelada pelo art. 794 do CPC à satisfação da dívida, deve ser encarada sob duplo enfoque: extinção com a satisfação do credor ou sem a satisfação do credor. O princípio do desfecho único que norteia a atividade executiva estatal aponta que a única forma de extinção considerada normal do processo de execução é com a efetiva satisfação do credor. Mas é evidente que podem ocorrer várias crises que conduzem, invariavelmente, à extinção do processo sem essa satisfação. Indica-se, por exemplo, entre outras, a falta de condições da ação ou de pressupostos processuais para a execução.

A execução dos direitos difusos e coletivos só pode ser considerada como efetivamente prestada quando proporciona aos seus titulares (ainda que indeterminados) a prestação específica da obrigação ou seu equivalente, ou, ainda, o correspondente em pecúnia.

6.3.4.6. A DESTINAÇÃO E APLICAÇÃO DO MONTANTE DA CONDENAÇÃO PELOS FUNDOS DE RECONSTITUIÇÃO

Questão de extrema relevância para tornar efetiva a tutela jurisdicional executiva no sistema molecular diz respeito à destinação do montante obtido na execução.

Nesse aspecto, a LACP, em seu art. 13, prevê que fundos geridos por conselhos estaduais e federais, cuja composição compreende necessariamente representantes da comunidade e do Ministério Público, devem destinar os recursos arrecadados "à reconstituição dos bens lesados". Tal incumbência, em muitos casos, revela-se de difícil concretização, sobretudo quando a lesão ocasionar danos irreparáveis.[339]

Porém, a impossibilidade fática de oportunizar a efetiva recomposição do *status quo ante* não prejudica nem a condenação do responsável pela lesão a pagar certa soma em dinheiro, nem a utilização do numerário em fomento de certas atividades correlatas à natureza da lesão.[340]

Com o escopo de regular a aplicação do dinheiro arrecadado pelo Fundo de Defesa dos Direitos Difusos, hoje vige o Decreto n. 1.306, de 9.11.1994, que no art. 2º elenca as verbas que constituem recursos do Fundo. Sua composição está disposta no art. 3º, e a competência para aplicação dos recursos, no art. 4º.

Neste mesmo passo foi criada a Lei n. 9.008, de 21.3.1995, considerada o Regulamento do Conselho Federal de Direitos Difusos, que disciplina as atividades deste, visando, essencialmente, zelar pela aplicação dos recursos na consecução da integral reparação aos danos causados ao meio ambiente, consumidor, bens e direitos de valor artístico, estético, histórico, turístico, paisagístico, por infração à ordem econômica e a outros interesses difusos e coletivos.[341]

No mesmo sentido, por intermédio da Instrução Normativa n. 4, de 31.7.1998, a Secretaria do Tesouro Nacional estabeleceu, no art. 31, que todos os depósitos realizados na chamada "Conta Única do Tesouro Nacional", dentre as quais as destinadas ao Fundo de Defesa dos Direitos Difusos — FDD, devem ser individualizados de acordo com tabela de códigos, de maneira que hoje é possível a efetiva gestão e aplicação específica do numerário existente no FDD.

Nos estados, também há a faculdade de criarem-se fundos com o mesmo intuito, para os quais devem ser canalizados os recursos provenientes de condenações, no âmbito das justiças dos respectivos Estados, à reparação de danos causados a direitos transindividuais.[342]

Conforme o disposto no CDC, a destinação do montante global e indivisível aos fundos de recomposição dos danos transindividuais sofre grave interferência da eventual ocorrência de pretensões reparatórias a título individual, que, pelo microssistema ora estudado, preferem aquela. Combinando-se o art. 103, § 3º,

---

(339) Barbosa Moreira exemplifica estas hipóteses de irreparabilidade das lesões consumadas a interesses coletivos: "nada seria capaz de reconstituir a obra de arte destruída, nem de restaurar a rocha que aformoseava a paisagem; inexiste, ademais, prestação pecuniária que logre compensar adequadamente o dano, insuscetível de medida por padrões econômicos" (*A proteção jurisdicional dos interesses coletivos ou difusos*, cit., p. 102).

(340) Art. 7º do Decreto n. 1.306/1994. Neste passo deve-se abrir margem a soluções verdadeiramente inovadoras e imaginativas sugeridas por Mazzilli (*Op. cit.*, p. 276-277).

(341) Art. 1º do Regulamento do Conselho Federal Gestor do Fundo Federal de Direitos Difusos.

(342) Em relação à criação de qualquer espécie de Fundo, a Constituição Federal impõe prévia autorização legislativa (art. 167, IX). Suprido tal requisito, a instituição e regulamentação do Fundo a que se refere a LACP, art. 13, é plenamente viável, como aliás já ocorre, *v. g.*, no Estado de São Paulo.

com o art. 99 e parágrafo único, todos do CDC, bem se percebe que somente após resolvidas as pretensões de vítimas e sucessores é que se pode integralizar quantia ao Fundo.

Porém, deve-se fazer certa ressalva à tese segundo a qual, uma vez efetivamente destinada quantia para integralizar o fundo de recomposição de Danos Metaindividuais, eventuais execuções individualizadas possam vir a atacá-lo no intuito de retirar-lhe parcela a ser destinada às vítimas ou sucessores.[343]

Não obstante seja possível a concorrência de destinações individualizadas e coletivas do montante apurado a partir de sentença condenatória proveniente de uma ação civil pública, o art. 99 do CDC, como forma de proteger aquelas, susta a destinação coletiva "enquanto pendentes de decisão de segundo grau as ações de indenização pelos danos individuais, salvo na hipótese de o patrimônio do devedor ser manifestamente suficiente para responder pela integralidade das dívidas".

Indaga-se, então, se a única oportunidade para que se modifique o montante reparatório estabelecido para integralizar o Fundo é o preconizado pelo art. 99 do CDC, vale dizer, o provimento de recursos até então pendentes, a fim de se admitirem certas pessoas como "credores individuais". Nesta hipótese, e somente aí (confirmação pelo Tribunal, no âmbito da ação individual, da condenação contra o responsável pelo dano), caberia a retirada de parcela da condenação global e indivisível antes destinada ao Fundo, em prol do credor individual que obteve decisão favorável em grau de recurso.

Após esta integralização, não mais se poderá atacar o Fundo, ainda que sob pretexto de arrecadar numerário para beneficiar novos credores que promoverem liquidação e execução da sentença proferida em ação coletiva. O mesmo ocorre em relação à liquidação e execução da sentença condenatória genérica do art. 95 do CDC. Posteriormente ao prazo estabelecido no art. 100, na hipótese de já ter atuado algum dos legitimados para a execução e efetivamente integralizado a *fluid recovery*, eventuais pretensões de reparação individualizada deverão atacar diretamente o patrimônio do demandado.

Esta conclusão fundamenta-se na ausência de qualquer previsão por parte da Lei n. 9.008/1995, que regula a gestão e aplicação das verbas que integram o Fundo Federal dos Direitos Difusos, sobre eventuais "reservas" de numerário visando atender a tais pretensões individuais.

Pela previsão da Instrução Normativa n. 4/1998 da Secretaria do Tesouro Nacional antes mencionada, há um código específico (n. 200107.20905.004-8) destinado a separar, dentro da conta destinada ao FDD, "os depósitos referentes à indenização devida ao decurso do prazo de um ano sem habilitação de interessados em número compatível com a gravidade do dano". Ou seja, a partir da condenação

---

(343) VENTURI. *Op. cit.*, p. 157.

genérica do CDC, passado um ano, há a integralização da mencionada indenização global (*fluid recovery*) na referida conta, a partir da qual o numerário poderá ser imediatamente aplicado nos fins antes colocados.

6.3.5. A EXECUÇÃO NAS AÇÕES COLETIVAS PARA TUTELAR INTERESSES INDIVIDUAIS HOMOGÊNEOS

A visão coletiva, para fins de defesa instrumental, modificou essencialmente o modo de prestação jurisdicional quando da lesão dessa espécie de direito, cuja origem comum atinge indivíduos determinados ou determináveis, todavia, com "diversas afetações individuais, particulares, originárias de uma mesma causa, o que coloca os prejudicados envolvidos em uma mesma situação, embora cada um deles possa expor pretensões com conteúdo e extensão distintos".[344]

O sistema processual disposto no CDC difere, em certos aspectos, do modelo original da *common law*. Nas ações coletivas de tutela a direitos individuais homogêneos nas quais se deduz pedido condenatório, o grupo é representado por um dos entes legitimados à propositura da ação coletiva (art. 82 do CDC), do que se afere que a adequada representatividade dos integrantes da classe é presumida *ope legis*. O Ministério Público intervém obrigatoriamente em todos os processos coletivos, devendo ainda haver ampla divulgação da demanda, a fim de propiciar a intervenção dos interessados.

Por intermédio deste instrumento, uma vez proferida sentença condenatória genérica, dá-se a habilitação dos indivíduos lesados, a apuração do *quantum debeatur* em relação a cada qual e a final execução, na qual, além das indenizações individuais, estabelece-se reparação "fluida", destinada aos fundos de recomposição dos direitos metaindividuais. Embora a melhor orientação seja no sentido de que, se for possível ao julgador, no momento de prolatar a sentença, se estabeleça desde logo o valor a ser executado, o que prestigiaria a efetividade e celeridade do processo, seguindo a orientação mais moderna.

As chamadas "ações de classe" constituem instrumento concebido originariamente pelo sistema anglo-saxão, mais especificamente na Inglaterra, pelo *Bill of Peace*, ao final do século XVII, conforme visto anteriormente. Entretanto, seus contornos precisos foram assentados nos Estados Unidos da América, por meio da *Federal Equity Rule 38*, de 1912, que estabelecia como requisitos para a instauração de uma *class action:* a impossibilidade da participação efetiva no processo de todos os membros da classe; a existência de adequada representatividade dos membros pela pessoa formalmente incumbida de constituir-se como parte no processo; e a presença de uma questão de fato ou de direito comum a todos os membros da

---

(344) José Luis Bolzan de Morais (*Do direito social aos interesses transindividuais*, cit., p. 121). Sobre a conceituação dos direitos individuais homogêneos, Alcides Alberto Munhoz da Cunha, esclarece (*Evolução das ações coletivas no Brasil*, cit., p. 233).

classe.⁽³⁴⁵⁾ A verificação completa pelo Judiciário acerca da existência ou não da *adequacy of representation* em cada *class action*, bem como acerca da comunicação efetiva aos integrantes da classe (para que eventualmente exerçam o direito de desvincular-se dos efeitos da sentença por meio do chamado *opt out*, que será visto um pouco mais adiante) passou a ser encarada como parâmetro para se fixar tanto o objeto da ação coletiva como a extensão subjetiva da coisa julgada.⁽³⁴⁶⁾

De forma diversa do que foi visto no âmbito das ações coletivas para tutela dos direitos genuinamente transindividuais, nas quais se pretende que a sentença condenatória já imponha, para além da obrigação de reparar o dano, a fixação efetiva do montante indenizatório que se destinará a um fundo para recomposição do direito violado, a pretensão deduzida na ação coletiva que visa tutelar direitos individuais homogêneos, quando condenatória, diz respeito somente à fixação genérica do dever de ressarcir (*an debeatur*).⁽³⁴⁷⁾

No processo, o significado da sentença condenatória genérica reporta-se ao tratamento coletivo emprestado ao bem jurídico tutelado que, até o momento dos processos de liquidação e execução da sentença, é concebido como se fosse indivisível.⁽³⁴⁸⁾

Deve ser consignado que a sentença condenatória genérica não constitui novidade em nosso ordenamento. O inciso II do art. 286 do CPC já previa a possibilidade de se formular pedido genérico, dentre outras hipóteses, "quando não for possível determinar, de modo definitivo, as consequências do ato ou fato ilícito". E neste caso, a exemplo do ocorrido com a sentença condenatória proferida na ação coletiva para tutela de direitos individuais homogêneos, o *decisium* somente fixará o *an debeatur*, necessitando de posterior integração por meio da liquidação.

A verificação da responsabilidade pelos danos provocados pelo devedor, efetivada por via da sentença condenatória genérica ora analisada, além de propiciar verdadeira revolução no instituto da responsabilidade civil, traz consigo uma série de indagações de ordem técnica, sobretudo quanto à sua natureza jurídica, bem como em relação ao objeto e à extensão da liquidação que deverá suceder-lhe, em busca dos montantes reparatórios individuais.⁽³⁴⁹⁾

---

(345) Quanto ao histórico e evolução do instituto da *class action* nos EUA e em outros países, ver, especialmente, CONSOLO, Cláudio. Class actions'fuori dagli USA? In: *Rivista di Diritto Civile*, n. 5, 1993.

(346) Em feliz síntese conclusiva acerca dos regramentos da *class action* do sistema norte-americano, temos José Rogério Cruz e Tucci (Class action *e mandado de segurança coletivo*, cit., p. 34).

(347) É o que estabelece o art. 95 do CDC: "Em caso de procedência do pedido, a condenação será genérica, fixando a responsabilidade do réu pelos danos causados".

(348) Cf. VENTURI. *Op. cit.*, p. 133.

(349) Cf. Ada Pellegrini Grinover (*Código Brasileiro de Defesa do Consumidor*, cit., p. 555), fazendo referência à mudança de enfoque à imposição da responsabilidade civil não em função dos danos sofridos individualmente, mas pelos genericamente provocados pelo devedor.

A condenação genérica à reparação de danos, ocasionando a cisão em duas fases da cognição jurisdicional em certas ações ressarcitórias, inicialmente para aferição do *an debeatur*, no Direito italiano, foi fenômeno construído jurisprudencialmente, à margem do Direito posto.[350]

Para proferir uma sentença condenatória genérica, não se faz necessária uma prova inequívoca da existência do dano, mas sim um juízo de verossimilhança que justifique, inclusive, o estabelecimento da segunda fase da cognição judicial, relativa à fixação do *quantum* reparatório no âmbito da liquidação.[351]

6.3.5.1. A CONDENAÇÃO GENÉRICA DO ART. 95 DO CDC

De acordo com o que foi apresentado, o atributo da certeza é imprescindível a qualquer sentença (CPC, art. 460, parágrafo único), e fica configurada, plenamente, no decreto condenatório preconizado pelo art. 95 do CDC, seja em relação à definição da responsabilidade civil do réu à indenização de prejuízos individuais verossímeis, seja no que tange à existência de dano metaindividual (indivisível) a ser indenizado, ainda que ilíquido.[352]

6.3.5.2. A LIQUIDAÇÃO DE SENTENÇA CONDENATÓRIA GENÉRICA

Ao analisar o teor da sentença condenatória genérica, no âmbito do microssistema de tutela dos direitos individuais homogêneos, de igual forma é relevante avaliar como se desenvolve o subsequente processo de liquidação, responsável pela revelação da efetiva existência de danos individualizados e sua extensão, bem como da quantificação da chamada *fluid recovery*.

Conforme se verifica, a sistemática imposta à liquidação do decreto condenatório genérico do art. 95 do CDC é sensivelmente distinta daquela preconizada para se chegar ao *quantum* nas ações individuais alicerçadas na sistemática processual tradicional,[353] o que levou Cândido Dinamarco a denominá-la de "liquidação

---

(350) É o que relata CALAMANDREI, Piero. La condana genérica ai danni. *Rivista di Diritto Processuale Civile*, cit., p. 359.

(351) A Corte Suprema italiana, aludindo à suficiência da "prova de verossimilhança" do dano, adotou como critério algumas premissas. CALAMANDREI. *Op. cit.*, p. 369.

(352) É neste sentido que Ada Pellegrini Grinover, ao comentar o art. 95 do CDC, aduz: "Logo se vê que o fato da condenação ser genérica não significa que a sentença não seja certa, ou precisa. A certeza é condição essencial do julgamento, devendo o comando da sentença estabelecer claramente os direitos e obrigações, de modo que seja possível executa-la" (*Código Brasileiro...*, cit., p. 555).

(353) A singularidade do processo de liquidação preconizado pelo CDC, no âmbito da tutela dos direitos individuais homogêneos, talvez deva-se a que, "se, por um lado, não dispensa secularmente engendrada para a solução de controvérsias individuais, reclama, de outro lado, uma adaptação desse aparato às particularidades dos conflitos de 'massa'; o que, não resta

toda *sui generis*, que discrepa dos padrões conhecidos e tem objeto e finalidade mais amplos que as de molde tradicional", sendo para o referido processualista "mais que uma liquidação".[354]

No processo de liquidação apontado pelo art. 97 do CDC, mais do que fixar a quantia a ser paga pelo devedor, cuja responsabilidade civil restou determinada pela condenação genérica, deve o juízo, com antecedência lógica, apurar se em relação ao habilitado houve qualquer lesão de ordem patrimonial ou moral. Assim, inserindo-se objeto peculiar na liquidação, evidente que o respectivo procedimento merece análise toda própria.[355]

6.3.5.2.1. A LEGITIMAÇÃO ATIVA

A legitimação ativa para liquidação nas ações coletivas está atrelada às diversas finalidades perseguidas. Assim, estabeleceu-se a legitimação individual das vítimas e sucessores para a liquidação dos danos ocasionados aos direitos individuais homogêneos, bem como a legitimação dos entes coletivos para a liquidação dos danos globais e residuais.[356]

A legitimação para os casos acima mencionados é sempre de natureza ordinária. Vale dizer, tanto em relação às vítimas e sucessores, quando movem o competente processo que visa apurar as lesões patrimoniais e/ou morais experimentadas objetivando a obtenção de reparação individualizada, como em relação aos entes arrolados pelo art. 82 do CDC, que terão por objetivo a quantificação da reparação indivisível e residual, observa-se a existência de uma espécie de legitimação decorrente da dedução de "direito próprio".[357]

Assim, especial menção merece a possibilidade de que os entes arrolados pelo art. 82 do CDC proponham liquidação visando à quantificação de danos suportados

---

dúvida, muitas vezes gera perplexidade, contornável apenas quando há disposição para se superar e aperfeiçoar esquemas idealizados sob a ótica dos litígios individuais". YARSHELL, Flávio Luiz. *Observações...*, cit., p. 151.

(354) As três figuras da liquidação da sentença. In: *Atualidades sobre liquidação da sentença*, cit., p. 26.
(355) O objeto da liquidação da sentença condenatória genérica ora versada inclui, no intuito de quantificar-se os danos sofridos individualmente pelos lesados, "a demonstração do nexo causal entre os danos experimentados e a responsabilização imposta na sentença". YARSHELL. *Op. cit.*, p. 161.
(356) O art. 97 do CDC alude à legitimação para a liquidação e execução da sentença à vítima e seus sucessores, assim como pelos legitimados de que trata o art. 82. Em outro passo, o art. 100 do CDC esclarece que os legitimados do art. 82 são legitimados para a liquidação (e execução) da indenização devida a título de *fluid recovery*.
(357) Neste sentido, Rodolfo de Camargo Mancuso complementa que a legitimação dos entes do art. 82 do CDC, em tal caso, seria de natureza "ordinária superveniente, na medida em que, embora a título supletivo, estarão concretizando seus próprios objetivos institucionais". *Manual do consumidor...*, cit., p. 122.

por pessoas individualmente consideradas. Conforme Ada Pellegrini Grinover, essa hipótese constituiria verdadeira representação.[358]

Para alguns, seria descabida a legitimação do Ministério Público em "representar" vítimas e sucessores na busca de reparações individualizadas,[359] não obstante integre o *parquet* o rol do art. 82 do CDC, pois contrapor-se-iam à atividade que estaria desempenhando na defesa de direitos individuais e suas missões constitucionalmente impostas, o que não representa a melhor orientação.[360]

6.3.5.2.2. Competência

No projeto que deu origem à Lei n. 8.078/1990, restava esclarecido que a liquidação da sentença condenatória genérica poderia ser promovida no foro do domicílio do liquidante. O veto aposto ao dispositivo do CDC que assim dispunha[361] fez nascer discussão acerca da natureza da competência para a liquidação, uma vez que as próprias razões do veto presidencial indicaram a pretensa necessidade de não se dissociar o juízo do processo de conhecimento daquele do processo de liquidação, com fundamento em suposta preservação da garantia constitucional da ampla defesa.[362]

A competência em questão, pois, assumiria natureza absoluta em obediência ao critério funcional.

Sem dúvida não é a melhor orientação, pois não se pode interpretar determinado dispositivo legal sistematicamente, sob as luzes dos vetos que lhe foram apostos, pois eles não fazem parte efetivamente do sistema. Desta forma, há que se encontrar a solução para a integração de eventuais lacunas normativas, não se utilizando *a contrario sensu* das razões de vetos ao sistema, mas sim da intelecção que este objetiva.

Assim, a melhor interpretação é no sentido de permitir que as liquidações individuais possam ser propostas pelas vítimas e seus sucessores perante o mesmo juízo pelo qual se processou a ação condenatória, ou perante o juízo do foro do domicílio do liquidante.[363] Esta é a única interpretação que se coaduna com os novos paradigmas do acesso à justiça.

Tratando-se de liquidação coletiva, ou seja, global e residual, os entes do art. 82 do CDC deverão propô-la somente perante o juízo do processo de conhecimento.

---

(358) GRINOVER. *Código brasileiro de defesa do consumidor*, cit., p. 559.
(359) VENTURI. *Op. cit.*, p. 116.
(360) *Ibidem*, p. 120.
(361) Constava tal indicação do parágrafo único do art. 97 do CDC, o qual foi vetado pelo Poder Executivo.
(362) Sobre o veto em análise, cf. GRINOVER. *Op. cit.*, p. 560-561.
(363) Neste último caso, por analogia ao art. 98, § 2º, I, do CDC.

6.3.5.2.3. A HABILITAÇÃO DOS LEGITIMADOS

Após a verificação dos aspectos referentes à competência e à legitimação para liquidar a condenação genérica obtida a partir de uma ação de classe, incumbe analisar como se dá o acesso dos legitimados ao competente processo para acertamento do nexo causal e da aferição do *quantum debeatur*.

Questão relevante diz respeito à dificuldade em relação à divulgação[364] da sentença condenatória genérica, pois o conhecimento desta deve ser dado à coletividade em geral, ou melhor, àqueles indivíduos que, ao menos potencialmente, foram atingidos em suas esferas patrimoniais ou morais pelo fato do qual se originou a imputação da responsabilidade civil ao demandado.

No que concerne ao procedimento desta habilitação, não estabelece o CDC maiores detalhamentos. Incumbe aos interessados, então, habilitar-se para a liquidação da condenação genérica, em procedimento assemelhado àquele previsto na esfera do Direito do Trabalho, quando da ação de cumprimento, que visa dar eficácia à sentença coletiva na hipótese de os empregadores deixarem de satisfazer o pagamento de salários, na conformidade da decisão proferida. Pela similitude é oportuna uma breve análise desta ação.[365]

A habilitação dos interessados na liquidação dos danos individualmente sofridos, segundo o microssistema do CDC, deve ocorrer no interregno de até um ano do trânsito em julgado da sentença condenatória genérica, pois a liquidação e destinação posteriores a este prazo estariam concebidas para a chamada *fluid recovery*.[366]

Porém, não estabelece o art. 100 do CDC um prazo prescricional (ou decadencial), como se poderia apressadamente concluir, em relação à pretensão de liquidação de danos individuais. Na verdade, o prazo de um ano serve como parâmetro para autorizar que os entes do art. 82 movam competente quantificação da indenização global e residual, diante da inércia ou do pequeno número de vítimas e seus sucessores que se habilitaram.[367]

Assim, mesmo que já ultrapassado o prazo do art. 100 do CDC, e ainda que já em andamento ação de liquidação ou mesmo de execução da *fluid recovery*, não se poderia obstar novas habilitações individuais, uma vez que não foi estabelecido qualquer prazo de prescrição ou decadência pelo legislador.

---

(364) Princípio da ampla divulgação das demandas coletivas.
(365) Conforme dispõe o parágrafo único do art. 872 da CLT.
(366) Esta afirmação decorre do disposto pelo art. 100 do CDC, segundo o qual "decorrido o prazo de um ano sem habilitação de interessados em número compatível com a gravidade do dano, poderão os legitimados do art. 82 promover a liquidação e execução da indenização devida".
(367) Neste sentido, Arruda Alvim (*Código do consumidor comentado*, cit., p. 446) afirma "que mesmo depois do prazo de um ano, poderão vítimas e sucessores vir a se habilitar, mas circunscrever-se-ão à apuração do seu direito e, sem que essa habilitação venha a alterar a legitimidade dos indicados no art. 82".

6.3.5.2.4. O PROCEDIMENTO DA LIQUIDAÇÃO

A hipótese de liquidação por artigos constava expressamente do art. 97, parágrafo único, do CDC, vetado pelos motivos já mencionados. Todavia, essa necessidade persiste, uma vez que não se trata apenas da fixação do *quantum debeatur* (o que poderia desafiar, *v. g.*, liquidação por arbitramento), mas também do nexo causal, cuja existência deverá ser demonstrada em toda a liquidação de sentença genérica.[368]

A liquidação deve seguir o procedimento regulado no Livro I do CPC, conforme determina o art. 475-E. Assim, não está descartado o processamento desta liquidação pelo rito sumário, o qual garante, ao menos em tese, celeridade e suficiente cognição judicial para a determinação da existência do "fato novo" e do *quantum debeatur*.[369]

A liquidação dos danos aos direitos individuais homogêneos, conforme analisado acima, enseja a abertura de ampla cognição jurisdicional no que tange à averiguação da existência da relação de causalidade entre fatos vivenciados pelo liquidante e a responsabilidade civil imputada ao demandado, condenado por via de sentença genérica, visando-se à fixação do *quantum debeatur*.

Aqui, vale uma observação em relação ao regime da liquidação de sentença no sistema do CPC após a edição da Lei n. 11.232/2005. O legislador, nesse ponto, procurou transformar o processo autônomo de liquidação de sentença em mero incidente processual. Isso fica muito claro com a redação atribuída ao art. 475-H, estabelecendo que a decisão que resolve a liquidação de sentença desafia recurso de agravo de instrumento, corroborado pela revogação expressa do inciso III do art. 520, que atribuía efeito meramente devolutivo à apelação interposta contra sentença em processo de liquidação.

Ocorre que na liquidação dos danos individualmente sofridos no sistema processual coletivo em que, conforme foi destacado, o liquidante poderá promover a liquidação no foro do seu próprio domicílio, o procedimento de liquidação será, nesta hipótese, autônomo, pois se inaugura uma nova demanda.[370]

Conforme o preconizado no próprio art. 475-E do CPC, a razão da liquidação por artigos deve-se à necessidade de se alegar e provar fato novo para se determinar o valor da condenação.[371]

---

(368) Segundo Flávio Luiz Yarshell, "mesmo que a vítima, por exemplo, pretenda exclusivamente a fixação do dano moral ('puro'), ainda assim está descartada uma liquidação por arbitramento (CPC, art. 607), pois sempre haverá fato novo a ser provado e, portanto, não há como fugir da hipótese retratada pelo art. 608 do CPC". *Op. cit.*, p. 162.
(369) Cf. VENTURI. *Op. cit.*, p. 127.
(370) ALMEIDA. *Op. cit.*, p. 80.
(371) Note-se que "fato novo" não possui o mesmo significado de "fato superveniente". Ou seja, alude-se àqueles fatos que, embora ocorridos antes da sentença condenatória, não foram pela mesma analisados, porque impertinente sua apreciação senão no momento da liquidação.

Apesar disso, a ressalva final aduzida acima não se aplica ao processo liquidatório em análise, uma vez que os legitimados a se habilitar a partir da sentença condenatória genérica devem provar, precisamente, a existência e extensão de danos individualizados.[372]

É necessário, assim, analisar em que nível se circunscreveria a atuação do demandado, no parágrafo único do art. 97, que incumbiria ao liquidante provar "tão só, o nexo de causalidade, o dano e seu montante".

Cabe ao demandado tentar refutar as afirmativas do autor concernentes a estas questões de mérito, ou seja, a relação de causalidade entre a situação vivenciada pelo liquidante e os fundamentos da sentença condenatória genérica que fixaram a responsabilidade civil e a existência de efetivo dano, de ordem moral ou patrimonial, que justifiquem a imposição de ressarcimento.

Assim, concebendo-se que o processo que ora se analisa possui efetivamente um mérito, tem-se que a decisão da liquidação dos danos provocados aos direitos individuais homogêneos pode ser terminativa ou definitiva.[373]

Além disso, percebe-se bem que não há que se cogitar da ocorrência de um *bis in idem* entre as reparações individualmente integradas pelas liquidações movidas por vítimas e sucessores e aquela destinada a ressarcir o dano metaindividual, daí a previsão do lapso temporal de um ano entre os procedimentos concebidos para uma e outra finalidade, impondo-se o "desconto" do *quantum* destinado ao fundo para recomposição de danos coletivos, dos valores já liquidados individualmente.

A sistemática de tutela dos direitos transindividuais, por outro lado, pretende a *fluid recovery*, muito mais do que se prestar a uma questionável recomposição do dano provocado pelo ato irresponsável do agente condenado, servir como forma de prevenção geral e especial à reiteração de comportamentos lesivos aos direitos supraindividuais, acarretados, no mais das vezes, em benefício de pessoas ou grupos interessados apenas em aumentar sua margem de lucro.[374]

Observa-se que a *fluid recovery* do sistema brasileiro não se resume à soma das indenizações individuais não cobradas pelas vítimas ou seus sucessores, pos-

---

(372) Exemplificando tal tarefa, Rodolfo de Camargo Mancuso cita a liquidação por artigos da sentença que condenou o laboratório a indenizar os prejuízos de quem ingeriu medicamento nocivo à saúde humana, na qual incumbirá ao liquidante "provar seu enquadramento no universo de consumidores a que se endereça o julgado, isto é: 1) que consumia tal produto, sendo, pois, um dos prejudicados; 2) o dano e sua extensão, isto é, em quanto importou seu prejuízo". *Op. cit.*, p. 116.
(373) Parece bem clara tal hipótese, sobretudo quando, *v. g.*, o habilitante intente ação de liquidação da sentença genérica pela modalidade de arbitramento (falta de interesse processual), ou quando o Ministério Público habilite-se para representar indivíduo singularmente considerado (ilegitimidade ativa *ad causam*).
(374) Neste sentido, Arruda Alvim entende que a reparação global à qual alude o art. 100 do CDC deve-se "menos como expressão de créditos individuais, senão que como traduzindo o produto de uma indenização sem sujeitos individualmente determinados". *Código do consumidor comentado*, cit., p. 451.

suindo escopo autônomo. Há que se mensurar, no âmbito da liquidação coletiva da sentença condenatória genérica, valor estimativo, seja do dano metaindividual ocasionado, seja do ganho indevido que obteve o agente responsabilizado pelo decreto condenatório, para ser destinado ao Fundo da LACP.

6.3.5.3. O PROCESSO DE EXECUÇÃO DA SENTENÇA CONDENATÓRIA GENÉRICA

Ultrapassada a fase de liquidação da sentença genérica do art. 95 do CDC, em se chegando à determinação de valores destinados às reparações individualizadas e/ou reparação fluída, afinal se integra o título executivo passível de ensejar execução forçada.

As ações cíveis de condenação à reparação de danos individualmente sofridos por vítimas e sucessores, idealizadas em nosso ordenamento pelo art. 91 do CDC, foram concebidas, precipuamente, para disponibilizar aos lesados por evento comum um instrumento célere e efetivo para a justa recomposição patrimonial individual. Assim, lógica a prevalência das execuções individuais sobre as de cunho coletivo, bem como a previsão do microssistema de tutela dos direitos transindividuais da legitimação individual, ou, até mesmo, coletiva para o processamento das execuções a título singular.

6.3.5.3.1. A LEGITIMIDADE ATIVA PARA A EXECUÇÃO

Conforme disposto no art. 97 do CDC, trata-se da legitimação ativa das vítimas e seus sucessores, bem como dos entes mencionados pelo art. 82 do CDC para a "liquidação e execução" da sentença condenatória genérica. Já analisada a legitimação para a liquidação, com as ressalvas aduzidas anteriormente, resta enfrentar a legitimação para a execução.

Compete ao processo de execução fazer atuar o comando emergente da condenação genérica, já devidamente liquidada. Diz-se, então, que os maiores problemas estariam não tanto na legitimação para a propositura da ação executiva, mas na habilitação para a liquidação.

Assim, possibilita o microssistema de tutela dos direitos metaindividuais a instauração de execução de índole individual, para a qual se legitimam tanto vítimas e sucessores como os entes do art. 82 do CDC, e a instauração de execução de índole coletiva, legitimando-se aí somente estes últimos.

A natureza da legitimação é distinta nas hipóteses aventadas. Quando a execução funda-se em título executivo que estampa quantia destinada a pessoa individualmente considerada, pode-se aludir à legitimação ordinária (vítimas e sucessores) ou a uma espécie de representação ou de substituição processual concorrente destas pelos entes mencionados no art. 82 do CDC.⁽³⁷⁵⁾

É pertinente, aqui, a mesma ressalva feita quando do estudo da legitimação para a liquidação da sentença condenatória genérica pelo Ministério Público em prol de vítimas ou sucessores.

Segundo Elton Venturi, "ao *parquet*, de fato, não é destinada a função de tutelar direitos individuais, depois de cessado o 'acidente de coletivismo' da ação condenatória. E na execução de título executivo de índole individual, a ação é efetivamente personalizada e divisível".⁽³⁷⁶⁾

Quando se trata de executar a chamada *fluid recovery*, as entidades arroladas pelo art. 82 agem não como substitutos processuais, tal como ocorre quando da ação condenatória, mas como legitimados ordinariamente para a execução, uma vez que assumem a legítima condução da ação de execução em prol da integralização do fundo aludido pela LACP.

6.3.5.3.2. Prazo para a execução

Foi sustentada acima a posição da imprescritibilidade da pretensão executória dos títulos executivos que estampassem obrigações de reparação a danos de índole transindividual. Se assim é, obviamente que semelhante raciocínio continua a prevalecer no que diz respeito à execução da chamada *fluid recovery*, que, como visto, possui natureza essencialmente metaindividual, uma vez que servirá para a constituição de fundos para recomposição daqueles mesmos danos.

Assim, para a execução dos danos acarretados aos direitos individuais homogêneos, já devidamente fixados em título executivo, razão parece assistir àqueles que preconizam que deve a prescrição seguir o mesmo prazo prescricional estabelecido para o direito material (neste caso, de índole divisível) no qual tenha sido fundada a pretensão condenatória.⁽³⁷⁷⁾

6.3.5.3.3. Execução definitiva e provisória

A execução da sentença condenatória genérica, após devidamente liquidada, pode ser efetivada de imediato, ainda que pendente recurso da sentença de

---

(375) Segundo Ada Pellegrini Grinover (*Código Brasileiro...*, cit., p. 559), a hipótese seria de representação. Já Nelson Nery Júnior e Rosa Maria Andrade Nery (*Código de processo civil...*, cit., p. 1877), explicam o fenômeno como substituição processual concorrente "porque o titular do direito também pode agir em juízo".
(376) Cf. VENTURI. *Op. cit.*, p. 130.
(377) Neste sentido, GRINOVER. *Op. cit.*, p. 552 e MANCUSO (*Manual do consumidor em juízo*, cit., p. 28).

liquidação desprovido de efeito suspensivo, hipótese em que se seguirão as normas referentes à execução provisória de sentença dispostas pelo CPC.⁽³⁷⁸⁾

Esta conclusão respalda-se plenamente no sistema de defesa dos direitos transindividuais, em que se verifica, nos termos do art. 14 da LACP, que o juiz pode conferir efeito suspensivo aos recursos, para evitar dano irreparável à parte.

Portanto, constata-se que *a contrario sensu*, a regra geral em matéria de efeitos nos quais são recebidos os recursos no âmbito das ações coletivas é a do meramente devolutivo.⁽³⁷⁹⁾

Assim, se o magistrado, ao receber o recurso, o fizer conferindo expressamente efeito suspensivo à sentença, dentro de sua prudente valoração dos interesses e riscos sopesados no caso concreto, far-se-á necessário aguardar-se até o final decisão da impugnação.

Por conta disso, o art. 98, § 2º, do CDC indica que "a execução coletiva far--se-á com base em certidões das sentenças de liquidação, da qual deverá constar a ocorrência ou não do trânsito em julgado".⁽³⁸⁰⁾

6.3.5.3.4. A COMPETÊNCIA

Disciplinando a competência do juízo "da liquidação da sentença ou da ação condenatória, no caso de execução individual", o art. 98, § 2º, inciso I, do CDC deixou de fora a hipótese certamente mais relevante, ao menos sob o prisma da facilitação de acesso à justiça, atinente à competência do juízo do foro do domicílio do liquidante.

A referida possibilidade constava no projeto que deu origem à Lei n. 8.078/1990, mas foi vetada pelo Poder Executivo (art. 97, parágrafo único), razão pela qual propugnam alguns processualistas pela impossibilidade de se ajuizar a execução individual perante o referido juízo.⁽³⁸¹⁾

Mas a conclusão a que se chega não é esta. Em aplicação analógica do art. 101, inciso I, do CDC, que prevê a possibilidade da propositura da ação de responsabilidade civil do fornecedor de produtos e serviços no domicílio do autor, combinado com o inciso I, do § 2º, do art. 98 do mesmo diploma legal, extrai-se,

---

(378) A imprescindibilidade da liquidação prévia à execução da sentença condenatória genérica, para além da lógica, é legalmente determinada pelo § 1º do art. 586 do CPC.

(379) Neste sentido, Nelson Nery Júnior e Rosa Maria Andrade Nery, *Código de processo civil...*, cit., p. 1536, n. 4.

(380) A respeito de tal dispositivo, anota Grinover, a facilitação da instauração da execução, "não sendo necessário que a ela se proceda nos autos principais (execução definitiva) ou nos suplementares ou por carta de sentença (execução provisória), consoante prevê o art. 589 do CPC" (2000, p. 562, n. 2).

(381) Neste sentido, Rodolfo de Camargo Mancuso (*Comentários ao código...*, p. 332); e Arruda Alvim (*Código do consumidor comentado*, cit., p. 442).

sistematicamente, a competência jurisdicional do juízo do domicílio do liquidante também para a respectiva execução individual.

6.3.5.3.5. A REPARAÇÃO FLUIDA NAS AÇÕES DE CLASSE

Ao analisar as ações coletivas movidas em defesa dos direitos difusos e coletivos, verifica-se que as condenações obtidas, precisamente por revelar a expressão metaindividual da lesão produzida em um número indeterminado ou indeterminável de pessoas, destinam-se a integrar fundos, legalmente estabelecidos, no intuito de propiciar alguma forma de reparação, correlata com a natureza difusa do dano.

Porém, a sistemática da tutela coletiva foi além. Igualmente nas chamadas "ações de classe", há expressa previsão do art. 100 do CDC quanto à possibilidade de que, uma vez decorrido o prazo de um ano do trânsito em julgado da sentença condenatória genérica, a que se refere o art. 95, sem a habilitação, para fins de liquidação e execução, de um número de interessados compatível com a "gravidade do dano", intervenha qualquer dos legitimados mencionados no art. 82 do CDC para promover a liquidação e execução da indenização devida.

Neste passo, determinou o legislador do CDC que nesta hipótese reverta o montante liquidado e executado pelo ente exponencial ao fundo criado pela LACP.

É a denominada "reparação fluida" que, embora possua destino semelhante ao do montante conseguido no âmbito de ação coletiva em defesa de direito difuso ou coletivo, difere, quando menos, na forma de constituição.

O instituto da *fluid recovery*, previsto no art. 100 do CDC, evidencia o papel conferido às ações de classe, no sentido de constituir via assecuratória do interesse público, que deflui da exigência social moderna de combate aos danos à coletividade.[382]

Pelos mencionados motivos, somados ao fato de que a sentença condenatória genérica do art. 95 lastreou-se na efetiva existência, ao menos, de lesão a um interesse que aqui poderia ser chamado de "social", entende-se que a fixação da indenização fluida é inafastável por ocasião das ações de classe.

Esta orientação deve-se à não aceitação de que a reparação fluida do art. 100 do CDC diga respeito, tão somente, à soma das indenizações individuais não pleiteadas. Ainda que o número de interessados que tenham se habilitado seja "compatível com a gravidade do dano", mesmo assim não se afasta a mensuração da reparação indivisível, destinada ao Fundo.[383]

A ênfase dada pelo art. 100 do CDC quanto à necessidade da espera do prazo de um ano para que se proceda a esta liquidação deve-se não ao fato de se temer

---

(382) Cf. VENTURI. *Op. cit.*, p. 132.
(383) Em sentido contrário ao texto, Ada Pellegrini Grinover (*Código brasileiro...*, cit., p. 565).

pela ocorrência de um *bis in idem* entre as indenizações individuais e a fluida (porque, repita-se, a natureza de ambas é inconfundível), mas sim à consecução de um parâmetro para que o juiz possa fixar, com justiça, o montante da indenização destinada ao Fundo.

Constata-se que, sobretudo em virtude da imprecisão dos critérios para apurar a *fluid recovery*, a subtração desta dos valores destinados a suprir as indenizações individuais não representa propriamente uma espécie de "compensação" (o que ocorreria se a *fluid recovery* fosse somente a soma das indenizações individuais "esquecidas"), mas forma de justa fixação de reprimenda suficiente para incutir no demandado repreensão e prevenção especial.[384]

6.3.5.3.6. LIQUIDAÇÃO E EXECUÇÃO DA REPARAÇÃO FLUIDA

Ao contrário do que ocorre com o instituto da *fluid recovery* no direito norte-americano, em que o próprio juiz já na sentença condenatória quantifica o montante que o integrará, no regime do CDC compete aos legitimados do art. 82, após o transcurso do prazo de um ano do trânsito em julgado da sentença condenatória genérica, liquidar e executar a indenização devida a título global.

Aspecto de suma importância diz respeito à modalidade de liquidação que se compatibilizaria ao desiderato de se avaliar a reparação fluida. Não mais se tratando de provar o nexo causal entre a atividade lesiva do demandado e o prejuízo na esfera patrimonial do indivíduo, tarefa essa que é reservada à liquidação por artigos, dúvida poderia haver quanto a ser tal modalidade de liquidação igualmente imprescindível para se atingir o *quantum* devido a título de reparação fluida.[385]

Em relação aos imprecisos critérios para a fixação de tal reparação, sempre que no processo de conhecimento respectivo não se tenha discutido acerca da existência ou da extensão de certos fatos relevantes para aquela finalidade, havendo, pois, a necessidade de provar fatos novos, a liquidação deverá ser processada por artigos.

Esta modalidade de liquidação por artigos revela-se a mais adequada tanto para oportunizar a ampla defesa por parte do demandado, como para preparar o convencimento judicial acerca da justa indenização fluida a ser fixada no caso concreto.

Então, a liquidação da reparação fluida inicia-se com a dedução de pedido, por parte de um dos legitimados do art. 82 do CDC,[386] perante o juízo no qual se

---

(384) Como anota Arruda Alvim (*Código do consumidor...*, cit., p. 452).
(385) Cf. VENTURI. *Op. cit.*, p. 133.
(386) Nesta hipótese, os entes indicados pelo art. 82 do CDC, ao promover a liquidação e execução da *fluid recovery* em prol do Fundo da LACP, em verdade estarão agindo munidos de legitimação ordinária, tal como ocorre no âmbito das ações coletivas de tutela aos direitos difusos e coletivos.

processou a ação condenatória. A este, ressalte-se, é reservado um papel ativo por ocasião da liquidação, devendo diligenciar para que se apresentem durante o processo todos os elementos indispensáveis à justa fixação do *quantum* devido.[387]

Ultrapassando o procedimento de liquidação, na forma dos art. 475-E do CPC, tendo a decisão determinado a *fluid recovery* devida no caso concreto, passa-se então à respectiva execução, que seguirá, no mais, semelhante modelo preconizado quando da análise das ações coletivas de tutela aos direitos difusos e coletivos, cujo valor será destinado ao Fundo de Defesa dos Direitos Difusos — FDD.

Vale consignar que foi editada uma instrução normativa destinada a regular as verbas provenientes da execução fluida. A Instrução Normativa n. 4, de 31.7.1998, da Secretaria do Tesouro Nacional, buscou especificar, dentre os depósitos destinados ao Fundo de Defesa dos Direitos Difusos — FDD, as diversas procedências, visando-se a idêntica destinação.

6.3.5.3.7. Concurso de créditos coletivos e individuais

O art. 99 da Lei n. 8.078/1990 dispõe sobre o concurso de créditos decorrente de condenação prevista na Lei n. 7.347/1985 e de indenizações pelos prejuízos individuais resultantes do mesmo evento danoso, caso em que estas terão preferência no pagamento. O direito individual prevalece sobre o coletivo.

Havendo concurso de créditos entre credores individuais e a coletividade, a indenização pelos prejuízos individuais tem preferência no pagamento. É um caso em que o interesse individual prevalece sobre o coletivo.

O direito de preferência que este dispositivo regula é reforçado pela ideia de sustação de recolhimento ao fundo, quando estiver pendente decisão individual indenizatória. É o que preconiza o parágrafo único do art. 99 do Código de Defesa do Consumidor.[388]

Apesar de o referido dispositivo indicar decisão de segundo grau, deve-se interpretar no sentido de que qualquer decisão sobre o pedido indenizatório individual ainda pendente terá o condão de obstar o recolhimento da importância ao fundo.[389]

---

(387) A tarefa de instruir a inicial de liquidação da reparação fluida inclusive com a discriminação de tais dados, inegavelmente, compete ao liquidante. Todavia, em virtude do interesse social que envolve a questão, ao juiz igualmente incumbe averiguar a viabilidade da pretensão. Relembre-se, apenas, que o art. 1º do CDC expressamente dispõe que suas normas são de "ordem pública e interesse social".

(388) Art. 99. Parágrafo único: a destinação da importância recolhida ao Fundo criado pela Lei n. 7.347, de 24 de julho de 1985, ficará sustada enquanto pendentes de decisão de segundo grau as ações de indenização pelos danos individuais, salvo na hipótese de o patrimônio do devedor ser manifestamente suficiente para responder pela integralidade das dívidas.

(389) SHIMURA. *Op. cit.*, p. 198.

Exemplo de concurso de créditos desta natureza que pode ser citado é o caso das vítimas do desabamento do edifício Palace 2, no Rio de Janeiro. No caso em tela, foi ajuizada ação civil pública pelo Ministério Público com o escopo de buscar a indenização das vítimas do desmoronamento do edifício. No curso do processo foi efetuado um acordo, e, ao final, realizada a praça do Hotel Saint Paul, situado em Brasília, depositando-se o produto da venda em conta judicial, no Banco do Brasil, à disposição do Juízo da 4ª Vara Empresarial da Comarca do Rio de Janeiro. Após este fato, surgiram outros credores, inclusive a União, pretendendo a instalação de concurso, buscando receber, preferencialmente, em detrimento das vítimas. Suscitou conflito de competência entre as Justiças Estadual e Federal, tendo o Ministro Sálvio de Figueiredo Teixeira determinado, em decisão provisória, pela competência do Juízo Estadual.[390]

Por outro lado, se o devedor encontra-se falido, o crédito individual, oriundo de fato lesivo ao consumidor, infelizmente é meramente quirografário, não guardando qualquer prerrogativa ou preferência sobre outros, previstos no art. 102 da Lei n. 11.101/2005.

6.3.6. A DEFESA DO EXECUTADO

No modelo processual coletivo, a resistência à execução deverá seguir os contornos do Código de Processo Civil, em razão da falta de disposições específicas a respeito do tema na legislação que regula o modelo molecular, da mesma forma que a atividade executiva propriamente dita.

Assim, dependendo da espécie de obrigação e da natureza do título, terá o devedor uma forma específica para tentar obstar a atividade executiva, diante das modificações trazidas pelas reformas no Código de Processo Civil.

Se a execução é fundada em título judicial e a obrigação é específica, ou seja, de fazer, não fazer, ou entrega de coisa, não há um meio específico para a defesa do executado. No máximo, o devedor poderá se valer das vias recursais para impugnar atos executórios.

Se a obrigação é pecuniária, a forma de resistência é denominada de impugnação, conforme o disposto no art. 475-J, § 1º, inserido pela Lei n. 11.232/2005 ao Código de Processo Civil.

É certo que, no processo de conhecimento, a cognição é plena e exauriente. Já o processo de execução não comporta a discussão da obrigação, mas sim a prática de atos materiais de concreção da proteção devida. E na atividade executiva realizada na fase de cumprimento de sentença, obviamente são incabíveis digressões sobre matérias já discutidas e debatidas na fase anterior da sentença condenatória.

---

(390) Conflito de Competência n. 45.570 — STJ.

Isto não significa que o demandado fique desprovido de defesa, até em nome do princípio do devido processo legal e do contraditório. Assim, se o executado tiver alguma defesa a alegar, poderá fazê-lo por meio desta impugnação.

O oferecimento da impugnação pelo executado depende do preenchimento de alguns requisitos. Primeiro, terá que sofrer constrição de bens que garantam o crédito, e após esta constrição será intimado, tendo assim prazo de quinze dias para o oferecimento.

O oferecimento deste instrumento não tem o condão de suspender os atos executórios, somente nos casos em que o executado prove que o prosseguimento da execução possa lhe causar dano irreparável ou de difícil reparação, conforme estabelece o art. 475-M do CPC.

A decisão proferida na impugnação oposta contra execução individual produz efeitos particularizados, isto é, afeta apenas as partes envolvidas na respectiva demanda.

Assim, sendo acolhida a impugnação e levando à extinção da execução, cuida-se de sentença, apta à produção de coisa julgada. No entanto, os efeitos da decisão declaratória ou desconstitutiva do título circunscrevem-se ao credor particular. A coisa julgada aqui se forma, mas de modo restrito, apenas na esfera individualizada.

Entretanto, a questão que surge é saber qual a consequência da decisão que julga procedente a impugnação à execução coletiva. Faria coisa julgada *erga omnes*, a ponto de inviabilizar futura ação coletiva ou mesmo as liquidações e execuções individuais?

Segundo Sergio Shimura, isto dependeria do tipo de defesa arguida na impugnação. Por exemplo, se o devedor invoca ilegitimidade passiva de parte, porque a execução coletiva foi endereçada contra quem não consta do título, a procedência dessa impugnação não nulifica o título nem impede a execução contra o verdadeiro obrigado.[391]

De outro lado, se a defesa funda-se, por exemplo, em pagamento superveniente à sentença, feito em prol do fundo de defesa dos interesses difusos, nesse caso a decisão sobre a impugnação reconhecerá a causa extintiva da obrigação, afetando outras ações coletivas ou mesmo individuais, que tenham por fundamento os mesmos fatos. Aqui a decisão se revela como sentença, desafiando recurso de apelação.

Vale ressaltar que se o resultado da impugnação não for no sentido de extinguir a execução, caberá recurso de agravo.

Se a execução tiver por base título executivo extrajudicial, como o Termo de Ajustamento de Conduta, qualquer que seja a espécie de obrigação, a eventual

---

(391) SHIMURA. *Op. cit.*, p. 222.

resistência do executado deve ser manejada por meio de embargos, seguindo os ditames do novo regime trazido pela Lei n. 11.382/2006, que alterou o modelo dos embargos do executado no CPC.

Nessa nova sistemática, os embargos não dependem da prévia garantia do juízo, e serão oferecidos no prazo de 15 dias, a contar da juntada aos autos do mandado de citação cumprido. Também não suspendem mais automaticamente a atividade executiva, a não ser nos casos em que o prosseguimento da execução possa causar prejuízo irreparável ou de difícil reparação ao embargante (art. 739-A do CPC).

Esta proposta é muito salutar, pois a defesa é feita imediatamente e não obsta em regra os atos executórios, tornando a execução mais eficiente.

O legislador buscou, ainda, coibir a utilização dos embargos como forma de retardar a satisfação da obrigação, prevendo caso de indeferimento liminar dos embargos com o propósito protelatório e aplicando multa para aquele que se utiliza deste artifício (art. 739-B do CPC).

Já a defesa do executado no âmbito do processo de execução aparelhado com título executivo atinente à sentença condenatória genérica do art. 95 do CDC, já devidamente liquidada, se fará essencialmente pela via da impugnação, em que a cognição judicial será sumária, em virtude da limitação da matéria dedutível.

Capítulo 7

As Ações Coletivas Passivas — Aspecto Necessário para Garantir a Efetividade do Processo Coletivo

Para que o modelo molecular de processo atinja seu escopo de se tornar realmente efetivo e proporcionar uma resposta adequada aos anseios da sociedade de massa, titular dos interesses metaindividuais em conflito, finaliza-se esta investigação trazendo à baila dois temas de pouco enfrentamento na doutrina pátria, mas de extrema relevância para alcançar este objetivo. Trata-se da necessidade de controle da coletividade, por meio das ações coletivas passivas e dos sistemas de vinculação dos julgados proferidos no processo coletivo em relação às pessoas que porventura tenham sofrido algum dano individual.

7.1. As ações coletivas passivas

Da mesma forma que as relações interpessoais foram se intensificando e tornando a sociedade, originariamente individualista, em uma sociedade de massa, os grupos organizados começaram a ganhar voz e força. Hodiernamente, os movimentos sociais instigam as massas e o vigor de sua coesão, incentivando sua atuação e fortalecimento.

Nesta perspectiva surge a ação coletiva passiva, que consiste no instrumento de defesa de interesses em face da coletividade, vinculada aos efeitos do provimento jurisdicional, de sorte a garantir segurança e efetividade às relações jurídicas.

O controle da coletividade por meio deste instrumento é necessário para que o sistema processual molecular seja realmente eficaz.

De acordo com Diogo Campos Medina Maia,[392] a ação coletiva passiva não é novidade no sistema jurídico brasileiro, e sua forma mais comum é aquela praticada em função do dissídio coletivo na Justiça do Trabalho quando da necessidade de controlar as atuações de grupos organizados de modo que permitisse a vinculação de todos os membros da categoria à decisão judicial.[393]

Segundo o autor, o incentivo à organização e reunião de pessoas físicas ou jurídicas deve acompanhar a possibilidade de limitar sua atuação e força, como forma de garantia dos próprios direitos do grupo. "No contexto atual, a necessidade de controle dos atos da coletividade, ou de vinculação de decisões judiciais aos seus integrantes, não raro se torna tão importante quanto a própria proteção legal desses direitos de cunho coletivo".[394]

Tem-se como exemplo ações que ocorrem de forma descontrolada e descentralizada, de torcidas organizadas, grêmios recreativos, Movimento dos Trabalhadores Sem Terra, entre outros, cujas ações agressivas produzem efeitos que fogem ao controle por meio do processo tradicional individual, pois lesam a coletividade e exigem a defesa da sociedade. Essa defesa é também coletiva. Nesses casos, a ação coletiva passiva é necessidade imperativa.

Nery Jr. *apud* Maia, assevera que as ações populares do Direito Romano previstas no Digesto 47, 23, 1 destinavam-se à proteção dos interesses da sociedade e eram exercidas por qualquer cidadão em favor da defesa do interesse público. Embora tivessem caráter privado, isso era possível porque não havia a noção de "Estado". O cidadão romano tinha a ideia de que a *res publica* lhe pertencia e ao mesmo tempo pertencia a todos os seus pares.[395]

Constata-se que mesmo sendo o Direito Romano palco das primeiras ações coletivas — gênero da espécie ação coletiva passiva, não se pode afirmar que estas fossem conhecidas nesse período. A base territorial das ações coletivas foi alterada por causa do declínio do Direito Romano, e, no período medieval, é no Direito anglo-saxão que data o primeiro registro histórico de uma coletividade figurando no polo passivo de uma demanda. Tal fato torna o Direito inglês fonte de estudos

---

(392) Mestre em Direito Processual pela Universidade do Rio de Janeiro — UERJ.
(393) MAIA, Diogo Campos Medina. A ação coletiva passiva: o retrospecto histórico de uma necessidade presente. In: GRINOVER, Ada Pellegrini *et al. Direito processual coletivo e o anteprojeto de código brasileiro de processos coletivos.* São Paulo: Revista dos Tribunais, 2007.
(394) MAIA. *Op. cit.*, p. 322.
(395) NERY JUNIOR *apud* MAIA. *Op. cit.*, p. 322-323.

da ação metaindividual. Vale ressaltar que dentro de uma economia feudal as lesões a direitos coletivos provavelmente geravam efeitos limitados a pequenos espaços físicos.⁽³⁹⁶⁾

Desse período, podem ser destacadas duas ações coletivas passivas como exemplo. A primeira no ano de 1199: o Pároco Martin, de Barkway, ajuizou ação na Corte Eclesiástica de Canterbury em face dos paroquianos de Nuthampstead. Na segunda, do século seguinte, três aldeões de Helpingham ajuizaram, em nome próprio e de toda a comunidade, ação em face das comunidades de Donington e Bykere, identificando no polo passivo como representantes da coletividade apenas alguns habitantes das respectivas comunidades.⁽³⁹⁷⁾

É importante verificar que na comunidade medieval a pessoa não era compreendida como uma unidade autônoma e independente, e sim confundida com a figura da comunidade na qual estava inserida.⁽³⁹⁸⁾

A transição do período medieval para o moderno foi lenta e teve seu início com a valorização do ser humano, com o aparecimento da noção de indivíduo. A noção de classe limitava-se às relações de parentesco, que também determinavam a condição social. É a partir do nascimento da consciência de classe, movimento da era industrial moderna, que a concepção de grupo se torna capaz de gerar reflexos na tutela coletiva de direitos e, em especial, representa um marco para o estudo da ação coletiva passiva.⁽³⁹⁹⁾

A Revolução Francesa é considerada o marco inicial do período contemporâneo. O pensamento liberal foi colocado em prática a partir dessa época. No final do período moderno houve diminuição da importância da figura do grupo na sociedade, influenciando o Direito Processual e reduzindo o número de ações coletivas. Estas reapareceram após o surgimento da noção de consciência de classe tal como a conhecemos hoje. Os conflitos gerados pela coletividade impulsionaram os primeiros procedimentos em busca do estudo de soluções para ações coletivas ativas e passivas.⁽⁴⁰⁰⁾

Contudo, verifica-se que o período individualista freou o desenvolvimento das ações coletivas no Ocidente. Sua importância fundamental deve-se a dois aspectos: ao despertar da consciência de independência do indivíduo diante da coletividade e à criação da ciência processual e sua contribuição para a compreensão do desenvolvimento do Direito Processual coletivo.⁽⁴⁰¹⁾

Considera-se que a ideia de conscientização de classe, reflexo da Revolução Industrial, representa um divisor de águas da história recente e passada do Direito

---

(396) MAIA. *Op. cit.*, p. 323-324.
(397) *Ibidem*, p. 325.
(398) *Ibidem*, p. 324.
(399) *Loc. cit.*
(400) *Ibidem*, p. 326.
(401) *Ibidem*, p. 327.

Processual metaindividual. A relevância adquirida pela tutela coletiva de direitos passou a exigir a elaboração de um sistema processual próprio, conforme já apontado.[402]

O conceito de classe que possui significação relevante para o estudo da ação coletiva passiva corresponde à concepção que agrega um elemento subjetivo — a noção de consciência de si próprio como um grupo autodeterminado — ao sentido original de classe. Foi a classe trabalhadora a primeira a reconhecer-se como tal. Assim, a consciência de classe revela o surgimento de um tipo de conflito até então inexistente, demandando solução até então não prevista no ordenamento jurídico ocidental.[403]

Uma das principais características do século XX, conforme já visto, foi a intensificação das relações sociais, provocada pelo avanço tecnológico do pós-guerra. O desenvolvimento da tecnologia gerou alterações sociais na construção de vínculos agora construídos em forma de rede de relações interdependentes, mais intensas e estreitas. Tal fato contribuiu para o fortalecimento das ações coletivas, bem como para o surgimento de novos direitos, hoje denominados difusos.[404]

Em consequência, a busca por uma justiça material com resultados céleres, eficazes e justos torna-se a maior preocupação do sistema processual. Sintonizado com a tendência mundial, o sistema de defesa dos direitos coletivos no Brasil respondeu aos conflitos com métodos e procedimentos que foram evoluindo até alcançar o advento da Lei da Ação Civil Pública, em 1985, e seguida pela Constituição Federal de 1988 e pelo Código de Defesa do Consumidor de 1990, conforme já noticiado. Neste contexto, a ação coletiva passiva nasce como forma inevitável de pacificar determinadas circunstâncias que ficariam sem solução caso a tutela contra a coletividade fosse rechaçada.[405]

7.1.1. AS AÇÕES COLETIVAS PASSIVAS NO BRASIL

No sistema jurídico brasileiro existem regras de direito material com previsões que refletem a necessidade de controlar classes, tais como as hipóteses de aquisições de direitos e obrigações de forma coletiva, por meio das convenções e acordos coletivos trabalhistas (art. 611 da CLT), da convenção coletiva de consumo (art. 107 do CDC) e do usucapião coletivo (art. 10 da Lei n. 10.257/2001), entre outros.

No Direito Civil já se reconhece a teoria da responsabilidade anônima ou coletiva, em que se permite a responsabilização do grupo caso o ato causador da lesão

---

(402) *Ibidem*, p. 327.
(403) *Ibidem*, p. 328.
(404) MAIA. *Loc. cit*.
(405) *Ibidem*, p. 328-329.

tenha sido ocasionado pela união de pessoas, sendo impossível individualizar o autor/os autores específicos do dano.[406]

Essa teoria consiste na evolução da tese da causalidade pressuposta, que determinava, entre outras coisas, a responsabilidade do pai pelos atos do filho e a responsabilidade do empregador pelos atos do empregado, sendo agora aplicada para responsabilizar os integrantes do grupo, homogeneamente, caso o dano seja proveniente de um ou mais membros não identificados daquela coletividade.

No terreno fático, alguns exemplos podem ser apresentados para ilustrar a necessidade de controle das coletividades. Em São Paulo, há algum tempo, foram extintas algumas torcidas organizadas por conta do desvio de sua finalidade, que era inicialmente a de incentivo ao esporte, tendo se transformado em verdadeiros grupos de estímulo à violência e à barbárie.

O movimento de ações judiciais iniciado pelo Ministério Público paulistano contra as torcidas organizadas resultou na extinção das famosas torcidas Mancha Verde, Tricolor Independente e Gaviões da Fiel.

Nesses exemplos, as partes que figuraram no polo passivo não foram exatamente os titulares dos direitos materiais correspondentes, mas sim entes coletivos que representaram judicialmente os interesses daqueles, em face da impossibilidade de individualizar cada um dos membros das coletividades designadas.

Toda esta gama de fatores, sociais ou legais, que direcionam ao reconhecimento de uma coletividade ativa, somada à consciente força adquirida pela coletividade organizada, desperta a necessidade do controle dos grupos; e este é o papel principal da ação coletiva passiva.

Em grau legislativo, não há regra que impeça a ação coletiva contra a coletividade. Ao revés, conforme sustenta Ada Pellegrini, o parágrafo segundo do art. 5º do CDC assegura a possibilidade de os legitimados para a ação civil pública habilitarem-se como litisconsortes de "qualquer das partes", isto é, no polo ativo ou passivo da demanda coletiva.[407] No mesmo sentido estabelece o art. 83 do CDC, ao dispor que para a defesa dos direitos coletivos "são admissíveis todas as espécies de ações capazes de propiciais sua adequada e efetiva tutela", abrindo espaço para a ação coletiva passiva no Direito brasileiro.

Além de Ada Pellegrini, Mancuso reconhece a possibilidade de ações coletivas contra entidades representativas de interesses coletivos,[408] acompanhado por Pedro Lenza.[409] De outro lado, mesmo não reconhecendo a viabilidade da ação coletiva

---

(406) CRUZ, Gisela Sampaio da. *O problema do nexo causal na responsabilidade civil*. Rio de Janeiro: Renovar, 2005. p. 268.
(407) GRINOVER, Ada Pellegrini. Ações coletivas Ibero-americanas: novas questões sobre a legitimação e a coisa julgada. *Revista Forense*, v. 361, p. 3-12, maio/jun. 2002.
(408) MANCUSO, Rodolfo Camargo. *Interesses difusos*: conceito e legitimação para agir. São Paulo: Revista dos Tribunais, 2004.
(409) LENZA, Pedro. *Teoria geral da ação civil pública*. São Paulo: Revista dos Tribunais, 2003. p. 203.

passiva no ordenamento jurídico nacional *de lege lata*, Hugo Nigro Mazzilli admite sua possibilidade *de lege ferenda*,(410) acompanhado por Pedro Dinamarco, que também reconhece a importância de instrumento de defesa de direitos contra a coletividade.(411)

Na seara jurisprudencial, os tribunais, conforme exemplos citados acima, vêm reconhecendo a possibilidade de ações coletivas passivas, ainda que sem previsão expressa no ordenamento jurídico.(412) Na Justiça do Trabalho, há mais de meio século são reconhecidas ações contra classes de trabalhadores ou empregadores em que a coletividade que figura no polo passivo possui legitimidade processual e fica vinculada aos efeitos da coisa julgada.

Como visto, não é privilégio do ordenamento jurídico norte-americano a necessidade de uma tutela jurisdicional que proteja pessoas contra os grupos organizados. Com toda essa movimentação em torno da ação coletiva passiva, a necessidade de reconhecimento expresso de uma ação que permita a vinculação de uma coletividade no polo passivo assoma-se cada vez mais evidente no mundo atual. Exemplos não nos faltam na doutrina:

> Pedro Dinamarco, ao comentar o Anteprojeto de Código de Processos Coletivos para a Ibero-América, cita o exemplo em que uma empresa ajuíza demanda antes da instalação de sua fábrica, com pedido de declaração de regularidade do projeto, inclusive do ponto de vista ambiental. Se julgado procedente o pedido, esta empresa obteria a tranquilidade proporcionada pela coisa julgada e evitaria ser surpreendida, depois da instalação da fábrica, com uma ação coletiva que objetivasse proibir suas atividades naquele local. Afirma o jurista que até em caso de improcedência a empresa teria uma "vantagem" teórica, pois poderia desistir do projeto antes de volumosos recursos na implantação da fábrica.(413)

Outro exemplo de menor amplitude que pode ser citado é o da ação civil pública ajuizada em face de uma associação de moradores que decidisse bloquear o acesso de automóveis a determinadas ruas.(414)

Ada Pellegrini, por seu turno, aduz o exemplo de ação visando à declaração da validade de condição geral de contrato de adesão, contestada individualmente por membros de uma classe para que tivesse eficácia em relação a toda a categoria.(415)

---

(410) MAZZILLI. *Op. cit.*, p. 316.
(411) DINAMARCO, Pedro da Silva. *Op. cit.*, p. 123.
(412) GRINOVER, Ada Pellegrini. Rumo a um código brasileiro de processos coletivos. In: MILARÉ, Edis (coord.). *A ação civil pública após 20 anos: efetividade e desafios.* São Paulo: Revista dos Tribunais, 2005. p. 15.
(413) DINAMARCO, Pedro da Silva. *Op. cit.*, p. 176.
(414) LENZA, Pedro. *Op. cit.*, p. 221.
(415) GRINOVER, Ada Pellegrini. *Ações coletivas Ibero-americanas...*, cit., p. 3-12.

Obviamente, muitos passos terão que ser dados no sentido de se aprimorar a técnica processual de legitimação extraordinária passiva e de vinculação das partes ausentes no processo ao provimento jurisdicional. No entanto, a primeira iniciativa está sendo engendrada com a apresentação dos anteprojetos de Código Brasileiro de Processos Coletivos elaborados pelos cursos de pós-graduação *stricto sensu* das Universidades de São Paulo (USP), do Estado do Rio de Janeiro (UERJ) e Estácio de Sá (UNESA), influenciados pelo projeto de Código Modelo de Processos Coletivos para Ibero-América, do Instituto Ibero-Americano de Direito Processual.

Os anteprojetos de Código Brasileiro de Processos Coletivos resolvem as duas principais questões da ação coletiva passiva: a legitimação extraordinária e os efeitos da coisa julgada, cada um a seu modo, sem muita divergência.

Segundo o anteprojeto paulistano, fica conferida capacidade processual expressa para a coletividade organizada, ainda que sem personalidade jurídica, subordinado-se esta capacidade à avaliação da representatividade adequada do grupo (defendida no anteprojeto).

Quando à formação da coisa julgada, a proposta apresentada foi homogênea, permitindo a formação da coisa julgada *erga omnes* em todas as hipóteses de direitos discutidos, ressalvando-se, apenas, a aplicação inversa do art. 12 *caput* e §§ 5º e 6º do anteprojeto.[416]

O *caput* do art. 12 indica que na ação coletiva ativa, se o pedido for julgado improcedente por insuficiência de provas, qualquer legitimado poderá intentar a mesma ação valendo-se de nova prova. A ação coletiva passiva, então, ficaria da seguinte maneira: se o pedido for julgado procedente, não pela prova produzida, mas pela aplicação da teoria do ônus da prova, a ação pode ser renovada, valendo-se de nova prova. Segundo o anteprojeto, para que se forme a coisa julgada na ação coletiva passiva o ônus da prova deve ser integralmente suportado pelo autor da demanda.

Os §§ 5º e 6º do referido artigo, por sua vez, trazem outra possibilidade de a coisa julgada ser afastada na ação coletiva ativa. Conforme esses dispositivos, tanto na sentença de procedência como na sentença de improcedência, fundadas nas provas dos autos, fica afastada a coisa julgada se houver ajuizamento da mesma ação, ou de nova ação com o mesmo fundamento, no prazo de até dois anos da descoberta de nova prova que seja capaz de modificar o resultado do julgamento, desde que não tenha sido possível sua produção no primeiro processo.

A questão que se coloca na redação proposta para o anteprojeto organizado por Ada Pellegrini é que não foi prevista nem tratada em especial a hipótese da ação duplamente coletiva.[417]

---

[416] Art. 12 do anteprojeto.
[417] GRINOVER, Ada Pellegrini. *Ações coletivas Ibero-americanas...*, cit., p. 3-12.

Admitindo-se a formação de coisa julgada conforme proposta, para a ação duplamente coletiva serão colocados no processo, de forma desequilibrada, dois litigantes coletivos que, pela natureza dos direitos que defendem em juízo, devem receber igualdade de tratamento, independentemente da qualidade da prova produzida no processo.

Quanto à redação proposta para o anteprojeto formulado pela Universidades do Rio de Janeiro, a formação da coisa julgada é tratada de modo distinto. O regramento proposto é mais homogêneo que o anteprojeto paulista, pois permite a formação da coisa julgada independentemente da (in)suficiência da prova produzida ou do resultado da demanda, guardando correspondência maior com o sistema norte-americano, no sentido de que, uma vez reconhecida a representatividade adequada do legitimado, a decisão deve-lhe ser oponível, sem exceções, com a autoridade da coisa julgada.

Nos termos da proposta do anteprojeto fluminense, não há necessidade de regime especial para a ação duplamente coletiva, pois fica equilibrado o sistema para os litigantes, em qualquer hipótese.

É necessário observar que, havendo os anteprojetos tratado o tema em apenas poucos artigos, acabaram por deixar de lado muitas questões importantes, perdendo valiosa oportunidade de tratá-las em seu corpo. Hipóteses como a da interrupção da prescrição dos direitos da coletividade, da revelia, do abandono da causa ou da perda da representatividade adequada pelo legitimado passivo, da possibilidade ou não de o juiz proferir sentença em favor da coletividade-ré caso julgue improcedente o pedido, a questão que envolve a ação rescisória etc. Poderiam ter sido exploradas para o enriquecimento do pretenso texto legislativo.

Por outra vertente, é necessário ponderar que, em se tratando de matéria inédita, é recomendável que sua evolução seja comedida, gradual e sucessiva, pois o tema é delicado e merece contribuição jurisprudencial e doutrinária. Nestes termos a tímida menção à ação coletiva passiva nos anteprojetos passa a não ser de todo criticável em um momento inicial.

Os anteprojetos não são nem têm a pretensão de ser os solucionadores de todos os aspectos polêmicos que cercam a controvertida questão da ação coletiva passiva. O Direito Processual Coletivo tem muito ainda a evoluir, e as mudanças serão necessárias de forma contínua e perene, e serão precedidas de muitos debates, para a evolução e o aperfeiçoamento do sistema processual coletivo passivo. Todavia, uma coisa não se pode negar: o estudo e a boa vontade são indispensáveis para a formação consistente deste sistema.

A ação coletiva passiva ocupa apenas uma modesta parte dos anteprojetos de Código Brasileiro de Processos Coletivos, que, como um todo, são fruto de intenso e profundo estudo do Direito Processual Coletivo, que retrata uma grande vitória, a vitória do estudo, do saber e da vontade de sempre melhorar e aprimorar. Pela sua natureza de anteprojetos, ainda estão sujeitos a críticas e aprimoramentos, que deixarão seu corpo cada vez mais avançado e eficaz. As expectativas são as melhores, e a ideia é de que em breve se tenha no ordenamento pátrio um Código de Processos Coletivos, que alçará o Direito brasileiro a uma das posições mais avançadas em termos de tutela coletiva de direitos no mundo.[418]

7.1.2. Legitimação passiva da classe e representatividade adequada — verificação necessária

No momento em que foi tratado o tema referente à legitimação para as demandas coletivas, esclareceu-se sobre a importância da representatividade adequada para a efetivação da tutela molecular.

Tratando-se de ações coletivas passivas, o tema ganha expressão, porque, diversamente das ações coletivas ativas, o representante adequado haverá de se desincumbir de uma garantia constitucional da mais absoluta relevância: realizar a defesa (ampla defesa — "com todos os meios e recursos a ela inerentes") da coletividade.

Os representantes adequados, quando atuam no polo ativo, devem, como regra geral de distribuição dos "ônus da prova", comprovar as afirmações que deduzem. Contudo, na pior das hipóteses, não conseguirão realizar essa tarefa e as demandas poderão merecer nova propositura, considerando-se a não concretização do fenômeno da coisa julgada material.

No polo passivo, a situação é diversa e mais grave.

Sabe-se que, de forma geral, "representante adequado" é aquele que tem um "compromisso com a causa" daqueles que representa. "Compromisso com a causa" não se limita apenas às "causas" (relações processuais) em trâmite no Judiciário. Um verdadeiro "compromisso" encerra uma série de atividades que deve desenvolver para sua própria razão de existência.

Uma associação de consumidores terá compromisso com a causa dos consumidores desde que realize atividades (inclusive as processuais) voltadas à defesa dos interesses dos consumidores, como, por exemplo, realizar a orientação técnico-jurídica dos consumidores, desenvolver ações políticas em prol da defesa dos consumidores, desenvolver atividades educacionais etc.[419]

A legislação brasileira demonstrou-se, em certa medida, atenta a esse critério. Assim, para que se possa reconhecer numa associação civil a qualidade de representante adequada, ela deve existir, no mínimo, há um ano e apresentar em

---

(418) GIDI, Antonio. Notas para a redação de uma exposição de motivos. In: DIDIER JR., Fredie; ZANETI JR., Hermes. *Op. cit.*, v. 4, p. 385.

(419) VIGLIAR, José Marcelo Menezes. *Ação civil pública*. Rio de Janeiro: Atlas, 2001. p. 90.

seus atos constitutivos (seus estatutos, que revelam a sua "razão de ser", os seus "compromissos") a previsão expressa de possibilidade de defender determinados interesses.

Sabe-se que esses critérios são insuficientes. Não há a menor dificuldade em cumprir esse "compromisso cartorial". Funda-se uma associação com pouquíssimos recursos e, bastando que se faça seu registro na forma estipulada em lei, obtém-se, um ano depois, um título de representante adequada.

Mesmo que nunca tenha realizado nenhuma gestão em prol do meio ambiente, do patrimônio cultural, em prol do consumidor etc., mesmo que não tenha "fora dos estatutos" um compromisso com a causa com que se comprometeu em seus atos constitutivos, receberá a legitimação para agir.

A representação adequada é condição que se conquista. Essa conquista surge de atividades diuturnas. Essa qualidade não pode decorrer do que está escrito num contrato de formação de uma pessoa jurídica de direito privado.

Verifica-se que essas exigências devem ser mantidas. Mas devem ser as mínimas. Mais do que esses requisitos, deve-se conceder ao juiz do caso concreto a análise do efetivo compromisso que guarda com a causa (seja do consumidor, seja do meio ambiente etc.).

Associações oportunistas devem ser impedidas de atuar em juízo. Não detêm, de fato, representatividade adequada.

Ora, se as circunstâncias (somadas aos requisitos mínimos legais) indicarem a presença de representatividade adequada, jamais será necessário duvidar da realização de uma ampla defesa por parte dessa entidade.

7.1.3. A EXTENSÃO DO JULGADO NAS AÇÕES COLETIVAS PASSIVAS

Suportar os efeitos do julgamento é atividade que reclama participação no sistema processual individual. Conforme foi visto, no sistema processual coletivo esse regime é diferenciado, justamente para possibilitar a efetivação.

Nas ações coletivas passivas, sua efetividade depende, também, da extensão desses limites, de modo a vincular todos os integrantes da coletividade representada em juízo pelo representante adequado.

Caso se pretenda que essas ações promovam a "molecularização dos conflitos", tem-se que admitir que o resultado do conflito se estenda a todos os integrantes da coletividade representada.

Não se pode mais se ater a critérios de exceção. Assim, a análise da representatividade continua sendo um dos pilares do processo molecular.[420]

---

(420) GRINOVER, Ada Pellegrini. *Ações coletivas...*, cit., p. 3-12.

Assim, o controle da coletividade por intermédio das ações coletivas passivas traz maior estabilidade nas relações jurídicas e proporciona garantia para aqueles que, porventura, apresentem um interesse em face de um grupo, que terão na coisa julgada, obtida mediante de um processo justo, a certeza de que não precisarão ficar discutindo em demandas sucessivas a mesma questão.

Conforme foi visto, o regime da coisa julgada nas demandas coletivas ativas faz com que aquele que figurou no polo passivo tenha que se defender em várias outras ações referentes aos mesmos fatos, muitas vezes com gastos elevadíssimos, principalmente em relação à coleta da prova. As ações coletivas passivas amenizam esta realidade, pois bloqueiam essas lides repetitivas e aproximam o processo molecular da tutela jurisdicional justa.

7.1.4. O ANTEPROJETO DO CÓDIGO BRASILEIRO DE PROCESSO COLETIVO E AS AÇÕES COLETIVAS PASSIVAS

É importante destacar a existência de duas versões para o mesmo anteprojeto (uma de São Paulo e outra do Rio de Janeiro) que, embora tenham a mesma fonte inspiradora, divergem no que diz respeito à possibilidade da admissão legal das ações coletivas passivas e à extensão da coisa julgada nestas.

O Anteprojeto de Código Modelo de Processos Coletivos para Ibero-América exige que se trate de uma coletividade organizada de pessoas, ou que o grupo tenha representante adequado, e que o bem jurídico a ser tutelado seja transindividual e seja de relevância social.

Antonio Gidi[421] explica que, no Direito brasileiro, não há possibilidade ainda de propor uma ação coletiva passiva. Todavia, na sua proposta de Código de Processo Civil Coletivo há o ajuizamento de ação coletiva que vincule os membros do grupo independentemente do resultado da demanda, uma vez que, de acordo com a lei brasileira atual, a sentença coletiva só faz coisa julgada para beneficiar o membro do grupo.[422]

José Marcelo Menezes Vigliar[423] observa que o polo passivo da lide nas ações coletivas poderá ser preenchido, de modo geral, por qualquer pessoa física, jurídica ou ente dotado de personalidade jurídica. Para o autor, o problema se coloca quando se analisa a possibilidade da propositura de eventual ação contra a classe.

Ada Pellegrini Grinover[424] reconhece o problema e salienta que a questão do reconhecimento ao juiz de poderes para aferir a representatividade adequada é de

---

(421) GIDI, Antonio. *Notas para a redação...*, cit., p. 402.
(422) Cf. art. 103 do Código de Defesa do Consumidor.
(423) VIGLIAR. *Op. cit.*, p. 85.
(424) GRINOVER, Ada Pellegrini. *Ações coletivas...*, cit., p. 3-12.

suma importância para a ação coletiva passiva, pois ao juiz cabe o papel central de identificar a referida classe.

Condição *sine qua non* para a admissibilidade da ação contra a classe, em qualquer ordenamento, é a de atribuir ao juiz o papel central de identificar a referida classe, e isto porque a *adequacy of representation*, nesse caso, é efetivamente condição necessária e suficiente para que a sentença possa vincular todos os componentes da classe, independentemente de sua participação individual no processo.[425]

Com esse argumento, a autora defende como correto o posicionamento que admite a possibilidade da propositura de ação coletiva passiva em face da classe no ordenamento jurídico brasileiro.[426]

Nesse particular, merece destaque a lição de Pedro Lenza, que endossa o pensamento de Grinover:

> Valendo-se da experiência norte-americana, falar-se em ações coletivas a serem promovidas em face da classe implica revitalizar o papel do juiz como o verdadeiro protagonista, que deverá assumir a imprescindível missão de identificação da classe (*defining function*) e de controle sobre a efetiva capacidade de representação (*adequacy of representation*).[427]

Essas exposições revelam que, muito embora o ordenamento jurídico brasileiro não traga previsão expressa sobre a questão, o controle judicial sobre a representatividade adequada pode ser inferido do sistema, possibilitando a ocorrência da ação coletiva passiva.

É interessante observar a exposição de motivos do Anteprojeto de Código de Processo Coletivo, última versão apresentada ao Ministério da Justiça em janeiro de 2007, na qual é apresentada a tentativa de normatização da ação coletiva passiva:

> O Capítulo III introduz no ordenamento brasileiro a ação coletiva passiva originária, ou seja, a ação promovida não pelo, mas contra o grupo, categoria ou classe de pessoas. A denominação pretende distinguir essa ação coletiva passiva de outras, derivadas, que decorrem de outros processos, como a que se configura, por exemplo, numa ação rescisória ou nos embargos do executado na execução por título extrajudicial. A jurisprudência brasileira vem reconhecendo o cabimento da ação coletiva passiva originária (a *defendant class action* do sistema norte-americano), mas sem parâmetros que rejam sua admissibilidade e o regime da coisa julgada. A pedra de toque para o cabimento dessas ações é a representatividade adequada do legitimado passivo, acompanhada pelo requisito

---

(425) *Loc. cit.*
(426) *Loc. cit.*
(427) LENZA. *Op. cit.*, p. 199.

do interesse social. A ação coletiva passiva será admitida para a tutela de interesses ou direitos difusos ou coletivos, pois esse é o caso que desponta na *defendant class action*, conquanto os efeitos da sentença possam colher individualmente os membros do grupo, categoria ou classe de pessoas. Por isso, o regime da coisa julgada é perfeitamente simétrico ao fixado para as ações coletivas ativas.[428]

Constata-se que o objetivo é distinguir a ação coletiva passiva das demais, estabelecendo normas e critérios para seu cabimento, numa tentativa de dizimar os conflitos ou a discussão a respeito do tema.[429]

Deve ser destacado que o PL n. 5.139/2009 (que conforme foi dito, representa a proposta mais concreta de sistematização das ações coletivas no ordenamento brasileiro), não fez qualquer referência às ações coletivas passivas, perdendo-se a oportunidade de regular demandas desta natureza e proporcionar mais efetividade à tutela dos interesses transindividuais.

---

(428) GRINOVER, Ada Pellegrini. *Exposição de motivos.* Anteprojeto de código brasileiro de processos coletivos — Janeiro de 2007. Brasília: Ministério da Justiça. Disponível em: <http://www.mpcon.org.br> Acesso em: 15.8.2007.

(429) Art. 38. Ações contra o grupo, categoria ou classe — Qualquer espécie de ação pode ser proposta contra uma coletividade organizada, mesmo sem personalidade jurídica, desde que apresente representatividade adequada (art. 20, inciso I, "a", "b" e "c"), se trate de tutela de interesses ou direitos difusos e coletivos (art. 4º, incisos I e II) e a tutela se revista de interesse social.
Parágrafo único. O Ministério Público e os órgãos públicos legitimados à ação coletiva ativa (art. 20, incisos III, IV, V e VI e VII deste Código) não poderão ser considerados representantes adequados da coletividade, ressalvadas as entidades sindicais.
Art. 39. Coisa julgada passiva — A coisa julgada atuará *erga omnes*, vinculando os membros do grupo, categoria ou classe e aplicando-se ao caso as disposições do art. 12 deste Código, no que dizem respeito aos interesses ou direitos transindividuais.
Art. 40. Aplicação complementar às ações coletivas passivas — Aplica-se complementarmente às ações coletivas passivas o disposto no Capítulo I deste Código, no que não for incompatível.
Parágrafo único. As disposições relativas a custas e honorários, previstas no art. 16 e seus parágrafos, serão invertidas, para beneficiar o grupo, categoria ou classe que figurar no polo passivo da demanda.

Capítulo 8

Os Sistemas de Vinculação

Como se sabe, as demandas coletivas foram concebidas para a tutela de direitos de um grupo numeroso de pessoas. Para que as pessoas ausentes no processo pudessem ser legitimamente vinculadas pela coisa julgada da sentença coletiva emanada em um procedimento do qual não participaram ou que não autorizaram, criou-se a ficção de que elas estavam presentes em juízo, representadas por um dos membros do grupo ao qual pertencem.

Os membros ausentes podem ser considerados ficticiamente presentes em juízo no processo coletivo (membros do grupo), por meio de três técnicas distintas que serão brevemente abordadas a seguir, em virtude da relevância para a efetividade da tutela molecular.

8.1. Presença compulsória

Mediante a técnica da presença compulsória, todos os membros do grupo serão considerados presentes em juízo, sem possibilidade de se excluírem do grupo e evitarem ser atingidos pela coisa julgada produzida na ação coletiva. Essa é a técnica utilizada no Direito norte-americano nas ações de classe do tipo (b) (1) e (b) (2). Como os membros da classe não podem se excluir, essa ação coletiva é conhecida como *mandatory class action* ou *no opt out class action*.[430]

Essa técnica é particularmente importante nos casos em que a pretensão do grupo é de natureza indivisível, nos casos de insolvência do réu e no caso em que a propositura de inúmeras ações individuais sobrecarregariam desnecessária e excessivamente o réu. Todavia, ela pode ser extremante prejudicial aos membros do grupo nas situações em que as pretensões coletivas são divisíveis e os membros do grupo têm interesse na propositura de ações individuais independentes.

8.2. O OPT IN

Na técnica do *opt in*, será considerado presente em juízo (e vinculado pela sentença coletiva) apenas aquele membro do grupo que expressamente solicitar sua inclusão no processo. Por um lado, essa técnica possui a vantagem de incluir no grupo somente aqueles membros realmente interessados no litígio coletivo, excluindo-se aqueles que consideram a representação inadequada, preferem tutelar os seus interesses pessoalmente, ou simplesmente não querem tutelá-lo em juízo. Por outro lado, corre-se o risco de excluir dos benefícios trazidos pela tutela coletiva um grande número de membros que, por falta de conhecimento (dos fatos, do direito, da propositura da ação), por receio de represália ou por outro motivo, não solicitem ou não possam solicitar a sua inclusão no grupo. A inércia natural da situação faz com que o grupo e, consequentemente, o valor da causa tendam a ser reduzidos.[431]

Vencer essa inércia é muito difícil. Com o grupo assim reduzido, a ação coletiva perde sua força e a parte contrária sai fortalecida, na medida em que se esquiva de responder em juízo pela totalidade dos danos que a sua atividade causou à comunidade.[432] A impropriedade desse sistema como regra geral é manifesta. Segundo Antonio Gidi, a própria Suprema Corte dos Estados Unidos já admitiu que a técnica do *opt in* destruiria a eficácia das *class actions*, principalmente nas ações envolvendo pretensões individuais de pequeno valor.[433]

Constata-se, assim, que, apesar de esta técnica ser inviável, para que tenha um mínimo de efetividade depende da ampla divulgação das ações coletivas, possibilitando que todos os eventuais interessados possam requerer sua inclusão.

---

(430) LENZA. *Op. cit.*, p. 150.
(431) GIDI, Antonio. *A class action...*, cit., p. 292.
(432) *Ibidem*, p. 192.
(433) *Ibidem*, p. 193.

8.3. O OPT OUT

Pela técnica de *opt out*, ao contrário, presume-se que os membros do grupo desejam fazer parte do litígio e condiciona-se a sua exclusão a uma manifestação expressa nesse sentido.

Naturalmente, ao risco de que o membro do grupo que sequer tenha conhecimento da existência da ação coletiva seja atingido pela coisa julgada e tenha um direito declarado inexistente em juízo.[434] Todavia, principalmente nos casos em que o valor da pretensão individual é reduzido, a presunção de que o membro do grupo lesado queira participar da ação é muito mais realista. Afinal, nesses casos, a tutela coletiva é a única forma de tutela jurisdicional do seu interesse. Por outro lado, nos casos em que as pretensões individuais sejam de valor muito alto, que inclusive justifiquem financeiramente a propositura de ações individuais, muito provavelmente o membro será informado da existência da ação coletiva e poderá exercer o direito de autoexclusão, ou já terá proposto a sua ação individual.

No caso do sistema de *opt out*, a inércia opera para ampliar o número de pessoas abrangidas pelo processo coletivo, na medida em que os não notificados e indecisos permanecem como membros do grupo na ausência de qualquer atitude em contrário. A vantagem maior é para o grupo, principalmente nas causas de pequeno valor, cujos titulares são pessoas simples, que, por ignorância, timidez, acomodação, medo, ou simples inércia, jamais tomarão posição ativa de intervir no processo. Para essas pessoas, as ações de classes funcionam como atividade administrativa do Estado, em que os interesses dispersos da comunidade são representados pelo governo.[435]

Da mesma forma que no sistema de *opt in* poucos membros do grupo tomam a iniciativa de intervir no grupo, no sistema de *opt out* poucos membros se dão o trabalho de solicitar a sua exclusão. Consequentemente, o índice de exclusão do grupo é ínfimo, em geral, inferior a 1%.[436] Essa observação, porém, merece reparo. Em verdade, tudo vai depender dos fatos e das peculiaridades da causa, do valor das pretensões individuais dos membros ausentes, da forma em que a notificação é transmitida etc. Antonio Gidi indica como exemplo, nos casos de *small claims class actions*, em que o valor das pretensões individuais não justifica a propositura de ações individuais, que é de se esperar um reduzido número de exclusões. A proporção de *opt outs* é consideravelmente maior quando os valores das pretensões individuais são economicamente viáveis.[437]

Sendo verdade que o sistema de *opt out* opera, na prática, para aumentar o tamanho do grupo, pode-se dizer que ele é vantajoso sempre para a parte que tem

---

(434) *Ibidem*, p. 293.
(435) GIDI. *Loc. cit.*
(436) *Ibidem*, p. 294.
(437) *Ibidem*, p. 293.

razão, seja ela o grupo ou a parte contrária. Se o grupo foi efetivamente lesado pelo réu é de seu interesse que todos os membros sejam beneficiados, salvo aqueles poucos que tomarem a iniciativa e se excluírem do grupo. Sendo o réu quem tem razão, ele terá todo o interesse de que a sentença de improcedência vincule o maior número possível de pessoas, encerrando de uma vez a controvérsia. Se isso é verdade, um sistema processual que adote o modelo de *opt in* se mostra não somente ineficiente como moralmente discutível.[438]

Acontece que essa análise — que pode ser correta em quase todos os países do mundo — não se ajusta necessariamente à realidade americana, pois a certificação de uma ação coletiva cria grande risco para o réu, que passa a responder em juízo por uma pretensão coletiva de altíssimo valor, que pode levá-lo à ruína. Se juntam a isso as altas despesas com a defesa de uma ação coletiva e o fato de se estar diante de um réu fragilizado, vulnerável a chantagens e pronto a aceitar acordos milionários em ações de mérito duvidoso, somente para evitar as despesas e os riscos inerentes à defesa de uma ação coletiva. Todavia, a realidade americana é diferente da de outros países, e não pode ser generalizada.[439]

A opção legislativa entre um ou outro sistema, portanto, é exatamente importante, porque a técnica adotada será decisiva na determinação do tamanho do grupo e, consequentemente, na indenização devida pelo réu.[440]

O sistema de *opt out* tem algumas desvantagens em relação ao sistema da presença compulsória, que vão além de mera impossibilidade de gerar uniformidade das decisões. É de se esperar que os membros ausentes que terão interesse e iniciativa para se excluírem do grupo, em geral, serão exatamente aquelas pessoas mais ativas, que teriam interesse e iniciativa para intervir, contribuir e participar ativamente no litígio coletivo, se o direito de autoexclusão não fosse permitido. Tais membros, motivados pelo interesse egoístico de proteger os seus interesses divergentes ou controlar a adequação do representante, poderiam suprir o juiz com informações importantes sobre o caso e sobre eventuais conflitos existentes entre os membros do grupo. A presença e a participação dessas pessoas podem ser essenciais para que o juiz cumpra a sua função de proteger os interesses dos membros ausentes de forma mais completa, efetiva e abrangente.[441]

Por outro lado, adverte Antonio Gidi que o direito de autoexclusão representa o reconhecimento, por parte do Estado, de que o membro ausente do grupo pode não ser ou não se sentir adequadamente representado em juízo, ter interesse em propor a sua própria ação individual ou simplesmente não ter interesse no litígio. Trata-se, assim, de homenagem à individualidade e autodeterminação do jurisdicionado, um importante valor numa cultura tradicional individualista e democrática.

---

(438) *Ibidem*, p. 294.
(439) GIDI. *Loc. cit.*
(440) GIDI. *Loc. cit.*
(441) *Ibidem*, p. 296.

No ordenamento brasileiro, em princípio, adota-se o modelo da presença obrigatória, pois, conforme disposto alhures, uma vez promovida uma ação coletiva, independentemente da natureza do bem jurídico tutelado, atingem-se todos aqueles que foram afetados pelo evento danoso.

Os únicos dispositivos que tratam da matéria no sistema pátrio são os arts. 104 do CDC e 22, § 1º, da Lei n. 12.016/2009, já analisados anteriormente.

Pelo art. 104 do CDC, se estiver tramitando, concomitantemente, uma ação coletiva e ações individuais, referentes a um mesmo evento danoso, é permitido que o indivíduo que esteja defendendo seus interesses individualmente requeira a suspensão do processo individual até o resultado da ação coletiva. Caso esta seja favorável aos seus interesses, ele poderá ser beneficiado. Se for desfavorável, poderá prosseguir com o processo individual. Isso significa, conforme já consignado, a ausência de litispendência entre demandas individuais e coletivas que apresentem o mesmo fato gerador.

Já o art. 22, § 1º, da Lei n. 12.016/2009, dispõe que em caso de impetração de mandado de segurança coletivo, com pendência de mandado de segurança individual, haverá a necessidade de desistência deste último para o litigante individual ser beneficiado pelo julgado do mandado coletivo. Tema já tratado no Capítulo 3 desta obra.

Constata-se que para a efetivação do sistema processual molecular se faz necessária a previsão de um regime de vinculação que possibilite aos interessados optar pela demanda coletiva ou individual, mas que não inviabilize o processo em curso, e não prestigie a repetição de ações referentes ao mesmo evento danoso, de sorte a não fragilizar as relações jurídicas, e assim proporcionar uma tutela jurisdicional adequada.

De *lege ferenda*, a matéria consta dos anteprojetos de Código de Processos Coletivos do IBDP e da Escola do Rio de Janeiro.

O anteprojeto da Escola do Largo de São Francisco pouco inovou, repetindo praticamente o que consta do art. 104 do CDC, no art. 6º do referido projeto.[442]

---

(442) Art. 6º Relação entre demanda coletiva e ações individuais — A demanda coletiva não induz litispendência para as ações individuais em que sejam postulados direitos ou interesses próprios e específicos de seus autores, mas os efeitos da coisa julgada coletiva (art. 12 deste Código) não beneficiarão os autores das ações individuais, se não for requerida sua suspensão no prazo de 30 (trinta) dias, a contar da ciência efetiva da demanda coletiva nos autos da ação individual.
§ 1º Cabe ao demandado informar o juízo da ação individual sobre a existência de demanda coletiva que verse sobre idêntico bem jurídico, sob pena de, não o fazendo, o autor individual beneficiar-se da coisa julgada coletiva mesmo no caso de a ação individual ser rejeitada.
§ 2º A suspensão do processo individual perdurará até o trânsito em julgado da sentença coletiva, facultado ao autor requerer a retomada do curso do processo individual, a qualquer tempo, independentemente da anuência do réu, hipótese em que não poderá mais beneficiar-se da sentença coletiva.

O anteprojeto da UERJ/UNESA inovou um pouco, implementando um sistema de exclusão similar ao *opt out* das *class actions* do Direito norte-americano, no § 3º do art. 22 e no art. 32.[443] O PL n. 5.139/2009 tem previsão no art. 37.[444]

Porém, qualquer que seja o modelo de vinculação de demandas coletivas adotado, o princípio da ampla divulgação destas ações se torna indispensável para que a tutela dos interesses transindividuais se torne efetivamente viável.

---

§ 3º O Tribunal, de ofício, por iniciativa do juiz competente ou após instaurar, em qualquer hipótese, o contraditório, poderá determinar a suspensão de processos individuais em que se postule a tutela de interesses ou direitos individuais referidos à relação jurídica substancial de caráter incindível, pela sua própria natureza ou por força de lei, a cujo respeito as questões devam ser decididas de modo uniforme e globalmente, quando houver sido ajuizada demanda coletiva versando sobre o mesmo bem jurídico.

§ 4º Na hipótese do parágrafo anterior, a suspensão do processo perdurará até o trânsito em julgado da sentença coletiva, vedada ao autor a retomada do curso do processo individual.

(443) Art. 22. Coisa julgada — Nas ações coletivas a sentença fará coisa julgada *erga omnes*, salvo quando o pedido for julgado improcedente por insuficiência de provas.

§ 3º Na hipótese dos interesses ou direitos individuais homogêneos, apenas não estarão vinculados ao pronunciamento coletivo os titulares de interesses ou direitos que tiverem exercido tempestiva e regularmente o direito de ação ou exclusão.

Art. 32. Citação e notificações — Estando em termos a petição inicial, o juiz ordenará a citação do réu, a publicação de edital no órgão oficial e a comunicação dos interessados, titulares dos direitos ou interesses individuais homogêneos objeto da ação coletiva, para que possam exercer no prazo fixado seu direito de exclusão em relação ao processo coletivo, sem prejuízo de ampla divulgação pelos meios de comunicação social.

§ 1º Não sendo fixado pelo juiz o prazo acima mencionado, o direito de exclusão poderá ser exercido até a publicação da sentença no processo coletivo.

(444) O ajuizamento de ações coletivas não induz litispendência para as ações individuais que tenham objeto correspondente, mas haverá a suspensão destas, até o julgamento da demanda coletiva em primeiro grau de jurisdição.

§ 1º Durante o período de suspensão, poderá o juiz, perante o qual foi ajuizada a demanda individual, conceder medidas de urgência.

§ 2º Cabe ao réu, na ação individual, informar o juízo sobre a existência de demanda coletiva que verse sobre idêntico bem jurídico, sob pena de, não o fazendo, o autor individual beneficiar-se da coisa julgada coletiva mesmo no caso de o pedido da ação individual ser improcedente, desde que a improcedência esteja fundada em lei ou ato normativo, declarados inconstitucionais pelo Supremo Tribunal Federal.

§ 3º A ação individual somente poderá ter prosseguimento, a pedido do autor, se demonstrada a existência de graves prejuízos decorrentes da suspensão, caso em que não se beneficiará do resultado da demanda coletiva.

§ 4º A suspensão do processo individual perdurará até a prolação da sentença da ação coletiva, facultado ao autor, no caso de procedência desta e decorrido o prazo concedido ao réu para cumprimento da sentença, requerer a conversão da ação individual em liquidação provisória ou em cumprimento provisório da sentença do processo coletivo, para apuração ou recebimento do valor ou pretensão a que faz jus.

§ 5º No prazo de noventa dias contado do trânsito em julgado da sentença proferida no processo coletivo, a ação individual suspensa será extinta, salvo se postulada a sua conversão em liquidação ou cumprimento de sentença do processo coletivo.

§ 6º Em caso de julgamento de improcedência do pedido em ação coletiva de tutela de direitos ou interesses individuais homogêneos, por insuficiência de provas, a ação individual será extinta, salvo se for requerido o prosseguimento no prazo de trinta dias contado da intimação do trânsito em julgado da sentença proferida no processo coletivo.

Sínteses Conclusivas

Neste momento, alcança-se finalmente, após longo percurso, a conclusão, cujo conteúdo, além de renovar as esperanças por uma atividade jurisdicional melhor e sempre em evolução, faz breve referência a todo o exposto e encerra o processo iniciado, com a expectativa de, em última análise, no mínimo despertar a atenção para a evidente carência de melhores resultados da atividade jurisdicional, cuja solução, ao menos em parte, encontra-se no sistema processual coletivo.

Não se pode ignorar que o Direito é um fenômeno cultural, de criação humana, com o objetivo de viabilizar a vida em sociedade, criando-lhe a ordem e a harmonia necessárias. Não tem um fim em si mesmo e deve ser concebido como uma técnica à disposição do homem para obter o melhor modelo de convivência social em termos de satisfação máxima dos integrantes de determinado grupo social.

Por essa razão, buscou-se uma investigação a respeito da efetivação dos direitos, ou seja, do acesso à satisfação dos interesses, a partir da análise dos mecanismos aptos a atingir a dita satisfação máxima dos integrantes de determinado grupo social, com o alcance da desejada efetividade da tutela jurisdicional, a que se recorreu por não se ter chegado à solução do litígio por mecanismos próprios; este, por sua vez, presente em virtude da insuficiência da ordem material vigente, ou mesmo pela resistência de alguns em sucumbir ao evidente direito subjetivo do próximo.

E o Direito Processual Civil, por óbvio, não lhe negará abrigo, significando que lhe servirá de caminho aos objetivos traçados já há algum tempo pelas novas tendências do acesso à justiça, idealizadas, inicialmente, por Cappelletti, para que este mesmo processo civil tenha seu moderno estudo na real efetivação dos direitos.

Neste aspecto, a tutela molecular contribui efetivamente para se alcançar o verdadeiro acesso à ordem jurídica justa, merecendo atenção de toda a comunidade jurídica, apesar das manifestas falhas que o modelo adotado pelo Brasil apresenta, e que foram apontadas na presente pesquisa.

Exatamente pelo que foi exposto, pode-se afirmar que o objetivo do constituinte ao dispor no art. 5º, inciso XXXV, da Constituição Federal de 1988, que, na verdade, a lei não apenas deixará de excluir, mas também zelará pela justa apreciação do Poder Judiciário, lesão ou ameaça de lesão a direito, individual ou coletivo. Isso significa que o Estado deve ir muito além daquele simplório acesso à justiça na concepção meramente formal, para atribuir à ordem jurídica elevada responsabilidade no exercício da atividade jurisdicional, a quem cabe uma atividade justa, se não nos exatos termos imbuídos na Filosofia grega, no sentido de garantir o mínimo de esforço com o máximo de resultado na satisfação dos interesses.

Assim, constatou-se, apesar das críticas apresentadas, que a tutela coletiva constitui excelente meio para alcançar o verdadeiro acesso à justiça, expressão a todo momento utilizada, buscando sempre realçar seu desejado alcance. Quanto aos mecanismos necessários à solução do problema, e para realmente proporcionar a efetividade dos seus julgados, não há correspondência exata com as ideias de Cappelletti, mas dele, sem dúvida origina-se a conclusão da urgência de se impor um remédio, mesmo que drástico, a uma tutela jurisdicional doente, na medida em que não concede ao "seu consumidor", com a estabilidade que se deseja e de que se necessita, aquilo e efetivamente aquilo a que tenha direito, por lhe ser garantido pela ordem vigente.

Carece assim a tutela molecular de reformas, algumas delas apresentadas nesta pesquisa, à procura, certamente, de um processo civil que, não inserto no vácuo, não oculte o modelo frequentemente irreal das pessoas interessadas perante o Judiciário.

Nesse passo, os juristas continuam e devem reconhecer que as funções sociais servem às técnicas processuais e que o acesso não é apenas um direito fundamental, crescente e reconhecido, é o ponto central da moderna processualística e seu estudo pressupõe tanto um alargamento quanto um aprofundamento dos objetivos e métodos da moderna ciência jurídica.

Acredita-se estar contribuindo para este alargamento e aprofundamento da ciência, especialmente a processual, por meio do que foi exposto em relação à efetivação da tutela molecular e as conclusões adjacentes.

Objetivando alcançar os atributos antes expostos, assistiu-se a partir da metade do século passado inequívoca reforma legislativa, fazendo-se inserir regramento aos chamados processos coletivos, acreditando-se estarem capazes de colaborar com aqueles propósitos. Citam-se como exemplos de normas destinas à celeridade e demais necessidades, além da própria Constituição da República, as Leis ns. 4.717/1965, 7.347/1985, 8.069/1990, 8.078/1990, dentre muitas outras.

Dentre os novos regramentos, visualiza-se, por meio do sistema de tutela decorrente da aplicação das Leis ns. 7.347/1985 e 8.078/1990, excelente instrumento de acesso à justiça. A tutela molecular traduz-se em inegável meio de qualificação da tutela jurisdicional. Isto porque permite que seja atingida grande quantidade de pessoas com uma única demanda, passando do plano do acesso à justiça meramente formal à efetiva tutela jurisdicional tão almejada. Isto, por conseguinte, reduz o número de processos individuais, o que é capaz de elevar a qualidade e a justiça dos julgamentos, voltados a um menor número de causas, acelerando o resultado, e consequentemente, reduzindo o risco de decisões antagônicas em causas que versem sobre pretensões semelhantes, ensejando maior estabilidade nas relações jurídicas.

Assim, a tutela molecular é fenômeno intrinsecamente ligado ao processo de massificação da sociedade contemporânea, que trouxe a necessidade da prevenção e reparação de danos relacionados à violação de direitos que extrapolam a esfera individual de cada cidadão; daí aludir-se à proteção dos direitos difusos, coletivos e individuais homogêneos.

Diante desta nova realidade, alicerçada, sobretudo, no espírito da Constituição de 1988, passou-se a reclamar uma adequação do processo civil aos anseios de tutela dos chamados "novos direitos", sendo garantida sua efetiva proteção, como se extrai da inafastabilidade do controle jurisdicional e do devido processo legal, até mesmo com a utilização de novos instrumentos, como o mandado de segurança coletivo, bem como a ação popular e a ação civil pública, revigorados pelo texto constitucional.

Preconiza-se a análise do processo civil coletivo a partir de uma perspectiva constitucional, no intuito da resolução dos conflitos de massa com enfoque social, surgindo as ações coletivas como principal instrumento de legitimação da técnica em face da sociedade contemporânea, em busca do acesso à ordem jurídica justa, forjando inclusive uma nova leitura do princípio do devido processo legal.

Constata-se que a Lei n. 8.078/1990 veio unificar a sistemática do processo coletivo no Brasil, estabelecendo perfeita harmonia entre as disposições da Lei da Ação Popular, da Ação Civil Pública e do CPC, trazendo, ainda, nova sistemática sobre os bens jurídicos tutelados, ao conceituar os interesses difusos, coletivos e individuais homogêneos, e também introduzindo o modelo estrutural da ação de classe.

Seguindo os contornos do que foi proposto na presente investigação, observa-se que a atividade jurisdicional não deve se restringir à declaração do direito aplicável a cada caso concreto, pois o direito de acesso à justiça tanto é conseguir uma sentença de mérito como também contar com atuação jurisdicional que enseje a consecução concreta e efetiva do direito declarado.

Assim, a perfeita intelecção e aplicação das regras do microssistema de defesa dos direitos metaindividuais é tarefa urgente, atribuída, sobretudo, à doutrina e aos aplicadores do Direito, sendo, para tanto, imprescindível a libertação de determinados dogmas estigmatizados pelo processo civil de índole individual para que seja possível a efetiva prestação jurisdicional desses direitos.

Aprofundado o estudo dos benefícios da tutela coletiva e da necessária implementação nos ordenamentos jurídicos contemporâneos, chegou-se, a partir dessas premissas, às seguintes conclusões para que este sistema possa se tornar mais eficiente de sorte a proporcionar satisfação dos interesses de massa:

1) Quanto à análise do processo coletivo, é possível aferir uma principiologia inerente à tutela molecular, ressaltando-se inicialmente a qualificação da lide coletiva pelo seu objeto, que desloca sensivelmente o próprio modo de ser da atuação jurisdicional;

2) Pelo princípio da dimensão coletiva da tutela jurisdicional, a dogmática tradicional do sistema jurídico processual deve ser redimensionada para efetivar as pretensões coletivas. Questões como a legitimação e o alcance da coisa julgada devem possibilitar a proteção adequada dos interesses de massa;

3) Conforme foi visto, a proposta da universalização da jurisdição e do processo busca possibilitar um amplo acesso das pessoas ao Poder Judiciário. Porém, é importante observar se os instrumentos disponíveis são adequados para viabilizar a tutela jurisdicional almejada. Daí o princípio da adequação da tutela jurisdiciona;

4) Pelo princípio da adaptabilidade do procedimento às necessidades da causa se entende que o processo deve permitir a efetiva satisfação dos interesses, invocando-se a promessa constitucional de acesso à ordem jurídica justa. O processo voltado aos escopos a serem eficazmente produzidos, ou seja, para se transformar num instrumento de justiça material, deve romper com a dogmática antiga, permitindo a adaptabilidade dos procedimentos para proporcionar a satisfação dos interesses;

5) Sobre a competência, constata-se que as regras vigentes não são satisfatórias, principalmente por que não permitem uma identificação da adequação do órgão com as peculiaridades do processo, e também pela falta de critérios de especialidades. Sugere-se, *de lege ferenda*, a criação de normas que permitam a identificação da competência adequada para a demanda, de sorte a permitir um julgamento mais justo;

6) Em relação ao direito probatório, o ponto sensível está, principalmente, na flexibilização das regras rígidas do ônus da prova, permitindo ao julgador a indicação deste ônus para a parte que se apresenta mais próxima dela, aplicando a teoria da carga dinâmica da prova;

7) O regime da coisa julgada é de extrema relevância para que o processo coletivo atinja sua finalidade, pois a imutabilidade da sentença constitui hábil instrumento em favor do jurisdicionado, seja titular de um interesse individual, seja

de um interesse coletivo, especialmente no Direito Coletivo brasileiro, em que se opera sua extensão somente *in utilibus*, impedindo que o réu, em desfavor de quem foi proferida a sentença, possa querer rediscutir a decisão em razão da ação coletiva;

8) O sistema da coisa julgada no ordenamento pátrio nos casos de interesses essencialmente coletivos, com instrução probatória suficiente, resta obstada a pretensão coletiva com o mesmo pedido e causa de pedir, pelo efeito *erga omnes* e *ultra partes*. Se for julgado improcedente, com instrução probatória insuficiente, é a característica a que se denomina *secundum eventum probationis*. Se o pedido for julgado procedente, tem-se a imutabilidade em favor da coletividade, permitindo--se, por conseguinte, a execução de igual forma;

9) Em relação aos interesses acidentalmente coletivos, quando julgado procedente o pedido, serão beneficiados todos os titulares do direito material pleiteado; em caso de improcedência, seja qual for o fundamento, sempre será viável o retorno à pretensão coletiva, pois, neste caso, mais uma vez se opera *in utilibus*. Desta vez, de forma mais abrangente, pois, em caso de improcedência, independentemente do fundamento, não irá obstar a demanda coletiva ou qualquer demanda individual. Isto provoca insegurança nas relações jurídicas e instabilidade, daí a necessidade da regulamentação da ação coletiva passiva como forma de controle da coletividade e da necessidade de regular adequadamente um sistema de vinculação aos julgados coletivos;

10) Outro aspecto de extrema relevância no regime da coisa julgada diz respeito à limitação territorial aos limites subjetivos no sistema molecular com a regra inserida no art. 16 da Lei n. 7.347/1985, pela Lei n. 9.494/1997. Sustenta-se a inconstitucionalidade do referido dispositivo, em virtude da violação do poder jurisdicional, além de totalmente equivocada a técnica utilizada, em razão do que se torna inviável qualquer limitação territorial dos efeitos e qualidades da sentença proferida segundo o órgão que prolatou. O alcance da decisão não possui qualquer relação com o espaço geográfico em que deve ser proposta a demanda de que a decisão se originou. Assim, atos emanados do Executivo ou do Legislativo com esse propósito violam flagrantemente a organização constitucional da atividade jurisdicional e do Poder que a presta, como também reduzem a importância da coisa julgada em tutela coletiva, o que confronta todos os fundamentos expostos a seu favor;

11) Insere-se no sistema da coisa julgada a relação entre demandas individuais e coletivas. No direito pátrio, tratado como litispendência do Direito Processual Civil comum, isto porque não se adotou um sistema de vinculação adequado (*opt out*). Não obstante, deve-se afirmar que se faz necessária a regulamentação própria quanto à matéria, resolvendo-se de forma mais clara e adequada esta questão, com se pretende no projeto de Lei n. 5.139/2009;

12) O art. 104 do CDC tentou solucionar, mas não foi eficaz, justamente por permitir que tramitem, paralelamente, ações individuais e coletivas que giram em torno do mesmo evento danoso, ocasionando a manutenção da multiplicidade de

processos, pois o indivíduo pode prosseguir com a demanda individual, podendo pedir ou não a suspensão desta, para valer-se de eventual resultado positivo. Seria mais adequada a utilização de um sistema de vinculação à demanda coletiva, ou seja, o direito de pleitear individualmente o seu interesse deve ser mantido, mas para isso deve o interessado requerer expressamente a exclusão. Porém, enquanto não se implementa um modelo que permita a ampla divulgação de demandas coletivas, esta regra deve ser mantida, pois só é possível se permitir a opção com a possibilidade de inclusão ou exclusão, com o conhecimento efetivo, e, por enquanto, o sistema brasileiro é muito tímido;

13) A implementação do sistema de vinculação com resultados satisfatórios depende, necessariamente, da observância do princípio da ampla divulgação das demandas coletivas, de sorte a possibilitar a ciência dos interessados, e, por conseguinte, manifestar a opção;

14) A efetivação das demandas coletivas passa, em última análise, pela sistematização adequada da atividade executiva, e esta não pode se restringir à satisfação puramente econômica do credor. Revela, de fato, um conjunto de atividades praticadas pelo Estado no intuito de fazer valer o direito já declarado ou a obrigação constante no título extrajudicial, procurando atribuir ao credor exatamente a prestação que lhe era devida originariamente;

15) Constatou-se, assim, que a sistemática tradicional do processo de execução, pelo fato de não conjugar as características do objeto da prestação com o grau de atuação do executado, revelava-se insuficiente para tornar efetiva a tutela executiva dos direitos metaindividuais;

16) A tutela executiva indireta, que busca nos meios de coerção sobre a pessoa ou sobre o patrimônio, para que o devedor seja compelido a cumprir a obrigação específica, é de extrema relevância para o processo coletivo;

17) A execução indireta, apesar do dogma da intangibilidade da vontade humana, alguns ordenamentos jurídicos passaram a adotá-la como forma de assegurar a efetiva tutela coletiva;

18) O Brasil, após as reformas do CPC, registrou um incremento dos instrumentos de coerção para o cumprimento das obrigações de fazer e não fazer, e, além disso, estabeleceu disciplina idônea para propiciar a prestação *in natura*, inclusive com previsão de tutela diferenciada, que possibilita ao juiz fazer uso de provimentos de cunho mandamental e executivo *lato sensu*, bem como a adoção de medidas de apoio que se revelem necessárias a compelir o devedor a cumprir a obrigação;

19) Desta sorte, no que concerne à tutela dos interesses metaindividuais, impõe-se ao juiz atuar incisivamente para conseguir a prestação específica, restando claro que a simplista resolução da obrigação original em perdas e danos deve ser utilizada subsidiariamente, conforme o regime da ação disposta pelo art. 84 do CDC;

20) Assim, diante do caráter extrapatrimonial dos direitos transindividuais, a tutela jurisdicional mais apropriada seria a preventiva, propiciada pela denominada tutela inibitória. Não sendo possível esta é que se promove a liquidação dos prejuízos sofridos, e, por conseguinte, a execução por quantia;

21) Em relação à fixação do *quantum debeatur* às pretensões reparatórias de danos produzidos a direitos metaindividuais, quando esta não se dá na própria sentença condenatória, há a necessidade de se promover a liquidação, seguindo a sistemática do CPC, nos arts. 475-A a 475-H, introduzidos pela Lei n. 11.232/2005. O Ministério Público é obrigado a promovê-la na hipótese do art. 15 da Lei n. 7.347/1985, sendo os demais legitimados autorizados a fazê-lo;

22) A modalidade de liquidação será a que melhor atender ao bem jurídico a ser tutelado. Além disso, como parâmetro à fixação do valor, devem-se estimar os prejuízos causados ao bem violado, bem como a capacidade econômica do autor do dano, o que confere ao juiz maior liberdade investigatória;

23) A execução de obrigação por quantia, conforme estabelecido no art. 15 da Lei n. 7.347/1985, necessita de provocação de algum dos legitimados para que a atividade executiva seja instaurada. Porém, em virtude da natureza cogente dessa execução, por força do princípio da "obrigatoriedade da demanda executiva coletiva", sequer deveria prevalecer a necessidade de iniciativa da parte, principalmente após o advento da Lei n. 11.232/2005, que consagrou o sincretismo entre a atividade cognitiva e a executiva, não necessitando mais de provocação;

24) Nesse aspecto, o Anteprojeto do Código Brasileiro de Processos Coletivos da UERJ/UNESA, no seu art. 26, deixava de avançar em direção a uma tutela jurisdicional executiva eficiente, pois repetia basicamente a redação do art. 15 da Lei n. 7.347/1985;

Foi sugerida a alteração do dispositivo nos seguintes termos:

Capítulo VIII — Da liquidação e da execução

Art. 26. Legitimação à liquidação e execução da sentença condenatória. Decorridos 60 (sessenta) dias da passagem em julgado da sentença de procedência, sem que o autor da ação coletiva promova a liquidação coletiva, deverá fazê-lo o Ministério Público, facultada igual iniciativa, em todos os casos, aos demais legitimados.

§ 1º Ultimada a liquidação, ou não sendo esta necessária, o executado será intimado, na pessoa do seu advogado, ou, na falta deste, o seu representante legal, ou pessoalmente, para efetuar o pagamento do montante da condenação no prazo de 15 dias.

§ 2º Caso não seja efetuado o pagamento neste prazo, será acrescida ao montante da condenação multa no percentual de 10%, expedindo-se mandado de penhora e avaliação.

§ 3º No prazo previsto no § 1º deste artigo, poderá o executado oferecer impugnação, independente de garantia do juízo. A impugnação só poderá versar sobre uma das matérias elencadas no art. 475-L do Código de Processo Civil.

§ 4º O procedimento para a impugnação seguirá, no que couber, as regras previstas no Código de Processo Civil.

§ 5º A impugnação não suspende a atividade executiva, podendo o juiz determinar a suspensão se houver penhora em valor suficiente para garantir a satisfação do crédito e ficar demonstrado pelo executado o risco de dano irreparável ou de difícil reparação.

§ 6º No módulo processual executivo de que trata este artigo não se aplica o disposto no art. 745-A do Código de Processo Civil.

25) As sugestões foram elaboradas a partir da análise do sistema processual executivo após as reformas levadas a efeito pelas Leis ns. 11.232/2005 e 11.382/2006;

26) Conforme foi visto, a Lei n. 11.232/2005 apresentou uma ruptura no modelo processual executivo tradicional, uma vez que consagrou o sincretismo entre a atividade cognitiva e a executiva. Isto significa que a satisfação do crédito será efetivada na mesma relação processual, sem a necessidade de se instar o Estado para isso, conforme as regras dos arts. 475-I e seguintes do CPC;

27) Se o sistema processual individual tem regras que possibilitam a efetivação da decisão judicial condenatória sem que a parte tenha que provocar, não se justifica no processo coletivo a necessidade de provocação, haja vista o interesse social envolvido;

28) Essa observação foi feita no momento em que a lei supracitada entrou em vigor, quando foi defendida a aplicação do art. 475-J na ação civil pública. Mas para isso a incidência do art. 15 da Lei n. 7.347/1985 teria que ser afastada, pois o referido artigo indica a necessidade de provocação pelo legitimado, ou, na inércia dele, por qualquer outro, ou ainda pelo Ministério Público;

29) Para possibilitar esta interpretação, foi sustentado que o art. 15 da Lei n. 7.347/1985 deveria ser afastado por violar o princípio da razoável duração do processo (art. 5º, inciso LXXVIII, da Constituição Federal), pois provoca uma dilação desnecessária ao procedimento e, assim, seria possível a aplicação da regra do art. 475-J;

30) Esta construção se faz necessária em virtude da incidência do princípio da especialidade, pois a Lei n. 7.347/1985 é norma especial, não podendo ser revogada por norma geral;

31) As sugestões apresentadas foram fundamentadas na melhor interpretação dos dispositivos trazidos pelas reformas, com as correções necessárias dos pontos que proporcionaram controvérsia, principalmente a que se refere ao termo inicial para a fluência do prazo para o pagamento;

32) Outro ponto relevante diz respeito à forma de resistência que deve ser a impugnação, sem a garantia do juízo, pois assim a defesa vem imediatamente e em regra não suspenderá a atividade executiva;

33) Por derradeiro, constatou-se que para que o modelo molecular de processo atinja seu escopo de se tornar realmente efetivo, se faz necessário o controle da coletividade em alguns casos, por meio das ações coletivas passivas.

A democracia social, *welfare state*, a sociedade de massa, o fenômeno da urbanização e das megalópoles, o perecimento das sociedades dos vizinhos e o nascer da sociedade da solidão, das casas e do congestionamento das ruas, a socialização da agressão, que deixou de ser problema de alguns para fazer-se preocupação de todos, a coletivização das carências, hoje igualmente compartilhadas por milhares de seres humanos, solidários no infortúnio e tão solitários na ventura, tudo isso levou à proteção jurídica de interesses, que, nem por serem transindividuais, ou sociais, deixam de ter conteúdo de direitos, inclusive em sua dimensão coletiva.

Assim, muitos institutos jurídicos tradicionais, notadamente os da dogmática processual clássica, devem merecer novo enfoque. Esquemas já assentados — como o da legitimação, interesse processual, representação, substituição processual, citação, limites objetivos e subjetivos da coisa julgada, litisconsórcio etc. — devem ser revistos, repensados ou estudados por um prisma diferenciado, moldados de acordo com a fenomenologia que hoje se constata.

Referências

ALEXY, Robert. Sistema jurídico, princípios jurídicos y razón prática. *Doxa: Cuadernos de Filosofia del Derecho*, Madrid: Universidad de Alicante, 1998.

_____ . *Teoría de los derechos fundamentales.* Madrid: Centro de Estudios Constitucionales, 1997.

ALMEIDA, João Batista de. *Aspectos controvertidos da ação civil pública.* São Paulo: Revista dos Tribunais, 2001.

ALMEIDA, Marcelo Pereira de. O sistema recursal e o direito à tutela à luz do inciso LXXVIII, do art. 5º da CF. *Revista da EMERJ*, n. 37, 2007.

_____ . A reforma do processo de execução — comentários à Lei n. 11.232/2005. *Revista da EMERJ*, n. 35, 2006.

ALVIM, Arruda. Notas sobre a coisa julgada coletiva. *Revista de Processo*, n. 88, 1997.

_____ . Ação civil pública: sua evolução normativa significou crescimento em prol da proteção às situações coletivas. In: MILARÉ, Edis (coord.). *Ação civil pública após 20 anos: efetividade e desafios.* São Paulo: Revista dos Tribunais, 2005.

_____ . *Código do consumidor comentado*. 2. ed. São Paulo: Revista dos Tribunais, 1995.

_____ . *Tratado de direito processual civil.* São Paulo: Revista dos Tribunais, 1998.

_____ . *Código de processo civil comentado.* São Paulo: Revista dos Tribunais, 1975. v. 1.

AMARAL, Alexandre. Das origens ao futuro da lei de ação civil pública: o desafio de garantir acesso à justiça com efetividade. In: MILARÉ, Édis (coord.). *Ação civil pública após 20 anos: efetividade e desafios.* São Paulo: Revista dos Tribunais, 2005.

ARANTES, Rogério Bastos. Direito e política: o Ministério Público e a defesa dos direitos coletivos. *Revista Brasileira de Ciências Sociais*, n. 39, fev. 1999.

ARAUJO FILHO, Luiz Paulo da Silva. Das origens ao futuro da lei de ação civil pública: o desafio de garantir acesso à justiça com efetividade. In: MILARÈ, Edis (coord.). *Ação civil pública após 20 anos:* efetividade e desafios. São Paulo: Revista dos Tribunais, 2005.

_____ . *Ações coletivas:* a tutela jurisdicional dos direitos individuais homogêneos. Rio de Janeiro: Forense, 2000.

ARENHART, Sérgio Cruz. *Perfis da tutela inibitória coletiva.* São Paulo: Revista dos Tribunais, 2003.

ASSIS, Araken de. Execução na ação civil pública. *Revista de Processo,* n. 82, abr./jun. 1996.

_____ . *Manual do processo de execução.* 2. ed. São Paulo: Revista dos Tribunais, 1995.

ASSOCIAÇÃO BRASILEIRA DE NORMAS TÉCNICAS. *NBR 6023.* Informação e documentação: referências-elaboração. Rio de Janeiro, 2002.

_____ . *NBR 6024.* Informação e documentação: numeração progressiva das seções de um documento escrito-apresentação. Rio de Janeiro, 2003.

_____ . *NBR 6027.* Informação e documentação: sumário-apresentação. Rio de Janeiro, 2003.

_____ . *NBR 6028.* Informação e documentação: resumo-apresentação. Rio de Janeiro, 2003.

_____ . *NBR 10520.* Informação e documentação: citações em documentos-apresentação. Rio de Janeiro, 2002.

_____ . *NBR 14724.* Informação e documentação: trabalhos acadêmicos-apresentação. Rio de Janeiro, 2002.

ÁVILA, Humberto. *Teoria dos princípios:* da definição à aplicação dos princípios jurídicos. 6. ed. São Paulo: Malheiros, 2006.

BARCELLOS, Ana Paula. Normatividade dos princípios e o princípio da dignidade da pessoa humana na Constituição de 1998. *Revista de Direito Administrativo,* n. 221, jul/set. 2000.

BRAGA, Renato Rocha. *A coisa julgada nas demandas coletivas.* Rio de Janeiro: Lumen Juris, 2000.

BEDAQUE, José Roberto dos Santos. *Tutela cautelar e tutela antecipada:* tutelas sumárias e de urgência (tentativa de sistematização). São Paulo: Malheiros, 1998.

BANKIER, Jennifer. The future of class actions in Canada: case, courts and confusion. *Canadian Business Law Journal,* v. 9, 1984.

BOBBIO, Noberto. *Teoria do ordenamento jurídico.* 9. ed. Brasília: UnB, 1997.

_____ . *A era dos direitos.* Rio de Janeiro: Campus, 1992.

BRANDÃO, Paulo de Tarso. *Ação civil pública.* 2. ed. Florianópolis: Obra Jurídica, 1998.

BRASIL. *Constituição da República Federativa do Brasil de 1988.* Disponível em: <http://www.planalto.gov.br> Acesso em: 25.1.2007.

_____ . *Lei n. 4.717, de 29 de junho de 1965.* Disponível em: <http://www.planalto.gov.br> Acesso em: 7.9.2007.

_____ . *Lei n. 7.347, de 24 de julho de 1985.* Texto original. Disponível em: <http://www.planalto.gov.br> Acesso em: 4.6.2007.

_____. *Lei n. 7.347, de 24 de julho de 1985.* Vinte anos depois. Disponível em: <http://www.planalto.gov.br> Acesso em: 4.6.2007.

_____ . *Lei n. 7.853, de 24 de outubro de 1989.* Disponível em: <http://www.planalto.gov.br> Acesso em: 5.10.2007.

_____ . *Lei n. 7.913, de 7 de dezembro de 1989.* Disponível em: <http://www.planalto.gov.br> Acesso em: 27.4.2007.

_____ . *Lei n. 8.069, de 13 de julho de 1990.* Disponível em: <http://www.planalto.gov.br> Acesso em: 12.8.2007.

_____ . *Lei n. 8.078, de 11 de setembro de 1990.* Disponível em: <http://www.planalto.gov.br> Acesso em: 4.6.2007.

_____ . *Lei n. 8.437, de 30 de junho de 1992.* Disponível em: <http://www.planalto.gov.br> Acesso em: 19.10.2007.

_____ . *Lei n. 9.494, de 10 de setembro de 1997.* Disponível em: <http://www.planalto.gov.br> Acesso em: 22.10.2007.

_____. *Lei n. 10.257, de 10 de julho de 2001.* Disponível em: <http://www.planalto.gov.br> Acesso em: 29.9.2007.

_____ . *Lei n. 10.741, de 1º de outubro de 2003.* Disponível em: <http://www.planalto.gov.br> Acesso em: 12.12.2006.

BUENO, Cassio Scarpinella. *A nova etapa da reforma do código de processo civil.* São Paulo: Saraiva, 2006.

_____ . As *class actions* norte-americanas e as ações coletivas brasileiras; pontos para uma reflexão conjunta. *Revista de Processo,* n. 82, abr./jun. 1996.

_____ . *A nova lei do mandado de segurança.* São Paulo: Saraiva, 2009.

CABRAL, Antônio do Passo. *O novo procedimento — modelo (musterverfahren) alemão:* uma alternativa às ações coletivas. Leituras complementares de processo civil. Org. Fredie Didier Junior. Salvador: JusPodivm, 2009.

CALAMANDREI, Piero. La condana genérica ai danni. *Rivista di Diritto Processuale Civile,* Padova: Cedam, 1933.

CÂMARA, Alexandre Freitas. *Lições de direito processual civil.* 11. ed. Rio de Janeiro: Lumen Juris, 2004.

_____ . *A nova execução de sentença.* Rio de Janeiro: Lumen Juris, 2007.

CANARIS, Claus-Wilhelm. *Direitos fundamentais e direito privado.* Tradução de Ingo Wolfgang Sarlet e Paulo Mota Pinto. Coimbra: Almedina, 2003.

CANOTILHO, José Joaquim Gomes. *Direito constitucional e teoria da Constituição.* Coimbra: Almedina, 2002.

CAPPELLETTI, Mauro. A tutela dos interesses difusos. *Revista da Ajuris*, n. 33, 1985.

_____ ; GARTH, Bryant. *Acesso à justiça*. Tradução e revisão de Ellen Gracie Northfleet. Porto Alegre: Sergio Antonio Fabris, 1988.

CARNEIRO, Athos Gusmão. *Do rito sumário na reforma do CPC*. São Paulo: Saraiva, 1996.

_____ . Anotações sobre o mandado de segurança coletivo. *Revista de Processo*, n. 178, São Paulo: Revista dos Tribunais, 2009.

CARNEIRO, Paulo César Pinheiro. *Acesso à justiça*. Rio de Janeiro: Forense, 2000.

CARNELUTTI, Francesco. *Sistema de derecho procesal civil*. Tradução de Niceto Alcalá-Zamora e Castillo e Santiago Sentis Melendo. Buenos Aires: Uteha, 1944.

CARPI, Frederico. Note in tema di tecniche di attuazione dei diritti. *Revista Trimestrale di dirito e procedura civile*, Milano: Giuffrè, 1988.

CHIOVENDA, Giuseppe. *Instituições de direito processual civil*. Tradução de J. Guimarães Menegale. São Paulo: Saraiva, 1969.

_____ . *Instituições de direito processual civil*. Campinas: Bookseller, 1998. v. 1.

CONSOLO, Cláudio. Class actions'fuori dagli USA? *Rivista di Diritto Civile*, Padova: Cedam, n. 5, 1993.

COUTURE, Eduardo J. *Fundamentos del derecho procesal civil*. Buenos Aires: Depalma, 1988.

CRUZ, Gisela Sampaio da. *O problema do nexo causal na responsabilidade civil*. Rio de Janeiro: Renovar, 2005.

DELGADO, José Augusto. *Reflexões sobre as alterações no direito processual civil brasileiro a partir da EC n. 45, de 31.12.2004, e as repercussões no direito judiciário trabalhista*. Disponível em: <http://www.2.stj.gov.br/discursos/palestra/natal/rn> Acesso em: 25.4.2007.

DENTI, Vittorio. *L'esecuzione forzata in forma specifica*. Milano: Giuffrè, 1953.

_____ . Intorno ai concetti generali del processo di esecuzione. *Revista de di diritto processuale*, v. 10, 1995.

DICIONÁRIO ONLINE. *The electric law library's lexicon on*. Disponível em: <http://www.lectlaw.com> Acesso em: 15.7.2007.

DIDIER JÚNIOR, Fredie Souza. Cognição, construção de procedimentos e coisa julgada: os regimes de formação da coisa julgada no direito processual civil brasileiro. *Jus Navigandi*, Teresina, n. 58, ago. 2002. Disponível em: <http://jus2.uol.com.br/doutrina/texto> Acesso em: 24.10.2005.

_____ ; ZANETI JUNIOR, Hermes. *Curso de direito processual civil:* processo coletivo. Projeto UERJ-UNESA. Salvador: JusPodivm, 2007. v. 4.

_____ . *Curso de direito processual civil*. Salvador: JusPodivm, 2006. v. 2.

DINAMARCO, Cândido Rangel. *A instrumentalidade do processo*. 9. ed. São Paulo: Malheiros, 2001.

_____ . Instituições de direito processual civil. In: DIDIER JR., Fredie; ZANETI JR., Hermes. *Curso de direito processual civil:* processo coletivo. Projeto UERJ-UNESA. Salvador: JusPodivm, 2007. v. 4.

_____. *Fundamentos do processo civil moderno*. São Paulo: Malheiros, 2001.

_____. *A instrumentalidade do processo*. São Paulo: Malheiros, 2003.

_____. *Execução civil*. 6. ed. São Paulo: Malheiros, 1998.

DINAMARCO, Pedro da Silva. *Ação civil pública*. São Paulo: Saraiva, 2001.

DOBROWOLSKI, Sílvio. O poder judiciário e a Constituição. *Revista Sequência Estudos Jurídicos e Políticos,* Florianópolis, 1999.

DONDI, Ângelo. Tecniche di esecuzione nell'esperienza statunitense. *Rivista di Diritto Civile,* Padova: Cedam, 1988.

EFING, Antônio Carlos. *Contratos e procedimentos bancários à luz do código de defesa do consumidor*. São Paulo: Revista dos Tribunais, 1999.

FERRAJOLI, Luigi. O direito como sistema de garantias. In: OLIVER JUNIOR, José Alcebíades de (org.). *O novo em direito e política*. Porto Alegre: Livraria do Advogado, 1997.

FILOMENO, José Geraldo Brito. *Manual de direitos do consumidor*. 5. ed. São Paulo: Atlas, 2001.

FONSECA NETO, Ubirajara da et al. *Curso de direito processual civil:* tutela coletiva e o fenômeno do acesso à justiça. Rio de Janeiro: Maria Augusta Delgado, 2007.

_____. *Curso de direito processual civil:* tutela de execução. Rio de Janeiro: Maria Augusta Delgado, 2007.

FONSECA PINTO, Adriano Moura da; ALMEIDA, Marcelo Pereira de. *Teoria geral do processo e processo de conhecimento*. Rio de Janeiro: Freitas Bastos, 2006.

FONTES, Paulo Gustavo Guedes. A ação civil pública e o princípio da separação dos poderes: estudo analítico de suas possibilidades e limites. In: MILARÉ, Édis (coord.). *Ação civil pública após 20 anos:* efetividade e desafios**.** São Paulo: Revista dos Tribunais, 2005.

GAVRONSKI, Alexandre Amaral. Das origens ao futuro da lei de ação civil pública: o desafio de garantir acesso à justiça com efetividade. In: MILARÉ, Édis (coord.). *Ação civil pública após 20 anos:* efetividade e desafios. São Paulo: Revista dos Tribunais, 2005.

GIDI, Antonio. Notas para a redação de uma exposição de motivos. In: DIDIER JR., Fredie; ZANETI JR., Hermes. *Curso de direito processual civil:* processo coletivo. Salvador: JusPodivm, 2007, v. 4.

_____. *Coisa julgada e litispendência em ações coletivas*. São Paulo: Saraiva, 1995.

GLENN, H. Patrick. *Class proceeding act*. S. O. J. 1992.

GRECO FILHO, Vicente. *Direito processual civil brasileiro*. 8. ed. São Paulo: Saraiva, 1994. v. 3.

GRINOVER, Ada Pellegrini. *Novas tendências do direito processual*. Rio de Janeiro: Forense Universitária, 1990.

_____. *Os princípios constitucionais e o código de processo civil*. São Paulo: Revista dos Tribunais, 1975.

_____. *Código brasileiro de defesa do consumidor.* Rio de Janeiro: Forense Universitária, 2000.

_____. Da *class action for damages* à ação de classe brasileira: os requisitos de admissibilidade. *Revista de Processo*, v. 101, p. 11-27, 2001.

_____. et al. *Código brasileiro de defesa do consumidor comentado pelos autores do anteprojeto*. 8. ed. Rio de Janeiro: Forense Universitária, 2004.

_____. A tutela jurisdicional dos interesses difusos. *Revista da Procuradoria Geral de São Paulo,* n. 78, jun. 1993.

_____. Significado social, político e jurídico da tutela dos interesses difusos. *Revista de Processo,* ano 25, n. 97, jan./mar. 2000.

_____. Ações coletivas ibero-americanas: novas questões sobre a legitimação e a coisa julgada. *Revista Forense*, v. 98, n. 361, p. 3-12, maio/jun. 2002.

_____. Rumo a um código brasileiro de processos coletivos. In: MILARÉ, Édis (coord.). *Ação civil pública após 20 anos:* efetividade e desafios. São Paulo: Revista dos Tribunais, 2005.

_____. *Exposição de motivos.* Anteprojeto de código brasileiro de processos coletivos. Brasília: Ministério da Justiça. Disponível em: <http://www.mpcon.org.br> Acesso em: 4.7.2007.

_____. *Mandado de segurança coletivo:* legitimação, objeto e coisa julgada. Coord. Min. Sálvio de Figueiredo Teixeira. São Paulo: Saraiva, 1981.

HAFFMAN, Paulo. *Razoável duração do processo.* São Paulo: Quartier Latin, 2006.

KARAN, Munir. Da liquidação em ação de dano moral. *Revista de Direito Administrativo*, v. 62, n. 185, 1996.

KELL, David Before. The high court — representative actions: continued evolution or a classless society? *Sydney Law Review*, v. 15, 1993.

LEAL, Marcio Flávio Mafra. *Ações coletivas:* história, teoria e prática. Porto Alegre: Sergio Antonio Fabris, 1998.

LENZA, Pedro. *Teoria geral da ação civil pública.* 2. ed. São Paulo: Revista dos Tribunais, 2005.

LIEBMAN, Enrico Túlio. *Manual de direito processual civil*. Tocantins: Intelectus, 2003. v. 2.

LOPES, José Reinaldo de Lima. *Fundamentos de história do direito.* Belo Horizonte: Del Rey, 2001.

LOUREIRO, Caio Márcio. *Ação civil publica e acesso à justiça.* São Paulo: Método, 2001.

MACEDO JÚNIOR, Ronaldo Porto. Ação civil pública, o direito social e os princípios. In: MILARÉ, Édis (coord.). *Ação civil pública após 20 anos:* efetividade e desafios**.** São Paulo: Revista dos Tribunais, 2005.

MAIA, Diogo Campos Medina. A ação coletiva passiva: o retrospecto histórico de uma necessidade presente. In: GRINOVER, Ada Pellegrini *et al. Direito processual coletivo e o anteprojeto de código brasileiro de processos coletivos*. São Paulo: Revista dos Tribunais, 2007.

MANCUSO, Rodolfo de Camargo. *Ação civil pública*. São Paulo: Revista dos Tribunais, 1998.

_____ . *Manual do consumidor em juízo*. São Paulo: Saraiva, 1994.

_____ . *Interesses difusos, conceito e legitimação para agir*. 2. ed. São Paulo: Revista dos Tribunais, 1991.

MANDRIOLI, Crisanto. *L'esecuzione forzata in forma specifica*. Milano: Giuffrè, 1953.

MARINONI, Luiz Guilherme. *Novas linhas do processo civil*. 4. ed. São Paulo: Malheiros, 2000.

_____ . Tutela inibitória: a tutela de prevenção do ilícito. *Revista Gênesis de Direito Processual Civil*, n. 2, 1996.

_____ . *Tutela inibitória*. São Paulo: Revista dos Tribunais, 1998.

MARÍN, Juan José. *Comentarios a la ley general para la defensa de los consumidores y usuarios*. Coord. Rodrigo Bercovitz Rodrígues-Cano; Javier Salas Hemandez. Madrid: Civitas, 1992.

MARQUES, Cláudia Lima. *Contratos no código de defesa do consumidor*: o novo regime das relações contratuais. 3. ed. São Paulo: Revista dos Tribunais, 1998.

MARQUES, José Frederico. *Manual de direito processual civil*. São Paulo: Saraiva, 1990.

MARTINS, I. G. S.; MENDES, G. F. *Controle concentrado de constitucionalidade direito constitucional*. São Paulo: Saraiva, 2005.

MAZEI, Rodrigo. Mandado de injunção coletivo: viabilidade diante dos falsos dogmas. In: GRINOVER et al. *Direito processual coletivo e o anteprojeto de código brasileiro de processos coletivos*. São Paulo: Revista dos Tribunais, 2007.

MAZZILLI, Hugo Nigro. *A defesa dos interesses difusos em juízo*. São Paulo: Saraiva, 2007.

_____ . *Inquérito civil*. São Paulo: Saraiva, 2005.

MAX, Robert. Defendant class suits as a mean of legal and social reform. *The Cumberland Law Review*, v. 13/453, 1983.

MEDINA, José Miguel Garcia. *Mandado de segurança individual e coletivo. Comentários à Lei n. 12.016/2009*. São Paulo: Revista dos Tribunais, 2009.

MEIRELLES, Hely Lopes. *Mandado de segurança*. São Paulo: Malheiros, 2006.

MELLO, Celso Antonio Bandeira de. *Compostura jurídica do princípio da igualdade*. São Paulo: Jurídica Administração Municipal, 2001. v. 3.

MENDES, Aluísio Gonçalves de Castro. A ação coletiva passiva: o retrospecto histórico de uma necessidade presente. In: GRINOVER, Ada Pellegrini et al. *Direito processual coletivo e o anteprojeto de código brasileiro de processos coletivos*. São Paulo: Revista dos Tribunais, 2007.

_____ . *Ações coletivas no direito comparado nacional*. São Paulo: Revista dos Tribunais, 2002.

_____ . Tutela dos interesses difusos, coletivos em sentido estrito e individuais homogêneos no Brasil e em Portugal. *Revista Forense*, v. 373, 2004.

_____ . Construindo o código brasileiro de processos coletivos: o anteprojeto elaborado no âmbito dos programas de pós-graduação da UERJ e UNESA. In: DIDIER JR., Fredie; ZANETI JR., Hermes. *Curso de direito processual civil:* processo coletivo. Salvador: JusPodivm, 2007, v. 4.

MENDES, Gilmar Ferreira. Ação civil pública e controle de constitucionalidade. In: MILARÉ, Édis (coord.). *Ação civil pública após 20 anos:* efetividade e desafios. São Paulo: Revista dos Tribunais, 2005.

_____ . *Direitos fundamentais e controle de constitucionalidade*: estudos de direito constitucional. São Paulo: IBDC e Celso Bastos, 1999.

MIRANDA, Francisco C. Pontes de. *Comentários ao código de processo civil*. Rio de Janeiro: Forense, 1974. v. 5.

MORAES, Alexandre de. *Direito constitucional*. São Paulo: Atlas, 2000.

MORAIS, José Luis Bolzan de. *Do direito social aos interesses transindividuais*. Porto Alegre: Livraria do Advogado, 1996.

MOREIRA, José Carlos Barbosa. A legitimação para a defesa dos interesses difusos no direito brasileiro. In: *Temas de direito processual*. São Paulo: Saraiva, 1984.

_____ . Significado social, político e jurídico da tutela dos interesses difusos. *Revista de Processo*, ano 25, n. 97, jan./mar. 2000.

_____ . A proteção jurisdicional dos interesses coletivos ou difusos. In: GRINOVER, Ada Pellegrini (coord.). *A tutela do interesses difusos*. São Paulo: Max Limonad, 1984.

_____ . Ações coletivas na Constituição de 1988. *Revista de Processo,* São Paulo: Revista dos Tribunais, 1991.

_____ . *Comentários ao código de processo civil*. Rio de Janeiro: Forense, 2002. v. 5.

MORO, Luiz Carlos. *Como se pode definir a "razoável duração do processo"*. Disponível em: <http://www.conjur.uol.com.br> Acesso em: 28.1.2005.

NEIVA, José Antônio Lisboa. Ações coletivas no direito brasileiro: uma visão geral. *Revista da EMARF*, n. 1, ago. 2005.

NERY JÚNIOR, Nelson. Proteção jurídica da biodiversidade. *Revista CEJ*, v. 8, n. 170, ago. 1999.

_____ . Ação civil pública. *Revista Justitia*, v. 45, p. 79/88, 1983.

_____ . *Atualidades sobre o processo civil*. São Paulo: Revista dos Tribunais, 1995.

_____ . *Princípios do processo civil na Constituição Federal*. São Paulo: Revista dos Tribunais, 2004.

_____; NERY, Rosa Maria Andrade. *Código de processo civil e legislação processual civil extravagante em vigor*. 4. ed. São Paulo: Revista dos Tribunais, 1999.

NICOLITT, André Luiz. *A duração razoável do processo*. Rio de Janeiro: Lumen Juris, 2006.

OLIVEIRA, Francisco Antonio de. Da ação civil pública: instrumento de cidadania. *Revista LTr*, v. 61, n. 7, jul. 1997.

PINHO, Humberto Dalla B. de. *A legitimidade da defensoria pública para a propositura de ação civil pública:* primeiras impressões e questões controvertidas. Disponível em: <http://www.humbertodalla.pro.br> Acesso em: 1º.8.2007.

_____. *Nova sistemática da execução dos títulos extrajudiciais e a Lei n. 11.382/2006*. Rio de Janeiro: Lumen Juris, 2007.

PROTO, Pisani. Sulla tutela giurisdizionale differenziata. *Revista di Diritto Processuale,* Padova: Cedam, 1979.

RAPISARDA, Cristina. *Tecniche giudiziali e stragiudiziali di protezione del consumatore*: diritto europeo e diritto italiano. Padova: Cedam, 1981.

REALE, Miguel. *Lições preliminares de direito*. 25. ed. São Paulo: Saraiva, 2000.

RODRIGUES, Marcelo Abelha. Observações críticas acerca da suspensão de segurança na ação civil pública. In: MILARÉ, Édis (coord.). *Ação civil pública após 20 anos:* efetividade e desafios. São Paulo: Revista dos Tribunais, 2005.

_____. Ação civil pública. In: DIDIER JUNIOR (org.). *Ações constitucionais*. 2. ed. Salvador: JusPodivm, 2007.

SANTOS, Moacyr Amaral. *Primeiras linhas de direito processual civil*. São Paulo: Saraiva, 1993, v. 3.

SARLET, Ingo Wolfgang. *A eficácia dos direitos fundamentais*. Porto Alegre: Livraria do Advogado, 2003.

SARTI, Almir José Finochiaro. Ação civil pública. Questões processuais. *Revista Tribunal Regional Federal da 4ª Região*, n. 38, 2000.

SCARTEZZINI, Ana Maria. Ação civil pública. In: WALD, Arnold (coord.). *Aspectos polêmicos de ação civil pública*. São Paulo: Saraiva, 2003.

SILVA, José Afonso da. *Curso de direito constitucional positivo*. São Paulo: Malheiros, 1998.

SILVA, Ovídio Baptista da. *Curso de processo civil*. Porto Alegre: Sergio Antonio Fabris, 1990. v. 1.

_____. *Sentença e coisa julgada*. Porto Alegre: Sergio Antonio Fabris, 1988.

SILVA, De Plácido e. *Vocabulário jurídico*. 23. ed. São Paulo: Saraiva, 2003.

SHIMURA, Sergio. *Tutela coletiva e sua efetividade*. São Paulo: Método, 2006.

TALAMINI, Eduardo. Prisão civil e penal e execução indireta. In: ALVIM, Teresa Arruda (coord.). *Processo de execução e assuntos afins*. São Paulo: Revista dos Tribunais, 1998.

TARTUCE, Flávio. *Direito privado:* a realidade contratual no Brasil e o novo código civil. Disponível em: <http://www.secretário.com.br/demarest/somelhoresforcos.html> Acesso em: 24.8.2005.

TARUFFO, Michele. *L'attuazione esecutiva dei diritti*: profili comparatistici. Milano: Giuffrè, 1988.

THEODORO JÚNIOR, Humberto. O processo de execução e as garantias constitucionais da tutela jurisdicional. In: *Efetividade do processo de execução*: estudos em homenagem ao professor Alcides de Mendonça Lima. Porto Alegre: Sergio Antonio Fabris, 1995.

TUCCI, José Rogério Cruz e. Class action e *mandado de segurança coletivo*. São Paulo: Saraiva, 1990.

_____ . *Curso de direito processual*. São Paulo: Revista dos Tribunais, 2000.

_____ . *Tempo e processo*. São Paulo: Revista dos Tribunais, 1997.

VENTURI, Elton. *Execução da tutela coletiva*. São Paulo: Malheiros, 2000.

VIDIGAL, Luís Eulálio de Bueno. *Direito processual civil*. São Paulo: Saraiva, 1965.

VIGLIAR, José Marcelo Menezes. *Ação civil pública*. 5. ed. São Paulo: Atlas, 2001.

_____ . Tutela jurisdicional coletiva. In: ALMEIDA, João Batista de. *Aspectos controvertidos da ação civil pública*. São Paulo: Revista dos Tribunais, 2002.

_____ . *Defendant class action* brasileira: limites propostos para o "código de processos coletivos". In: GRINOVER, Ada Pellegrini *et al. Direito processual coletivo e o anteprojeto de código brasileiro de processos coletivos*. São Paulo: Revista dos Tribunais, 2007.

VIGORITI, Vicenzo. *Interessi collettivi e processo:* la legittimazione ad agire. Milano: Giuffrè, 1979.

WALD, Arnold *et al. Aspectos polêmicos de ação civil pública*. São Paulo: Saraiva, 2003.

WAMBIER, Teresa Arruda Alvim. Apontamentos sobre as ações coletivas. *RePro,* v. 75, n. 276, 1993.

WATANABE, Kazuo. Acesso à justiça e sociedade moderna. In: GRINOVER, Ada Pellegrini *et al. Participação e processo*. São Paulo: Revista dos Tribunais, 1993.

_____ . *Da cognição no processo civil*. Campinas: Bookseller, 2000.

WEIS, Carlos. *Direitos humanos e os interesses transindividuais*. Disponível em: <http://www.pge.sp.gov.br> Acesso em: 14.5.2006.

YARSHELL, Flávio Luiz. *Tutela jurisdicional específica nas obrigações de declaração de vontade*. São Paulo: Malheiros, 1993.

YAZELL, Satephen C. *From medieval group litigation to the modern class action*. New Haven: Yale University, 1987.

ZAVASCKI, Teori Albino. *Processo coletivo*: tutela de direitos coletivos e tutela coletiva de direitos. São Paulo: Revista dos Tribunais, 2007.